商务礼仪

（第二版）

程亿安 编著

南开大学出版社

天 津

图书在版编目(CIP)数据

商务礼仪 / 程亿安编著. —2 版. —天津：南开
大学出版社，2018.3 (2019.2重印)
ISBN 978-7-310-05556-2

Ⅰ.①商… Ⅱ.①程… Ⅲ.①商务－礼仪－高等职业
教育－教材 Ⅳ.①F718

中国版本图书馆 CIP 数据核字(2018)第 027633 号

南开大学出版社出版发行
出版人：刘运峰
地址：天津市南开区卫津路 94 号　　邮政编码：300071
营销部电话：(022)23508339　23500755
营销部传真：(022)23508542　邮购部电话：(022)23502200
*
天津午阳印刷股份有限公司印刷
全国各地新华书店经销
*
2018 年 3 月第 2 版　　2019 年 2 月第 2 次印刷
260×185 毫米　16 开本　13.5 印张　321 千字
定价：35.00 元

如遇图书印装质量问题,请与本社营销部联系调换,电话:(022)23507125

前　言

本书是适应当前高职教育教学改革需要的新型实用教材,是高等职业教育课程教学改革的教材开发成果展示,也是基于工作过程的情境化教学模式的积极探索和有益尝试。教材内容能及时反映新理论、新技术、新思想,与高等技术应用型人才培养目标相适应,理论以必需、够用为度,本书围绕情境化教学模式,以项目为主导,以任务为驱动,以学习情境为载体,充分拓展学生的创造性思维空间和实践空间,着重培养学生的职业核心能力。教师从知识传授者转变为学习过程的指导者、评估者,学生从被动接受知识转变为自觉参与、技能掌握。基于这样的教学目的,本书在编写上具有以下特点:

一是突出操作性。根据商务工作中所涉及的礼仪活动,包含了商务人员仪容仪表礼仪、商务人员仪态礼仪、商务人员语言礼仪、职场礼仪、商务往来礼仪、商务活动礼仪、商务活动位次排列礼仪、会务接待和商务谈判礼仪、商务仪典礼仪、涉外商务礼仪 10 个学习情境模块。每个学习情境模块设计了"学习目标""技能点""引导案例""任务分析""相关知识""拓展知识""技能训练""复习思考题" 8 个流程。"学习目标"分为能力目标、素质目标、知识目标、技能目标,使学生带着工作任务进入学习,增强学习目的性;"相关知识"力图使学生在老师指导下掌握相关礼仪知识,为下一步技能操作做好知识准备;"技能训练"是课堂教学的重点和难点,通过设计礼仪任务情境、模拟训练、角色扮演等方法,实现学生学中做、做中学,学做一体,增强实践能力。

二是突出实用性。在内容设置上充分考虑职业院校的人才培养目标、教学模式,选择了"求职面试设计""职场办公礼仪""KTV 礼仪"等实用礼仪,及时更新专业知识。

总之,本书涉及面广、实用性强,不仅可以作为高职院校学生的教材还可以作为普通大众了解商务礼仪知识的通俗读本。

在本书的编写过程中,集采了众家之说,吸收了国内学者最新的研究成果,有些资料参考了互联网上发布或转发的信息,其中有些已经无法查明出处,在此向原作者付出的辛勤劳动表示诚挚感谢。

衷心希望本书能有助于推进商务礼仪的教育和实践。本书是尝试之作,难免有疏漏和不妥之处,恳请广大读者批评指正。

湖南科技职业学院

程亿安

2017 年 11 月

前　言

目　录

模块 1　商务礼仪概述

项目 1　礼仪的内涵

【学习目标】

能力目标：能根据礼仪要求进行日常交际，规范仪态、语言。

素质目标：反思和修正自身行为能力。

知识目标：了解礼仪的内涵。

技能目标：按照礼仪规范进行人际交往，养成良好的礼仪习惯。

【技能点】

能根据礼仪要求反思和修正自身行为，养成礼仪习惯，并自觉运用于日常交际活动中。

【引导案例】

曾任美国总统的老布什，能够坐上总统的宝座，成为美国"第一公民"，与他的仪态表现是分不开的。在 1988 年的总统选举中，布什的对手杜卡基斯，猛烈抨击布什是里根的影子，没有独立的政见。而布什在选民中的形象也的确不佳，在民意测验中一度落后于杜卡基斯 10 多个百分点。未料两个月以后，布什以光彩照人的形象扭转了劣势，反而领先 10 多个百分点，创造了奇迹。原来布什有个毛病，他的演讲不太好，嗓音又尖又细，手势及手臂动作总显得死板，身体动作不美。后来布什接受了专家的指导，纠正了尖细的嗓音、生硬的手势和不够灵活的摆动手臂的动作，结果就有了新颖独特的魅力。在以后的竞选中，布什竭力表现出强烈的自我意识，改变了原来人们对他的评价。配以卡其布蓝色条子的厚衬衫，以显示"平民化"，终于获得了最后的胜利。

【任务分析】

案例中老布什在民意测验落后于对手 10 多个百分点的情况下，纠正了自身仪容仪态方面的错误行为，并通过改变服饰搭配，从而赢得了最终的胜利，顺利登上总统的"宝座"。这足以证明，良好的礼仪表现能够使人迈向成功。

【相关知识】

礼仪的内涵

中国是四大文明古国之一，素有"礼仪之邦"的美誉。五千年的悠久历史，形成了博大精深的灿烂文化，并同时拥有着完善的礼仪体系。孔子是中国历史上第一位礼仪专家，他认为："不学礼，无以立。"意思是说，一个人只有学习好礼仪，才会形成高尚的道德品质，才能在社会上立足。

礼仪是人们在长期的社会活动中，为了维护一种稳定的秩序，为了保持一种交际的和谐而应运产生并且共同遵守的行为规范。它产生于人类文明的初期，并伴随着人类文明的发展而发展。直到今天，礼仪依然体现着这种本质特点与独特的功能。它是人类文明和社会进步的重要标志，有着极其丰富的内涵。

1. 礼仪是一个复合词语，包含"礼"和"仪"两部分

（1）礼

"礼"指"事神致福"，本意为敬神的仪式。后来泛指奴隶社会和封建社会贵族等级制度的社会规范和道德行为，近代引申为表示尊敬的通称。在现代是指人际交往乃至国际交往中，互相表示尊重和友好的行为准则，包括礼貌和礼节。

礼貌是一个人在待人接物时的外在表现，是人际交往中表示尊重和友好的规范行为，体现了时代的风格和道德水准；礼节是指人们在人际交往中互相表示慰问、致意、问候、祝愿等的惯用形式，是礼貌的具体表现。

（2）仪

"仪"指"法度标准"，现代指对仪容、仪表、仪态、仪式的统称。仪容通常是指人的外观、外貌。其中的重点则是指人的容貌。仪表是指人的外表，包括容貌、服饰和个人卫生状况等。仪态是指人们的行为举止、姿态和风度。在个人仪表中，仪容是重点中的重点，在人际交往中每个人的仪容都会引起交往对象的特别关注，并将影响对方对自己的整体评价。仪式是现代社会的重要社交方式，也是组织方对内营造和谐氛围、增加凝聚力，对外协调关系、扩大宣传、塑造形象的有效手段。仪式包括婚礼、开业、剪彩、签字、庆典、升旗和丧礼等。不论哪种仪式，都是非常郑重的社交活动，气氛要么隆重，要么庄严，要么神圣，要么肃穆。无论是主办方还是参加者，都必须遵守仪式礼仪：一定的流程、礼仪惯例、举止和言行。仪式礼仪是仪式活动取得成功的重要保障。

2. 从不同角度对礼仪的不同表述

（1）从道德修养方面来看，它是人际交往中为人处世的行为准则和标准做法；

（2）从个人修养方面来看，它是个人素质和内在修养的外在表现；

（3）从交际方面来看，它是人际交往中形成的并共同遵守的交往方式和交往艺术；

（4）从审美方面来看，它是人的美好心灵和高尚情操的外在表现；

（5）从民俗方面看，它是待人接物的惯例，是人们在交往中表现出的相互敬重、友好、律己的习惯形式。

简而言之，礼仪是一种待人接物的行为规范，也是交往的艺术。它是人们在社会交往中由于受历史传统、风俗习惯、宗教信仰、时代潮流等因素而形成，既为人们所认同，又为人们所遵守，是以建立和谐关系为目的的各种符合交往要求的行为准则和规范的总和。

【拓展知识】

有关礼仪的名言警句

- 敬人者，人恒敬之。——孟子
- 尊敬别人就是尊敬自己。——高尔斯华绥

- 讲礼貌不会失去什么，却能得到一切。——玛沃蒙塔古
- 怀着善意的人，是不难于表达他对人的礼貌的。——卢梭
- 人无礼则不生，事无礼则不成，国无礼则不守。——孔子
- 在宴席上最让人开胃的就是主人的礼节。——莎士比亚
- 有一种内在的礼貌，它是同爱联系在一起的：它会在行为的外表上产生出最令人愉快的礼貌。——歌德
- 唯宽可以宽人，唯厚可以载物。君子以厚德载物。——《易传》
- 人之所以为贵，以其有信有礼；国之所以能强，亦云惟有信与义。——张九龄
- 真正的礼貌就是克己，就是千方百计地使周围的人都像自己一样平心静气。——蒲柏

项目 2　商务礼仪的功能及特征

【学习目标】

　　能力目标：能根据礼仪要求进行商务交往，规范仪态、语言。

　　素质目标：规范自身礼仪行为能力。

　　知识目标：了解商务礼仪的功能和特征。

　　技能目标：按照礼仪规范进行商务交往，塑造良好的个人形象。

【技能点】

　　能根据礼仪要求规范自身礼仪行为，自觉运用于商务交际活动中，塑造自身及组织形象。

【引导案例】

　　在今年 4 月的旅游酒店专业学生阶段性实习中，湖南科技职业学院与长沙顺天黄金海岸大酒店的合作可谓史无前例的融洽。双方的负责人都本着对学生、员工和单位负责的态度，互相进行了为期一周的实地考察，并就实习细节多方磋商。为了使实习顺利进行，双方做了许多的准备工作：学院这边对即将实习的学生进行了实习前动员、酒店礼仪等方面的培训；酒店方则对即将到来的学生们的衣食住行都一一安排妥当。在实习过程中，酒店员工对顾客周到的服务、规范的礼仪和对学生以及带队老师无微不至的关心和帮助着实让大家感受到了他们的服务宗旨——"唯美至真、唯真至善"。实习才一个星期，就有学生迫不及待地问老师："实习结束后，我们可不可以留在这里上班？"

【任务分析】

　　从上面的案例我们不难看出，长沙顺天黄金海岸大酒店和湖南科技职业学院的员工都是遵循着商务礼仪的原则来进行商务活动的。学校的服务对象是学生，酒店的服务对象是顾客，这次不但有顾客，还有实习的学生和老师。他们都为服务对象尽心尽力地做好本职工作，以个人的礼仪素养树立了优秀的个人形象和企业形象，营造了令顾客和员工都流连忘返的企业文化。

【相关知识】

商务礼仪的功能及特征

商务礼仪特指商务活动中的礼仪标准和行为准则，是"礼"在商务活动中的运用和体现，是现代经济社会商务活动中为了相互尊重而约定俗成、共同认可和共同遵守的行为规范、礼仪准则和程序，是礼貌、礼仪、礼节、仪容、仪表、仪态和仪式的统称。

在现代市场经济发展下，随着商务活动越来越频繁，商务礼仪在商务活动中凸显出了它的重要地位，也越来越受到社会各界的重视。那么，商务礼仪在各类商务交往中究竟有多重要？归根结底，商务礼仪的作用及重要性就体现在商务礼仪的功能上。

1. 商务礼仪的功能

（1）商务礼仪能塑造个人和组织形象

一个人讲究礼仪，就会在公众心里产生良好的个人形象；一个组织的成员或者整体行为都讲究礼仪，就会在公众心里树立该组织的良好形象，从而赢得公众的信任和赞誉。现代市场竞争除了产品竞争以外，更多的竞争是体现在企业形象上的。一个具有良好形象和信誉的公司或是企业，相对于那些形象和信誉一般的公司和企业来说，更容易获得公众的信任、支持和认可，才能在激烈的市场竞争中立于不败之地。因此，商务人员时刻注重礼仪，既是个人良好素质的体现，也是树立和巩固个人乃至组织良好形象的需要。

（2）商务礼仪能规范商务行为

根据礼仪的含义，我们已经知道礼仪是待人接物的各种行为规范的总和，它最基本的功能就是规范人们在各种各样的交际和活动中的各种行为。商务礼仪作为指导、协调商务交往中的行为方式和活动形式，广泛涉及现代经济社会的方方面面，它的规范性使礼仪的实施能够落到实处，让各国家、党派、民族、阶级、社会团体和各阶层人士共同遵守。在商务活动中，商务礼仪规范可以使人明白应该做什么，不应该做什么，有利于保持个人形象，尊重他人，赢得友谊。

（3）商务礼仪能指导个人和组织遵循行业规则

在各类商务活动中，人们互相作用、互相影响、互相合作，如果不遵循一定的规范和原则，就会缺乏协作的基础。其实，各行各业的规则很多，比如小到各种合同的文本拟定与签署、交接，大到奠基仪式、项目启动仪式等都有具体的规范，人们在商务活动中都要遵循统一的原则和模式来开展，才能使商务活动顺利、有效地进行。

（4）商务礼仪能协调与和谐人际关系

在商务活动中，随着交往的深入，双方会产生一定的情绪体验。它表现为感情共鸣和感情排斥。讲究礼仪容易使双方相互吸引，增进感情，使良好的人际关系得以建立并维持。反之，如果不讲礼仪，那么就容易产生感情排斥，使人际关系紧张，给对方造成不好的印象。

在商务活动中，最重要的客人是回头客，还没有任何一家企业可以通过一单业务就能维系并发展的。研究数据表明，开发一个新客户的成本是维护一个老客户的 5 倍左右，而老顾客所产生的销量是新顾客的 15 倍以上。一个老顾客通过口碑宣传平均会影响它周边25 个潜在的消费者。有足够的老顾客才能维系企业和品牌的稳定成长，利润也会稳定增长。

既然回头客的优势这么明显,那么怎样留住这些回头客呢?最常用的手段就是薄利多销了。但一个企业追求的就是利润最大化,不可能靠简单的薄利多销来实现利润最大化。这时候,合理运用商务礼仪的技巧让消费者形成如"诚信经营""特色服务"等商务印象,就起到了关键性的作用。

(5)商务礼仪可以传递有效价值信息

商务礼仪是一种传递信息的手段,通过这种信息的传递可以表达出尊敬、友善、真诚等感情,使别人感到温暖。在商务活动中,恰当的礼仪可以获得对方的好感、信任,进而有助于事业的发展。

同时,在目前竞争日益激烈的商务环境中,商家更需要向客户传递一个明确的信息——自己能比其他竞争者提供更多、更好的价值。要做到这一点,就必须首先测算好自己要传递的价值,并与竞争者进行比较,然后用最有效的方式向客户展示这项价值。那么怎样才能有效地展示自己的价值呢?我们就要运用商务礼仪的技巧来进行有效价值的传递。

2. 商务礼仪的特征

礼仪是人们在漫长的社会实践中逐步形成、演变和发展的。商务礼仪随着社会经济发展,越来越凸显出它的特征:广泛性、规范性和多样性、实用性和灵活性、传承性和发展性。

(1)广泛性

在现代飞速发展的经济社会中,我们每个人都离不开商务交往,它涉及各行各业,贯穿于人们的衣、食、住、行、娱、游。每一个行业都必须按照一定的礼仪规范开展商务活动,进行良好的沟通,获得合作机会并维持。商务礼仪由此贯穿于各行各业,贯穿于人们的生产和生活中。

(2)规范性和多样性

商务礼仪是人们在商务活动中待人接物时必须遵守的行为准则。这种规范性,不仅约束着人们在商务活动中的言谈话语、行为举止,不断地支配或控制着人们的交际行为,使之合乎礼仪;而且也是人们在日常交际中必须采用的一种"通用语言",是衡量他人、判断自己是否自律、敬人的一种尺度。如宴请客人的座次排序、商务着装的三色原则等。

同时,由于各行业的跨度很大,在遵循礼仪原则上各行业又有自己独特的礼仪规范。如旅游礼仪、餐饮礼仪、谈判礼仪、公关礼仪等,它们都统称为商务礼仪。而不同的国家、地区、民族也会因为地域的不同而形成自己特有的风俗习惯。这就是商务礼仪的多样性。作为商务人员,应该根据自己的工作需要,了解自己合作对象的文化背景、风俗习惯,充分尊重他们的礼俗禁忌。

(3)实用性和灵活性

商务礼仪直接运用于各行各业,具有很强的实用性。不同的行业有不同的规范,甚至不同的岗位、不同的工作程序都有针对性很强的礼仪规范,如电话礼仪、会面礼仪、接待礼仪等。

商务礼仪在运用时也具有灵活性。在不同的场合应该根据不同的交往对象的特点,灵活处理,而不能生搬硬套,以免产生反效果。一般说来,在非正式场合,有些礼仪可不必拘于约定俗成的规范。在正式场合,讲究礼仪规范是十分必要的。但如果双方已非常熟悉,有时也不必过于讲究礼仪规范。

（4）传承性和发展性

礼仪是人类社会发展的产物，是维护正常社会秩序的结晶，是在人们的交际活动中形成、发展和完善起来的，所以必定被人类世代相传，商务礼仪贯穿于人们生活的方方面面，自然也会被不断传承下去。

在国际交往上，商务礼仪的传承性还包括对别国的礼仪进行筛选和借鉴，通过不断地吸取和发展形成保持自己民族特色的礼仪。

随着社会的进步与发展，礼仪在继承历史的同时，也在不断地发展和变化着。一方面，作为一种人类的文明积累，商务礼仪将人们在商务交际应酬之中的习惯做法固定下来，流传下去，并逐渐形成自己的民族特色，这不是一种短暂的社会现象，并且不会因为社会制度的更替而停滞。另一方面，现代经济社会众多的社交活动产生新的问题，就要求礼仪不断发展和进步，以顺应社会的发展。

【拓展知识】

公关礼仪的显著特点

（1）有备而为。公关礼仪是在公务交往场合下的行为规范，不论行为主体是个人还是群体，其目的是一致的，这就是给公众留下一个好印象。

（2）全员施礼。公关礼仪表现为组织与公众的交往行为方式，组织是由群体组成，只有组织中的全体成员整齐划一的礼仪行为，才会给组织带来美好的声誉。

（3）不拘一格。礼仪的规范是约定俗成的，一般不能改动，也不宜创造。但由于公关礼仪具有形象包装的功能，因此在保证基本规范的前提下，在运作方法上还是提倡创新。

项目 3　商务礼仪的基本原则

【学习目标】

能力目标：能根据商务礼仪的基本原则，规范商务交往中的言行举止。

素质目标：沟通能力、团队协作能力。

知识目标：掌握并遵行商务礼仪基本原则。

技能目标：按照商务礼仪基本原则进行商务交往，建立良好的人际关系。

【技能点】

能根据礼仪基本原则规范自身商务交往行为，提高沟通能力，建立良好的人际关系。

【引导案例】

吴迪是凯达广告公司市场部职员，他对新来的女上司佩服得五体投地。事情是这样的，公司和大众影视集团的一笔广告业务一直没有谈下来，原因是竞争对手实力雄厚，负责该笔业务的部门陈经理又是一个经验老到的人。眼看着这个大客户就要偏向对手了，公司上下都觉得希望渺茫，准备放弃了。但新来的女上司却胸有成竹地说不到最后签合同，都是有希望的。"机缘巧合"，女上司在酒店遇见了陈经理请大众影视集团的周总吃晚饭，由于酒店已没有其他空位，周总就邀请女上司一起共进晚餐。接受邀请后，女上司马上吩咐吴迪打电话在全城最著名的素食餐馆订了一桌全素宴。等菜上桌后，女上司忽然说自己信佛，初一、十五要戒荤，所以不能陪大家吃饭了，陈经理一行正在暗自高兴的时候，周总一席话却令他后悔不已："事情一忙我倒忘了今天是十五了，我也不能沾荤啊！"原来周总也信佛。于是，顺理成章地，周总和吴迪他们一起共进素宴，凯达广告公司因此获得了与大众影视集团合作的机会。

【任务分析】

在上面的案例中，吴迪的女上司运用了商务礼仪中的尊重原则，即尊重了周总的个人信仰和生活习惯，从而扭转逆势谈成了这笔业务。只有在商务活动中灵活运用礼仪，才能事半功倍。

【相关知识】

商务礼仪的基本原则

人们的各种商务交际活动都具有一些普遍性、共同性的规律可循，这就是商务礼仪的原则。探讨这些原则，有助于从业者对商务礼仪的认识，不断规范商务礼仪，进而加强商务礼仪在商务活动中的指导作用。

1. 尊重

尊重是礼仪的基础和核心，没有尊重就没有礼仪。在我们的现实社会中，人与人是平等的，敬重长辈，关心客户，这不但不是自我卑下的行为，反而体现了一个人具有良好的个人修养和素质。古人云"爱人者，人恒爱之；敬人者，人恒敬之"，就是说，只有懂得尊重别人的人，才能赢得别人的尊重。尊敬人还要做到入乡随俗，尊重他人的喜好与禁忌。总之，对人尊敬和友善，这是处理人际关系的一项重要原则。

2. 遵守

任何礼仪规范都是为了维护社会的稳定和有序发展而形成和存在的，反映了人们的共同利益要求。社会上的每个成员不论职位高低、身份贵贱、财富多寡，都应该自觉遵守、适时应用礼仪，规范自己的言行举止。如果违背了礼仪规范，会受到社会舆论的谴责，交际就难以成功。

3. 宽容

中国传统文化历来重视并提倡宽容的道德原则，并把宽以待人视为一种为人处世的基本美德。从事商务活动，更要求宽以待人，在人际纷争问题上保持豁达大度的品格或态度。在商务活动中，出于各自的立场和利益，难免出现冲突和误解。遵循宽容的原则，凡事想开一点，眼光看远一点，善解人意，体谅别人，才能正确对待和处理好各种关系与纷争，和谐人际关系，赢得他人的尊重。

4. 适度

古人云："君子之交淡如水，小人之交甘如醴。"此话不无道理。在商务交往中，要想建立良好的合作关系，沟通和理解是重要条件，但如果不善于把握沟通时的感情尺度，即人际交往缺乏适度的距离，结果会适得其反。例如，在一般交往中，即要热情大方，又不能轻浮谄媚；既要彬彬有礼，又不能低三下四。所谓适度，就是要注意谈吐适度、举止适度、感情适度。只有这样才能真正赢得对方的尊重，达到沟通的目的。

5. 真诚

商务人员的礼仪主要是为个人和组织树立良好的形象，因此礼仪对于商务活动来说，不仅仅在于其形式和手段上的外在表现。而且，商务活动也并非短期行为，只有恪守真诚原则，通过长期潜移默化的影响，才能获得最终的利益。也就是说商务人员与企业要爱惜自身形象与声誉，不应该仅仅追求礼仪外在形式的完美，更应将其视为商务人员情感的真诚流露与表现。

总之，掌握并遵守礼仪原则，在人际交往、商务活动中，就有可能成为待人诚恳、彬彬有礼之人，并受到别人的尊敬和尊重，建立良好的人际关系，在商务运作中事半功倍。

【拓展知识】

处理好职场人际关系的智慧

1. 寻找与同事的共同话题

有了共同的兴趣爱好，才有共同语言。要想和同事搞好关系，首先得去接受他们的一些兴趣和爱好，比如新闻、时事、旅游、健身、保养等，寻找与同事的共同话题，彼此有话可说，同时将自己在工作中的一些感受和他们进行交流，同事之间的工作友谊得以增进。

2. 不窥探、不泄露、不传播个人隐私

不以任何手段窥探同事的个人隐私。同事能将自己的隐私信息告诉你，那只能说明同事对你是足够的信任，你们之间的友谊肯定要超出别人一截，否则他不会将自己的私密向你全盘托出。因此，不泄露个人隐私是巩固职业友情的基本要求。对道听途说的所谓同事隐私，要做到不传播。

3. 闲聊不必较真

在办公之余，同事之间相互在一起闲聊是一件很正常的事情，而许多人在闲聊时，多是在同事面前炫耀自己知识面广、办事能力强、人脉关系好等，其实这些自诩什么都知道的人知道的也不过是皮毛而已，大家只是互相心照不宣罢了，不必较真。在任何场合下闲聊时，不求事事明白，问话适可而止，这样同事们才会乐意接纳你。

4. 说话不夸大其词

实事求是，说话不夸大其词，切莫吹牛，否则很容易沦为众人笑柄。

5. 远离搬弄是非

飞短流长是职场中的"软刀子"，极具杀伤性和破坏性，这种伤害可以直接作用于人的心灵。搬弄是非，只会让单位的同事对你避之唯恐不及。

6. 保持社交距离。

即两只手臂距离，亦称职场距离，不要贴身而站或坐，这是很讨人厌的行为。

7. 对工作认真负责的态度

有承担。勿做"不"氏家族成员，问什么都答"我不知道、不关我事、不明白、不可以、不理了"，令人讨厌，人际关系怎会好？

8. 不拉帮结派

不要分党派搞小圈子，保持中立，人人皆朋友。

【复习思考题】

1. 礼节和礼貌的关系是什么？
2. 对于一个企业来说，注重商务礼仪有什么现实意义？
3. 简述商务礼仪的基本原则。

模块 2　商务人员仪容仪表礼仪

仪容，通常是指一个人的容貌，由头发、面容以及人体所有未被服饰遮掩的肌肤所构成。简单讲，是指人体不需要着装的部位，主要是面部，广义上还包括头发、手部，以及穿着某些服装而暴露出的腿部，是个人形象的基础。仪表是指人的外表，包括容貌、姿势、风度等。

仪容仪表礼仪通常是指一个人的外部轮廓、容貌、表情、服饰和举止表现的总和。一个人的仪容仪表礼仪是由静态礼仪和动态礼仪构成的，静态礼仪指的是一个人静止状态下所展现的整体外观礼仪，而动态礼仪指的是一个人的举止、风度和表情礼仪。

在人际交往中，外貌会给他人留下较好的第一印象，获得机会的概率更大。拥有美好的形象就如同拥有一张通往成功的通行证。因此，许多成功人士都十分重视个人形象的塑造，并且努力学习有关的知识和技能。那么，如何根据自身的条件和特点，塑造出美好的个人形象，是我们每个人关注的话题。

项目 1　妆容

【学习目标】

能力目标：能根据礼仪要求修饰仪容。

素质目标：不同的商务交际场合妆容自我设计能力。

知识目标：了解商务人员职场妆容的要求。

技能目标：按照礼仪规范进行妆容修饰，规范仪容、仪表。

【技能点】

能根据不同出席场合，按要求和自身特点对妆容进行得当美化和设计。

【引导案例】

陈洁是一位爱美的女性，但就因为这爱美的个性还闹了一个小误会。年前，陈洁跟随丈夫一行人到美国出差。男人们开会去了，夫人们相约午餐后去逛街，由于陈洁第一次出国，非常兴奋，一吃过午餐就迫不及待地在酒店大厅内等候其他人了，等了一会，陈洁忽然想起来自己还没补妆，又怕和其他人错过，于是就在酒店大厅里"对镜贴花黄"了。这时，陈洁发现酒店大堂内经过的人都对她投来异样的目光，使她百思不得其解，你们知道这是为什么吗？她应该怎么做才正确呢？

【任务分析】

以上的案例中，陈洁没有注意化妆的私密性原则，即不论是化妆还是补妆都不应该在公共场合，这样会很失礼，也不雅观。另外在国外，一个女人独自在酒店大堂徘徊必然会引起一些误会。因此陈洁应到卫生间、更衣室等地方进行妆容的修饰。

【相关知识】

妆容

化妆，是一种通过使用美容用品来修饰自己的仪容、美化自己形象的行为。对一般人来讲，化妆最实际的目的，是为了对自己容貌上的某些缺陷加以修饰，使自己更加美丽，更为光彩照人。

1. 商务人员仪容基本要求

（1）面部清洁

无论男士还是女士，都应该保持面部的清洁，勤洗脸，用正确的方法洗脸并且应选择适合自己的洗护用品。男士不宜化妆，女士宜化淡妆。

（2）局部的整洁

①保持口腔卫生无异味，早晚刷牙，饭后漱口，尽量避免在会客前进食有异味的食物，如葱、蒜、韭菜、海鲜等。一旦发现自己有口腔异味，应及时使用漱口水或喷剂清除。

②无论男士和女士都要经常清理鼻腔，保持鼻部清爽。

③经常修剪指甲，男士不留指甲（指甲盖不超过手指），女士不留过长的指甲。

④无论男士还是女士，都要注意嘴唇的护理，常备唇膏防止唇部出现死皮。

⑤男士如果没有特殊的宗教信仰和民族习惯，一般不要留胡子，要养成每日剃须的习惯。鼻毛和耳毛也要定期修剪，女士夏季穿无袖衣裙要去除腋毛。

⑥注意脖颈、手、足、耳及耳后、腋下等都应要干干净净，要勤换衣服，消除身体异味，如有狐臭要搽药品或及早治疗。

2. 女士妆容

（1）化妆的基本原则

①协调原则

妆容与自身的年龄、容貌、肤色、个性、气质、服装及职业身份相适宜和相协调。使用的化妆品最好要成系列，它们的芬芳的香味往往是一个味道的。

②自然原则

"清水出芙蓉，天然去雕饰"，要求妆容无论是在修饰程度，还是在修饰技巧上，都应把握分寸，自然适度。力求化妆之后自然而然没有痕迹，给别人天生丽质的感觉。

③整体原则

要求先着眼于人的整体，再考虑各个局部的修饰，使妆容与自身的诸多因素之间协调一致，浑然一体，营造出整体风采。

④时间（Time）、地点（Place）、场合（Occasion）原则

简称 TPO 原则，要求妆容因时间、地点、场合的变化而相应变化，与时间、环境氛围、特定场合相协调。 在工作时间、工作场合，只能允许化工作妆（淡妆）。浓妆只有晚上才可以用；外出旅游或参加运动时，不要化浓妆，否则在自然光下会显得很不自然。

⑤私密原则

化妆也好，收拾自己也好，都不要当众表演。不要借用他人的化妆品，这不仅不卫生，也很不礼貌。

⑥尊重原则

不要非议他人的化妆。由于文化、肤色等差异，以及个人审美观的不同，每个人化的妆不可能是一样的。切不可对他人的化妆妄自评论。

（2）基本妆容修饰

化妆并不是一件简单随意的事情，它具有一定的艺术性。适度的化妆能表现出个人成熟干练的形象，给人留下深刻的印象。在日常工作环境中，一般以清新、典雅、自然为宜。

①上妆

清洁皮肤：一般建议油洗，就是选择洗面奶、洁面霜之类的皮肤清洁用品清洗面部。

化妆水：可根据皮肤性质的不同和季节的不同选择合适的化妆水。

修眉：使用眉钳或者剃眉刀，根据自身脸型和五官，修饰多余的眉毛，使面部看起来干净清爽。

眼霜：选择适合自己皮肤的眼霜。

乳液：选择适合自己皮肤的乳液，采用五点法点于额头、两颊、鼻部和下巴，用双手无名指和中指指腹轻轻拍打至完全吸收。注意不要忽视脖子。

隔离霜：隔离霜用于隔离外界粉尘、污染和彩妆对皮肤的伤害。可选择质地轻薄一些的，太过重油会给肌肤造成负担。

防晒霜：无论是阴天或是晴天，太阳辐射都会穿透云层，只是肉眼看不见，肌肤也感觉不到。在阴天可选择防晒指数较低的防晒产品，在晴天可选择防晒指数较高的产品。

粉底：有干粉饼、湿粉饼和粉底液三种，如果是油性皮肤可选择干粉，如果是干性皮肤可选择湿粉或者粉底液，应选择与自身肌肤颜色相近的粉底。

高光粉：选择比粉底明亮 2～3 度的粉底作为高光粉，用于鼻梁、眉骨等面部突出位置的提亮，轻而薄，由内向外晕开，不能出现边缘色。

阴影粉：选择合适的阴影粉，在面部的外轮廓、鼻侧影部涂抹均匀，起到修饰脸型，突出面部轮廓的作用，要自然衔接，不能出现边缘色。

定妆粉：选择适合肤色的散粉，用粉扑蘸取少量（以粉扑向下不掉落为宜）轻轻按压全脸，然后用粉刷轻轻拂去多余浮粉。

　　眉笔：选择与自己头发和眼睛颜色相同或相近的眉笔。

　　眼影：选择与自己服饰颜色相同或相近的眼影。

　　眼线：眼线笔从眼睛的三分之二处开始沿睫毛根部向眼尾描画，到眼尾处稍稍向上微翘，这样使眼睛看起来深邃有神。画下眼线，只需在下眼睫毛根部二分之一处向眼尾部位轻轻勾勒。眼线可以略宽，使眼睛看起来又大又有神。

　　睫毛膏：选择水洗防脱的睫毛膏，避免晕染和脱落而影响妆容。

　　口红：唇膏的颜色要和服饰、眼影等相协调。

　　腮红：选择与唇膏及整体妆容颜色协调的腮红。

　　②修妆和补妆

　　整个化妆程序完成后，仔细观察自己的整体妆容是否协调对称，不足之处适当修饰和补充。脸部的妆一般只能保持一定的时间，时间长了颜色就会发生变化。补妆是指补画化妆品在脸部已改变的部位。在正式场合，以残妆示人，既有损形象，也显得不礼貌，因此不论在什么环境下，都要经常检查自己的妆容，特别是在出汗、用餐、休息后，要及时检查一下妆容。如果发现妆面残缺，要马上补妆。补妆的时候，要回避别人，在没有人的角落或洗手间进行。如果下班后马上要参加一个聚会或者晚宴，也需要进行补妆。

　　③注意肢部的修饰

　　手的修饰。在人际交往中，手往往是人们运用最频繁的身体部位。有人说："手是女人的第二张脸。"我们要勤洗手、修指甲或是用刷子刷洗，不要满是脏东西，还要保持手润滑细腻，可以经常涂抹护手霜。

　　腿脚的修饰。人们常说："远看头，近看脚。"一个人的下肢尽管不是个人形象的主要代表，但也不能任其自然。千万不要被别人看成"凤凰头，扫帚脚"。

　　④卸妆

　　睡觉之前，一定要对皮肤进行彻底的清洁，别忘了给皮肤涂上爽肤水及保养品。

　　3. 男士妆容

　　（1）耳部：要经常清洁耳部，如果有耳毛，应及时进行修剪。

　　（2）眼部：眼部是被别人注意最多的地方，不要让眼睛过度疲劳，时刻注意眼部清洁，避免眼屎留在眼角。

　　（3）口腔：保持口气清新，坚持早晚正确地刷牙。

　　（4）鼻部：要注意经常清洁鼻子内外，定期修剪鼻毛，鼻毛不"外观"。

　　（5）胡须：如果没有特殊的职业需要、宗教信仰或民族习惯，应该把每天刮胡须作为自己的一个生活习惯，不能胡子拉碴地抛头露面。

【拓展知识】

关于香水

　　1. 香水的选择

　　（1）每次试闻香水最好不要超过三种，以免影响了嗅觉。

　　（2）香水喷涂在闻香试纸上，于空气中晃一晃，使香水的气味与空气混合再闻香，还可以带回家收在衣柜里，第二天再闻香。

2. 香水的正确使用

（1）TPO 原则

香水的使用要注意 TPO 原则（Time、Place、Object）。办公时应尽量使用清淡或中性香味的香水，郊游及运动时应使用清爽型香水，聚餐时使用淡香水；夏天要用较清淡的香水，冬天或晚上则可用较浓郁的香水。

（2）与化护肤品和化妆品香味相协调

香料科学发展到今天，除香水外，护肤、护发、洗涤用品都在大量使用各种香料。在使用香水时，注意香味应与这些产品的香味协调。要想充分表现您的个人品位及性格，最好购买及使用无香洗护用品，以保证香味的纯正。

（3）出门前 20 分钟使用

大多数香水调配分前调、中调、后调：前调持续时间为 10 分钟左右；中调持续时间约 2 小时，这时为香水的灵魂时段；后调持续时间为 2 小时左右或更长，与肌肤融合后的味道形成了此种香水的独特味道，称为后味，也就是所谓的余香或体味。鉴于香水的特性，建议出门前 20 分钟使用，以便留下完美形象。

（4）善用最后的香气

将用尽的香水瓶去盖，放入衣柜中，让衣物充满香气，或在清洗内衣物时，滴上一两滴香水使贴身衣物也充满愉悦的香气。

3. 香水的保存

（1）香水应放置于阴凉而空气流通的地方，或气温变化较少的地方，避免置于阳光直射之处，以防本身产生变质或变色。

（2）沾式的香水，打开的瓶盖不要直接接触桌面。

（3）香水也不应该放于浴室内，因水汽会使金属部分氧化而产生锈斑。

4. 女人与香水

女人和香水有着剪不断的情缘，香水是美丽女人一生离不开的闺中密友。

（1）香水的喷洒部位

①整体喷雾法

在穿衣服前，让喷雾器距身体约 10～20 厘米，喷出雾状香水，喷洒范围越广越好，随后立于香雾中 5 分钟；或者将香水向空中大范围喷洒，然后慢慢走过香雾。这样都可以让香水均匀落在身体上，留下淡淡的清香。

②局部涂抹法

耳后：耳朵后面的体温很高，非常适合涂抹香水，还可避免紫外线的照射。

脖子：后颈部由于头发遮挡了紫外线，可安心涂抹香水，但不可使用过多。

手肘：抹于手肘外侧不如抹于温度较高的内侧。

手腕：抹于手腕内侧脉搏跳动的地方，脉搏的跳动会带动香气的散发。

腰：要想飘着淡淡的香味就擦于此处，用餐时可抹在腰部以下。

腿部关节：可涂于与关节同高的裙子内侧，随着裙角的摆动及双脚的移动，幽香会散发出来。

衣服：一般多喷在内衣和外衣内侧，裙下摆以及衣领后面。

职业女性还可以将香水喷在名片上或者钱包内。

（2）女士使用香水的禁忌

①香水不能涂抹于阳光照射的皮肤上。

②用香水时，喷洒量以自己刚感受到香味为宜。

③大汗淋漓或汗流浃背时不能喷洒香水。

④香料为有机成分，容易使金、银、珍珠等首饰褪色、损伤，因此香水不能直接喷于饰物上，可先喷香水后戴首饰。

⑤不要喷在棉质物、丝质物上，很容易留下痕迹；千万不要喷在皮毛上，不但会损害皮毛，还会改变颜色。

⑥去探望病人或长者时，香水的使用也要慎重。

⑦参加婚礼或他人的重大庆典，建议选择清雅的果香系或中庸些的味道，不要太引人注目，否则会喧宾夺主，而参加葬礼及宗教仪式时忌用香水。

【技能训练】

将学生分成4～5人的小组，按照不同的时间、地点、场合的要求，以小组为单位选择不同的化妆品，进行化妆训练，老师现场指导，同学们相互评价、相互学习，老师最后点评。

项目 2　发 型

【学习目标】

能力目标：能根据礼仪要求选择发型。

素质目标：不同的商务交际场合发型自我设计能力。

知识目标：了解商务人员职场发型的要求。

技能目标：按照礼仪规范进行发型设计，规范仪容、仪表。

【技能点】

能根据不同出席场合，按要求和自身特点对发型进行得当美化和设计。

【引导案例】

　　胡斌是一家洁具公司的业务员，有一天相约和一个五星级酒店总经理洽谈一笔价值 30 万元的业务。当天他按时来到酒店，并在酒店接待人员引导下来到总经理办公室。虽然胡斌的产品价格不高，质量又好，但是总经理却没有购买他公司的产品。原来胡斌是油性头发，需要每天洗护，当天由于赶时间，没有来得及洗头，油光光的头发让总经理望而却步，"一个不注意个人卫生的人，他销售的产品也好不到哪里去。"总经理如是说。

【任务分析】

　　商务人员发型礼仪的基本要求：头发必须保持健康、秀美、干净、清爽、卫生、整齐的状态。胡斌没有意识到这点，给客户留下不好的印象，使他的业务没有谈成。在日常生活中，我们要勤洗头、勤洗澡、勤换衣，保持自身健康干净整齐的习惯。

【相关知识】

发型

　　健康、美丽的秀发加上适合自己的发型，可以让一个相貌平平的女性平添许多风韵，能让美丽的女性变得更加迷人，也能让男士显得更有风度、有品位，彰显个人气质。

1. 美发礼仪

美发，一般是指人们对头发进行护理与修饰。

美发礼仪，指的就是有关人们对头发的护理与修饰的礼仪规范，它是仪容礼仪中的一个重要组成部分。完美形象"从头开始"，因此一名商务人员假如不想使形象受损，就要在外出应酬时重视美发礼仪。

（1）护发礼仪

护发礼仪的基本要求：头发必须经常地保持健康、秀美、干净、清爽、卫生、整齐的状态。要真正达到以上要求，就必须做好头发的洗涤、梳理、养护等几个方面的功课。

①头发的洗涤：要勤洗头发。

②头发的梳理：要自觉梳理头发，保持头发的整齐。

③头发的养护：要保护好头发，就要避免接触强碱性或强酸性物质，并尽量防止长时间曝晒，注重头发的营养。

（2）作发礼仪

作发礼仪主要是有关头发的修剪、造型等方面的问题。对商务人员来说，作发礼仪的基本要求：经过修饰之后的头发，必须以庄重、简约、典雅、大方为其主导风格。

①应当定期理发。

②应当慎选理发方式。具体来说，理发又分为剪、刮、洗、染、吹、烫等各种不同的方式。

③还应当注意头发长度。

2. 发型的选择

　　一个人在美发的时候，他首先所要面对的问题就是如何塑造自己的发型。发型不仅反映着自己的个人修养与艺术品位，而且还是自己个人形象的核心组成部分之一。发型的选择除了受到个人品位和流行时尚的左右之外，还往往必须对本人的性别、年龄、发质、脸形、身材、职业等因素重点加以考虑。

　　（1）与年龄协调：选择发型时，必须客观地正视自己年龄的实际状况。

　　（2）与发质协调：不同发质对发型的选择也有不相同的要求，如硬发不太适合留长发等。

　　（3）与脸型协调：选择适当的发型，可以为自己的脸形扬长避短，更可以体现发型与脸形的和谐之美。

　　（4）与服饰协调：个人形象塑造具有整体性，为体现形象的整体美，发型必须根据服饰的变化而改变。如穿着礼服或制服时，女性可选择盘发或短发，以显得端庄、秀丽、文雅；穿着轻便服装时，可选择适合自己脸型的轻盈发式。

　　（5）与身材协调：身材有高矮胖瘦之别，身材不同的人在选择发型时，往往会有许多不同的考虑。一般说来，身材高大者在发型方面往往可以有比较多的选择，他们可以选择直短发，也可以长发披肩。身材矮小者最好是选择短发。

　　（6）与职业协调：政界、商界对从业人员的基本要求是端庄和稳重。从事这些行业的人士，在自己设计发型时，须切实加以把握。如果是从事艺术类的职业，则可选择个性化的发型。

　　（7）头部佩戴饰物的要求：商务人员不管为自己选定了何种发型，在工作岗位上都绝对不允许在头发上滥加装饰之物。

【拓展知识】

日常生活打理头发的小技巧

1. 没有发胶也能固定头发

　　早上起来，头发乱糟糟的。但是，定发胶又用完了，可以用碳酸饮料来代替。涂上之后，再用吹风机吹，就能漂亮地定型。为什么可以用碳酸饮料代替发胶呢? 实际上，起作用的是碳酸饮料的糖分。碳酸饮料含有 13% 左右的糖，糖分干后凝结，被吹风机一吹，就固定了。

2. 去头屑不留痕

由于作息时间不规则，头发出现了很多头屑。不过解决这个小小的问题也很简单，用市场上出售的硫黄皂就可以，硫黄皂可以达到杀菌止痒的效果，也能清扫头皮分泌的油脂。只是硫黄皂的味道特殊，用后还要再用一遍洗发水，让头发达到顺滑和飘香的目的，而且这种方法没有依赖性。

3. 防脱发

最理想的是选用黄杨木梳和猪鬃头刷，既去头屑，又按摩头皮，促进血液循环，消除精神压抑感。精神状态不稳定，每天焦虑不安会导致脱发。压抑程度越深，脱发速度越快。对女性来说，生活忙碌而又保持适当的运动量，头发会光彩照人，充满生命力。

4. 急救染发

出席重要场合，却发现新长出的黑发与刚染不久的发色格格不入，该怎么办？你可以借鉴一下模特们的绝招：选择与你染发颜色相近的防水睫毛膏，细细染上那些长出的发根，绝对可以以假乱真。

5. 头发过于干燥

洗头的原意是清洁头发，但是如不慎使用了不适合发质的美发或洗发用品，或者是不正确的吹发方法，都会令头发变得干燥及脆弱。定期用手指按摩头皮，可以促进新陈代谢，降低头发的干燥感。洗头后，用毛巾将头发抹干，再用吹风机在发根处吹起至发尾，可以缩短吹发的时间而不会因吹风过热损害头发。

6. 长发烫染后的保养和定型

洗发后将头发自然晾干，可用毛巾轻擦发梢的头发至不滴水即可。用手指将头发"梳理"成型，尤其在前额和两鬓制造蓬松的感觉。勤补水，在空闲时间里，可用保湿水喷雾将头发喷湿，并按同样的步骤打理，同样可以保持滋润、整洁但又不油腻的清爽印象。

项目 3　着装

【学习目标】

能力目标：能根据礼仪要求选取搭配服装。

素质目标：不同场合选取搭配服装的能力。

知识目标：掌握在不同场合选取搭配服装的技巧。

技能目标：按照礼仪规范进行服装选取和搭配，规范仪容、仪表。

【技能点】

能根据商务人员职场着装的原则，在不同场合，按要求和自身特点选取、搭配合适的服装。

【引导案例】

刘坤是一位英俊潇洒的体育老师，对运动服情有独钟，无论上班下班都喜欢穿着各式各样的运动服。有一次，单位周末举行舞会，他穿着自己新买的一身运动服来到会场。当晚的舞会很热闹，来的同事很多，看见人们都在翩翩起舞，刘坤也蠢蠢欲动，便走过去邀请一位正在休息的女士跳舞，那位女士看了他一眼，礼貌地拒绝了他。接着他又邀请了两位女士跳舞，结果均被拒绝。这时，一位朋友来到刘坤身边，悄悄地跟他说："你怎么穿着运动服就来了，你没看见今天大家都是盛装出席？穿着太随便去邀请女士跳舞，这是不礼貌的。"

【任务分析】

在各种社交聚会中，舞会是一种深受人们欢迎的社交活动，参加舞会的人都要遵守必要的礼仪规范，以使自己的举止高雅、受人欢迎。在服饰方面，参加舞会的服饰要同环境、气氛相协调。一般舞会，男士宜穿西装套装或长袖衬衫配长裤。在以上案例中，刘坤不了解舞会中的着装礼仪，因此处处碰壁。

【相关知识】

着装

着装主要指一个人的穿衣打扮。从本质上讲，着装与穿衣并非是一回事。穿衣，往往所看重的是服装的实用性。它仅仅是马马虎虎地将服装穿在身上遮羞、蔽体、御寒或防暑而已，而无须考虑其他。着装则大不相同，着装实际上是一个人基于自身的阅历、修养或审美品位，在对服装搭配技巧、流行时尚、所处场合、自身特点进行综合考虑的基础上，在力所能及的前提下，对服装进行的精心选择、搭配和组合。在各种正式场合，不注意个人着装者往往会遭人非议，而注意个人着装的人则会给他人以良好的印象。质于内而形于外，文化修养高、气质好的人懂得如何修饰自己的形象。

1. 职场着装的特点

着装要赢得成功，进而做到品位超群，就必须兼顾其个体性、整体性、整洁性、文明性、技巧性。对这五个方面，一点都不能偏废。

（1）个体性

在着装时，既要认同共性，又要坚持个体性，要做到"量体裁衣"，使之适应自身，并扬长避短，应创造并保持自己所独有的风格。

（2）整体性

正确的着装，应当基于统筹的考虑和精心的搭配。其一，要恪守服装本身约定俗成的搭配。例如，穿西装时，应配皮鞋，而不能穿布鞋、凉鞋、拖鞋、运动鞋。其二，要使服装各个部分相互适应，局部服从于整体，力求展现着装的整体之美、全局之美。

（3）整洁性

首先，着装应当整齐，不允许它又折又皱、不熨不烫。其次，着装应当完好，不应又残又破、乱打补丁。最后，着装应当干净、卫生，对于各类服装，都要勤于换洗，不允许存在明显的污渍、油迹、汗味与体臭。

（4）文明性

着装的文明性，主要是要求着装文明大方，符合社会的道德传统和常规做法：一是忌穿过露的服装。二是忌穿过透的服装。三是忌穿过短的服装。四是忌穿过紧的服装。

（5）技巧性

不同的服装有不同的搭配和约定俗成的穿法。例如，穿单排扣西装上衣时，两粒纽扣的要系上面一粒，三粒纽扣的要系中间一粒或是上面两粒；穿西装不打领带时，内穿的衬衫应当不系领扣；女士穿裙子时，所穿丝袜的袜口应被裙子下摆所遮掩，而不宜露于裙摆之外，等等。这些都属于着装的技巧。着装的技巧性，主要是要求在着装时要学会穿法，遵守穿法。

2. 着装的 TPO 原则

TPO 是西方人提出的服饰穿戴原则，分别是时间（Time）、地点（Place）和场合（Occasion）三项因素。TPO 原则是目前国际公认的着装标准。

（1）时间原则

时间原则一般包含三个含义，一是指一天中时间变化，即早、中、晚三个时间段；二是指一年四季的不同，即春、夏、秋、冬季节更替；三是指时代的差异以及人生的不同年龄阶段。

时间原则要求着装需考虑时间因素，做到随"时"更衣。早晨人们在家中着装应方便、随意。工作时间着装总体上以庄重大方为原则。如果参加社交活动或公关活动，着装则应以典雅端庄为基本格调。

（2）地点原则

地方、场所、位置不同，着装应有所区别，特定的环境应配以与之相适应、相协调的服饰，才能获得视觉和心理上的和谐美感。比如人们在山上游览观光时与在海边休闲度假时所穿的服装应有所不同。

（3）场合原则

在不同场合，人们选择穿着的服装在款式、色彩、面料等方面，都应该有所区别：在公务场合，要穿正装。社交场合，人们的着装应重点定位在"时尚个性"的特点上，服装款式要新颖，风格要洒脱，既不必过于保守从众，也不宜过分随意。休闲场合中，宜着休闲装，突出"舒适自然"的特点。

3. 着装的颜色技巧

任何一种颜色都是由三原色（红、黄、蓝是最基本的颜色，称为三原色）调配而来的，不同的颜色代表着不同的意义，不同颜色的服装穿在不同的人身上也会产生不同的效果。

（1）"三色"技巧

在正式场合的着装，人们必须遵守"三色"技巧的要求。所谓"三色"技巧，是指一个人在正式场合全身上下的衣着应当保持在三种色彩之内。

（2）"三一"技巧

在正式场合允许的情况下，男士还应当掌握"三一"技巧。所谓"三一"技巧，强调的是色彩的搭配问题。它要求男士在正式场合露面时，应当使自己的鞋子、腰带和公文包色彩相同或相近。

（3）"三协调"技巧

所谓"三协调"技巧，是指衣服的颜色要与自己的年龄、身材和肤色相协调。

4. 男士西装礼仪

现代男士西装礼仪基本上沿袭了欧洲男士服装礼仪的传统习惯，西装对现代人的重要作用不言而喻。但是，并不是每一个穿着西装的人，都能穿出西装特有的风采。如果你不懂西装礼仪，价值不菲的西装当然发挥不了应有的效果。一般来说，穿西装应注意以下几点：

（1）西装正装为黑色

净色而颜色偏深的整套西装适于多种场合。在正式场合应选择黑色西装。脸色较暗的男士，可选择浅色系和中性色。有明袋的上装只适合在较随便的场合穿着，暗袋上装适合正式场合。

（2）拆除商标

在西装上衣左边袖子上的袖口处，通常会缝有一块商标。有时，那里还同时缝有一块纯羊毛标志。在正式穿西装之前，切勿忘记将它们先行拆除。这样是对外宣告该套西装已被穿着。假如西装已穿过很久，袖子上的商标依旧停留于原处，好似有意以此招摇过市一样，难免会见笑于人。

（3）保持西装外形的平整洁净

西装要定期干洗，穿着前要熨平整。只有西装穿起来显得平整挺括、线条笔直，它的美感才能充分地展示出来。皱皱巴巴的"抹布西服"，只会让人皱眉。

（4）注意内衣搭配

西装的标准穿法，是西装里面直接穿着衬衫。净白色或白色带清爽蓝条纹的长袖衬衫是必不可少的基本服装配件。衬衫的下摆要放入裤子里，整装后，衬衣领口和袖口均要比外衣长出 1～2 厘米左右。衬衣，一定要洗得干干净净，熨得笔挺的衬衫才悦目。那种不穿衬衫而让短袖衫直接与西装配套的做法，是西装穿着的大忌。

（5）慎穿毛衫

讲究西装的原汁原味，在西装上衣之内，原则上不允许穿毛衫。如果在冬季时实在寒冷难忍，也只宜穿上一件薄型 V 领的单色羊毛衫。色彩、图案十分繁杂的羊毛衫，是与西装不匹配的。将扣式的开领羊毛衫或羊绒衫穿在西装里面，同样大煞风景。

（6）不卷挽西装袖和裤管

在正式场合，无论如何也不能卷起西装裤管，或者挽起西装上衣的衣袖，以免给人以粗俗的感觉。

（7）正确扣好西装纽扣

双排扣西装给人以庄重、正式之感，适合于仪式、会议等正式场合穿着；单排扣西装分为工作中的职业西装和生活中的休闲西装。

西装纽扣是区分款式、板型的重要标志。能否正确地给西装系好纽扣，直接反映对西装着装礼仪的把握程度。

单排二粒扣西装，扣子全部不扣表示随意、轻松；扣上面一粒，表示郑重；全扣表示土气。

单排三粒扣西装，扣子全部不扣表示随意、轻松；只扣中间一扣表示正宗；扣上面两粒，表示郑重；全扣表示土气。

双排扣西装应全部扣上。

（8）用好西装的口袋

西装的口袋，装饰作用多于实用价值。所以不能让口袋显得鼓鼓囊囊，使西装整体外观走样。不同位置的口袋，功能也不太一样。具体来说：

上衣左侧外胸袋：除可以放入一块用以装饰的真丝手帕外，不应再放其他任何东西，尤其不应当别钢笔、挂眼镜。

上衣内侧胸袋：可用来别钢笔、放钱夹或名片，但不要放过大过厚的东西或无用之物。

上衣外侧下方的两只口袋：原则上不放任何东西。

（9）穿好西裤

西装长裤的立裆长度以裤裆正好通过胯骨的上端为好，裤长以裤脚接触脚背，一般达到皮鞋后帮的一半为佳。裤线要清晰、笔直。裤扣要扣好，拉锁要拉严。

（10）系好皮带

深色西装可配深色皮带，浅色西装则可深可浅的皮带都配得上。此外，皮带的颜色应与皮鞋协调。

（11）配好鞋袜

"西装革履"意味着穿西装一定要配皮鞋，千万不要穿凉鞋、布鞋、旅游鞋等，而且皮鞋要擦亮。黑色皮鞋是万能鞋，它能配任何一种深颜色的西装，而漆皮鞋只宜配礼服。鞋子擦得锃亮的人，会显得特别光鲜，容易给人以好感，脏兮兮的鞋子不宜登大雅之堂。配袜子也应讲究，不可忽略。深色袜子可以配深色的西装，也可以配浅色的西装。浅色的袜子能配浅色西装，但不宜配深色西装。忌用白色袜子配西装，更不能穿女士常用的肉色丝袜。袜子长度的原则为宁长勿短。建议袜子的颜色是黑色、铁灰色和藏青色。

（12）系好领带

领带，可以说是男士穿西装时最重要的饰物。作为西装的灵魂，领带的选择讲究甚多。商界男士在挑选领带时，至少要重视如下5点：

①面料：最好的领带，应当是用真丝或者羊毛制作而成的。以涤丝制成的领带售价较低，有时也可以选用。

②色彩：从色彩方面来看，领带有单色和多色之分。在社交活动中，蓝色、灰色、棕色、黑色、紫红色等单色领带都是十分理想的选择。男士在正式场合中，切勿使自己的领

带多于三种颜色。同时，也尽量少打浅色或艳色领带。它们与由三种色彩以上的色彩所制成的领带一样，仅适用于社交或休闲活动之中。一般而言，领带的主色调应与西装套装的色彩一致。

③图案：适用于社会活动之中佩带的领带，主要是单色无图案的领带，或者是以条纹、圆点、方格等规则的几何形状为主要图案的领带。

④配套：有时，领带与装饰性手帕会被组合在一起成套销售。与领带配套使用的装饰性手帕，最好与其面料、色彩、图案完全相同。

⑤质量：一条好的领带，必须具有良好的质量。其主要特征为外型美观、平整，无跳丝、无疵点、无线头，衬里为毛料，不变形，悬垂挺括，较为厚重。宁可不打领带，也不要以次充好。

5. 女士着装礼仪

（1）服装的选择

我们选择服装要符合时间、地点和场合，不同场合的服装有不同的着装特点，在选择服装时要注意符合这些特点。

①职业装

较为正式的场合，应选择正式的职业套服。服装的质地应尽可能考究，色彩应纯正，不易皱褶。服装应以舒适、方便为主，以适应整日的工作强度。办公室服饰的色彩不宜过于鲜艳夺目，以免干扰其他人工作。应尽量考虑与具体的职业分类相吻合。坦露、花哨、反光的服饰不适合在办公室内穿着，服饰款式的基本特点是端庄、简洁、持重和亲切。

②外出职业装

服装款式应注重整体和立体的职业形象，注重舒适、简洁、得体，便于走动，不宜穿着过紧或宽松、不透气、面料粗糙的服饰。正式的场合仍然以西服套裙最为适应。较正式的场合也可选用简约、品质好的上装和裤装，并配以高跟鞋。较为宽松的场合，虽然可以在服装和鞋的款式上稍作调整，但切不可忘记职业特性是着装标准，应注意与发型、妆容、手袋、鞋相统一，所用饰品不宜夸张。手袋宜选择款型稍大的公务手袋，也可选择优雅的电脑笔记本公文手袋，表现女性自信、干练的职业风采。

③晚礼服

晚礼服是用于庆典、正式会议、晚会、宴会等礼仪活动的服饰。晚装服饰的特色、款式和变化较多，需根据不同的场合和需求而定。闪亮的服饰是晚礼服永恒的风采，但全身除首饰之外的亮点不能超过两个。晚装多以高贵优雅、雍容华贵为基本着装原则，西式的晚装多为开放型，强调美艳、性感、光彩夺目；中式传统晚装以中式旗袍为主，注重表现女性端庄、文雅、含蓄、秀美的姿态。晚装既讲究面料的品质，也讲究饰品的品质，好的品质可以烘托和映衬女人的社会形象和品质。女人最恰到好处的美是精致，晚装是凸显女性魅力的代表着装，讲究细部的款式和做工的精美。

④公务礼服

公务礼服是用于较为正式、隆重的会议、迎宾接待的服饰。公务礼服是服饰中品位和格调的代表和典型。服饰的优良品质是最为重要的。做工要精致得体，并应特别注意选配质地优良的鞋子。佩饰应小巧而精美，服饰和佩饰的重点是衬托女人高雅迷人的气质。此类活动较少有充分的交流机会，手袋是你身份的显要表征，应选择质地优良、色彩和谐、款式简洁、精美的手袋。

⑤休闲服

休闲服是为适应现代个性化的生活方式而产生的一类服饰，具有生活服饰和职业服饰的双重性。穿着舒适大方是休闲服的基本特点，成熟优雅是休闲服较高的着装层面。不少职业场所，已在职业空间提供了较大的宽松条件，休闲服也成为一些轻松的职业场所适用的服饰。

（2）女士着装礼仪需要注意以下 4 点：

①整洁平整。服装并非一定要高档华贵，但要保持清洁，并熨烫平整，穿起来就能大方得体，显得精神焕发。整洁并不完全为了自己，更是尊重他人的需要，这是良好仪态的第一要务。

②色彩技巧。不同色彩会给人不同的感受，如深色或冷色调的服装让人产生视觉上的收缩感，显得庄重严肃；而浅色或暖色调的服装会有扩张感，使人显得轻松活泼。因此，可以根据不同需要进行选择和搭配。

③配套齐全。除了主体衣服之外，鞋袜手套等的搭配也要更考究。如袜子以透明近似肤色或与服装颜色协调为好，带有大花纹的袜子不能登大雅之堂。正式、庄重的场合不宜穿凉鞋或靴子，黑色皮鞋是适用最广的，可以和任何服装相配。

④饰物点缀。巧妙地佩戴饰品能够起到画龙点睛的作用，给女士们增添色彩。但是佩戴的饰品不宜过多，否则会分散对方的注意力。佩戴饰品时，应尽量选择同一色系。佩戴首饰最关键的就是要与你的整体服饰搭配统一起来。

6. 制服礼仪

制服，就是上班族在其工作岗位上按照规定所必须穿着的，由其所在单位统一制作下发的，面料、色彩、款式整齐而划一的服装。简单地说，就是工作服。在现代社会里，要求本单位的全体从业人员一律身穿制服上班，是许多公司、企业的理想目标。同时也彰显了企业文化。

（1）商务人员身着制服的优点

其一，可以体现其职业特征。为了实际工作的需要，不同的职业往往需要具有不同的制服。它们不仅反映自己具体的工作性质，而且具有商务人员的共同的基本特征。

其二，可以表明其职级差异。在工作岗位上，工作人员的具体工作往往有所不同，制服对此是有所体现的。即便是在同一个单位里，不同部门、不同级别、不同职务的人员，往往从其制服上就可以区别开来。这样做，既是为了分工明确，也是为了增进着装者的荣誉感，并且争取社会舆论的监督。

其三，可以实现其整体划一。从总体上讲商务人员在自己的工作岗位上是不允许过多张扬个性的。身穿样式一致的制服，不仅有助于体现出整个单位的共性、全体员工良好的团队意识及合作性与凝聚力，而且也便于单位更为有效地对全体员工进行要求和管理。

其四，可以树立其单位形象。根据现代公共关系理论，要求全体员工在工作岗位上身穿制服，可以令人耳目一新。久而久之，便会使本单位的独特形象随之深入人心，最终得以确立。

（2）制服的色彩选择

应当优先选择本单位的标志性色彩。在用来塑造单位形象的"形象识别系统"之中，标志性色彩占据着重要的位置。它所指的是，某一单位为了体现自身特色、表现自身理念，而特意选定某种色彩用以代表自己。

（3）制服的款式选择

商界的制服，总的要求是雅气端庄。它既应当突出自己的实用性，又应当有意识地使之传统而保守；它既应当与众不同，又不宜一味追逐时尚，甚至走在时尚之前；它既应当体现出本单位的特色，又不可为了标新立异而以奇装异服的面目出现。简言之，商界人士穿上制服后，应当显得工作便利、精明能干、神气十足、文质彬彬、温文尔雅，而非令人瞠目结舌、避之不及。这些要求体现在制服的款式方面，就是应当以"雅"为本。

目前，制服多为两件套式，即由一件上装与一件下装所构成。由于行业不同、部门不同、要求不同，制服的上装有西装式、猎装式、夹克式、衬衫式、两用衫式等，制服的下装则有裤装式、裙装式、背带装式等。

（4）制服四忌

不管商界制服具体采用哪一种款式，根据"款式要雅"的总体要求，都必须使之力戒露、透、短、紧，是谓制服四忌。

其一，忌穿着太露。通常认为，制服是不应当使着装者的胸部、腹部、背部和肩部在外"曝光"的。这四处不宜外露之处，通称为"制服四不露"。

其二，忌穿着太透。制服即使色浅单薄，也绝对不应当是透明的。如果在上班时所穿的制服成了变相的"透视装"，不但有碍观瞻，而且也会使着装者失于自尊自爱。

其三，忌穿着太短。商界的制服，最好是要合身。有些制服因为工作的需要，允许相对宽松肥大一点儿。但是，不应使之过分短小。不然，既显得小气，又会给人以不文明之感。在一般情况下，制服之中的上装不宜短于腰部。裤装式的制服，一般不宜为短裤式样。裙装式的制服，则裙摆大都应长于膝盖。

其四，忌穿着太紧。不应以高弹面料制作制服，也不允许随意改动制服。除去上装与下装这两大主体部分之外，商界人士往往还要按照有关规定，使自己其他部分的衣饰，与制服有机地、系统地组合搭配。

在一般情况下，在穿制服时，按规定要求与其配套使用的衣饰，主要有衬衫、帽子、鞋袜、皮带等。它们往往会与制服一起下发，在整体风格上与制服相一致。商界人士在穿着制服时，若是离开了它们，往往会令所穿制服失去其本应具有的神韵。因此，穿制服时，按规定应与其配套使用的衣饰一同使用。不准不用，也不得以其他非配套使用的衣饰代替。即使穿制服时，其他部分的衣饰单位未作统一规定，亦不得滥用。在选择其他衣饰时，应首先考虑它们与制服是否协调。

7. 套裙礼仪

套裙是女士在正式场合着装的最佳选择。一套正宗的套裙，一般都是由一件女式西装上衣和一条半截裙所构成的两件套女装。有时，也可见到多加一件背心的三件套女装。套裙穿在女士的身上，会使她显得精神倍增、神采奕奕，烘托出白领丽人所独具的神秘韵味——优雅、文静、娇柔和妩媚。着套裙时，要注意以下几点。

（1）套裙的选择

女士在正式场合穿着的套裙，通常应当是高档面料缝制的，上衣与裙子应当采用同一质地、同一色彩的素色面料。上衣要平整、挺括、贴身。裙子要以窄裙为主，且裙长及膝或过膝。选择套裙时应当考虑下面6个基本问题：

①面料

套裙面料的选择要比西装选择大得多，其主要的要求：套裙所选择的面料最好既是纯天然质地的面料又是质量上乘的面料；上衣、裙子以及背心等，应当选用同一种面料；外观上讲究匀称、平整、滑润、光洁、丰厚、柔软、悬垂、挺括。

②色彩

套裙的色彩应当以冷色调为主，体现出着装者的典雅、端庄与稳重。一般情况下，各种加入了一定灰色的色彩，如藏青、炭黑、烟灰、雪青、茶褐、土黄、紫红等稍冷一些的色彩，都可以纳入考虑的范围。套裙的上衣和裙子可以是一色，也可以采用上浅下深或上深下浅两种并不相同的色彩，使之形成鲜明的对比。前者显得庄重而正统，而后者则显得富有活力与动感。

③图案

按照常规，女士在正式场合穿着的套裙，可以不带任何图案。如果本人喜欢，可以选择以或宽或窄的格子、或大或小的圆点、或明或暗的条纹为主要图案的套裙。其中，以方格为主体图案的套裙显得静中有动，充满活力。

④点缀

一般情况下，套裙上的点缀宜少不宜多，宜精不宜糙，宜简不宜繁。有时，在套裙上可以适当地采用装饰扣、包边、蕾丝等点缀之物，以增加效果。

⑤尺寸

传统观点认为，裙短则不雅，裙长则无神。裙子的下摆恰好到着装者小腿肚最为丰满之处，乃是最为标准、最为理想的裙长。套裙之中的上衣分为紧身式和松身式两种，一般认为紧身式上衣显得较为正统。紧身式上衣使肩部平直，腰部收紧或束腰，其长不过臀，整体上呈倒梯形，线条硬朗而鲜明。

⑥造型

套裙造型的基本轮廓大致分为 H 型、X 型、A 型、Y 型四种类型。H 型套裙的主要特点是上衣较为宽松，裙子多为筒式。X 型套裙的主要特点是上衣多为紧身式，裙子大都是喇叭式。A 型套裙的主要特点是上衣为紧身，裙子则为宽松式。Y 型套裙的主要特点是上衣为松身式，裙子多为紧身式，并以筒式为主。

（2）套裙的穿着

①长短适度

通常套裙之中的上衣最短，可以齐腰，而裙子最长则可以达到小腿的中部。穿着时不能露腰露腹，否则很不雅观。上衣的袖长以恰恰盖住着装者的手腕为好。上衣或裙子均不可过于肥大或包身，免得影响精神风貌的表现。

②穿着到位

上衣的领子要完全翻好，不要将上衣披、搭在身上，要穿着整齐，裙子要穿得端端正正，上下对齐。

扣紧衣扣：在正式场合穿套裙时，上衣的衣扣必须全部系上，不要将上衣部分或全部解开，更不要当着别人的面随便将上衣脱下。

考虑场合：在各种正式的商务交往及涉外商务活动中，应该穿着套裙。在出席宴会、舞会、音乐会时，可酌情选择与此类场合相协调的礼服或时装。

协调装饰：高层次的穿着打扮，讲究的是着装、化妆与佩饰风格统一、相辅相成。在穿套裙时，既不可以不化妆，也不可以化浓妆。不适宜佩戴与个人身份不合的珠宝首饰，也不适宜佩戴有可能过度张扬的耳环、手镯、脚链等首饰。

搭配好衬衫：衬衫面料要轻薄而柔软，如真丝、麻纱、府绸、涤棉等。色彩上以单色为最佳。除白色之外，其他色彩，如与所穿套裙的色彩不相互排斥，也可采用。衬衫上最好不要有图案。衬衫下摆必须掖入裙腰之内，不得任其悬垂于外，或是将其在腰间打结。衬衫纽扣要一一系好。除最上端的一粒纽扣按惯例允许不系外，其他纽扣均不得随意解开。

注重内衣：选择内衣时，最关键的是要大小适当，既不能过于宽大晃悠，也不能过于窄小。内衣所用面料，以纯棉、真丝等面料为佳，色彩可以是常规的白色、肉色，也可以是粉色、红色、紫色、棕色、蓝色或黑色。穿上内衣后，不应使它的轮廓一目了然地在套裙之外展现出来。内衣不宜外穿，且不准外露、外透。

注意衬裙：衬裙的色彩，多为单色，如白色、肉色等，但必须使之与外面套裙的色彩相互协调。二者要么彼此一致，要么外深内浅。衬裙的款式应特别的注意线条简单、穿着合身、大小适度三点要求，并且衬裙上不宜出现任何图案。衬衫下摆应掖入衬裙裙腰与套裙裙腰之间，切不可掖入衬裙裙腰以内。

搭配鞋袜：鞋子应为高跟或半高跟鞋，质地最好是牛皮鞋，颜色以黑色最为正统。此外，与套裙色彩一致的皮鞋亦可选择。袜子一般为尼龙丝或羊毛统袜或连裤袜。颜色宜为单色，有肉色、黑色、浅灰、浅棕等几种常规选择。袜口要没入裙内，不可暴露于外。袜子应当完好无损。切勿将健美裤、九分裤等裤装当长袜来穿。对于女性来说，穿好套裙，气质和风度有了很好的保证，事业也就拥有了更多成功的契机。

【拓展知识】

各种领带打法图解

1. 交叉结（Cross Kont）

这是对于单色素雅质料且较薄领带适合选用的领结，对于喜欢展现流行感的男士不妨使用交叉结。

2. 平结（Plain Kont）

男士最多选用的领结打法之一，适合各种材质的领带。要诀：领结下方所形成的凹洞需让两边均匀且对称，这种凹洞一般只有真丝的领带才能打出来。

3. 双环结（Double Kont）

一条细致质地的领带再搭配上双环结就能打造时尚感，很合适年轻上班族选用。这种领结的特色就是第一圈会稍露出于第二圈之外，可别刻意给盖住了。

4. 双交叉结（Double Cross Kont）

这样的领结显得高雅而隆重，适合正式场合活动选用。该领结应多运用在素色丝质领带上，若搭配大翻领的衬衫有尊贵感。

5. 温莎结（Windsor Kont）

适用于宽领型的衬衫，该领结应多往横向发展。应避免材质过厚的领带，领结也勿打得过大。

6. 四手结（单结）

这种系法是所有领结中最容易上手的，适用各种浪漫系列的衬衫及领带。

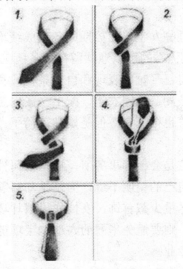

7. 亚伯特王子结

适用于高贵扣领及尖领系列衬衫，搭配浪漫质料柔软的细款领带，正确打法是在宽边先预留较长的空间，并在绕第二圈时尽量贴合在一起，即可形成完美的结型。

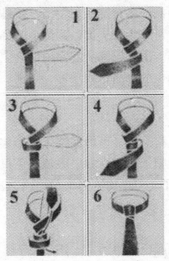

项目 4　配饰

【学习目标】

能力目标：能根据礼仪要求选择服装的配饰。

素质目标：不同场合职业着装饰物的选择和搭配能力。

知识目标：了解职业着装饰物佩戴的原则，掌握职业着装饰物的选择和搭配技巧。

技能目标：按照礼仪规范进行职业着装饰物的选择和搭配，规范仪容、仪表。

【技能点】

能根据不同出席场合，按职业着装饰物佩戴的原则，选择和搭配合适的饰物。

【引导案例】

阳光是一位时尚前卫的漂亮女生，在校期间各项成绩均属中上等，光华会计师事务所到学校招聘两名实习生，表现优秀的可以继续留在事务所工作，招聘的方法是面试。对此，阳光一点儿都不畏惧，就凭自己平时的表现和自身条件，真是有着绝对的优势。应聘当天阳光精心打扮自己：身穿一条湖蓝色连衣裙，配上一条白金项链和同款耳环，真是让人眼前一亮。面试当天阳光的应答也很流利，但是她却落榜了。

【任务分析】

上例中，阳光应聘的单位是会计师事务所，根据公司性质，阳光应穿着精炼的小西装套裙参加面试，才会显示出自己的精明干练，但是她却穿着颜色鲜艳的连衣裙，给人华而不实的印象；而且面试时应尽量少戴首饰，女性如果戴耳环的话，应当选择小巧且不引人注目的耳环。如果选用项链，则要避免华丽的人造珠宝项链或粗大的金链，这些首饰同样会削弱求职者在面试官中的专业感。

【相关知识】

配饰

饰品是服饰的一个辅助用品，各种饰品与发型、年龄、环境的协调能取得良好的着装效果。饰品按其所在身体部位可分为：头饰、颈饰、胸饰、腕饰、指饰、脚饰等。饰物如果按类别又可分为两大类：第一类是以饰品的实用性为主的附件，如帽子、眼镜、包、腰带、鞋等；第二类是以装饰为主的饰品，如项链、手镯、耳环等。

1. 饰物佩戴礼仪

（1）围巾和帽子

围巾、帽子若与服装的风格一致，可增加整体的形象美。在冬季，人们的服装色彩较暗，可以用颜色鲜艳的围巾、帽子点缀。如果服装颜色很艳丽，可用颜色素雅的帽子、围巾以求得一种色彩的平衡。帽子还可以用来修饰脸形，长脸形的人宜戴宽边或帽檐下垂的，脸宽的人宜戴小檐高顶帽。

（2）手提包

一般要求手提包与服装的颜色相协调。夏季拎包应轻巧，冬天提包的颜色可以鲜明些；

草编的手提包配上运动衫或棉布便装就十分自然得体。

（3）眼镜

眼镜也可作为饰品，眼镜被称为"心灵之窗"。如果您是一位教师，就应选择色泽雅致、款式大方的眼镜，给人以博学、稳重的印象。如果您是白领，就不妨选择一副质地上乘的眼镜，以显出儒雅气度。太阳镜则是冷峻清高的都市男士的必需品。

（4）手帕

作为一种饰物，在西装左上边口袋里，露出折成三角形、双尖形、花瓣形等形状的手帕，能给人平添几分风度。

2. 首饰佩戴原则

（1）合乎身份。上班与社交、已婚与未婚、商人与公务员，身份显然不同，这一点，在佩戴首饰上亦应有所区别。

（2）以少为佳。佩戴首饰，应以质优与款式取胜，不可追求数量上的优势。一件首饰都不戴是可以的，若要佩戴则不宜超过三种。

（3）要同质同色。如果同时佩戴多种首饰，应尽量使之质地与色彩相同或相仿，这样可和谐般配。

（4）在搭配上需使全身所有的色调、质感和量感相互配合。例如，金色质感的配件适合暖色系列的装扮，银质配件则适合冷色系列的装扮。上乘衣料与设计优雅的服装，则应佩戴精致而有质感的首饰，材质选用纯金、银、珍珠、宝石等。

3. 首饰佩戴礼仪

（1）佩戴首饰要注意场合。只有在交际应酬时，佩戴首饰才最合适；上班时间以不戴或少戴首饰为好；从事劳动、体育活动和出席会议时也不宜戴首饰。

（2）佩戴首饰要与服装及本人的外表相协调。一般穿较考究的服装时，才佩戴昂贵的首饰；穿运动装、工作服时不宜戴首饰。脸型较宽的女士不宜戴大耳环，戴眼镜的女士不宜戴耳环，圆脸型的女士戴项链应加个挂饰。

（3）佩戴首饰要考虑性别因素。女士可以戴各种首饰，男士则只宜戴结婚戒指。

（4）佩戴首饰要注意寓意和习惯。项链，是平安、富有的象征，应根据身材和个性特点，选择适当的款式和色彩。戒指，是首饰中最明确的爱情信物，佩戴戒指可显示婚姻状况：戴在食指上表示求婚，戴在中指上表示已在恋爱中，戴在小指上则表示自己是一个独身主义者。戒指一般只戴一枚，而且戴在左手上。手镯或手链，如果在左手腕或左右两腕上同时佩戴，表示佩戴者已经结婚；如果仅在右手腕上佩戴，则表明佩戴者是自由而不受约束的。另外，手镯或手链的戴法还要考虑因各民族的习俗不同而有所区别。中国人习惯将手镯或手链戴在右手上，而一些西方人则习惯戴在左手上。一般女士佩戴手镯或手链就不用戴手表。

（5）胸花。胸花有金属的、塑料的、镶嵌宝石的，还有用与衣服料子相同的呢绒做的，很有情趣。女子佩戴胸花要与服装相协调。

4. 男士首饰佩戴礼仪

手表、腰带、手套、打火机、钢笔、钱包、公文包、戒指、眼镜等物品在英文中被称为"附件"或"修饰物"，意味着它们并不是不可缺少的，但也正是这些不起眼的容易被忽略的"附件"让人们辨别出一个真正成功的人和一个貌似成功的人，辨别出一个真正有品位的人和一个庸俗的、哗众取宠的人。

（1）手表

佩戴手表，通常意味着时间观念强、作风严谨。在正式的社交场合，男士的手表往往能表示出他的身份，而不戴手表用手机看时间或是动辄向他人询问时间的人，则总会让人感到档次不高，缺少时间观念。

在交际场合，特别是和别人交谈时，不要有意无意地看表。否则对方会认为你对交谈心不在焉、不耐烦，想结束谈话。

（2）皮带

皮带对男人的重要性是其他服饰配件无法取代的。

①穿着笔挺的西装时，腰带的花色应和皮鞋保持一致。皮带上不能携挂物品，其长度应保持尾端介于第一和第二裤袢之间，宽窄应保持在 3 厘米左右。太窄，会失去男性阳刚之气；太宽，只适合于休闲、牛仔风格的装束。

②沉着、从容、含蓄的男士，可选用简洁、纯粹、坚韧的皮带。高贵的小牛皮带身与金银色亮光、哑光金属环扣不失为最佳选择。经典的黑色皮带与银白色环扣的组合能显示出男人简约与明朗的本色。

③富有浪漫气质的男士可以选择以鳄鱼皮、蜥蜴皮、鸵鸟皮或蛇皮为材料制作的皮带，但切记颜色不能太花，也不要轻易使用式样新奇的和配有巨大皮带扣的皮带。

④自由、奔放、充满活力的男性可选用粗线条的牛仔皮带或皮革编织腰带。亚麻和皮革两种不同材料编织在一起，配合得天衣无缝，不求华贵，只求刚勇。如穿着一身休闲，在腰间系着一条帆布皮带，让人在粗犷和豪迈之中，体会到充满青春活力的美。

（3）袖扣

作为男士的重要配饰，袖扣是一种高品位的象征。每年主要男装品牌以及珠宝商都会推出最新的袖扣设计，不过，在日常生活中很少有用袖扣的男士。

（4）皮包

公文包以黑色、皮质、款式简单大方为宜，不宜过大；放置东西应整齐有条理，不应杂乱或者过多；穿着西装时，公文包一般拎在手里，专门的手包也可握在手中或者夹在腋下，不应选择肩挎或者斜挎的皮包。

（5）笔

如果是穿衬衫或西装，男人可在衬衫口袋挂着一支笔，可以是宝珠笔或钢笔，笔一定要有品质。

（6）钱夹

钱夹以皮质为宜，应放在西装上衣的内侧口袋，任何类型的钱夹都不应塞得太满。男士钱包以深色的真皮材质为主，款式以简洁大方为宜；如果是随身带包的男士可以选择长款钱包，如果是随身放在裤袋里，可以选择短款钱包。

（7）打火机

不同的打火机能够体现不同的性格品位。如果有吸烟的习惯，同时还想强调自己在生活品质追求上讲究文化内涵，就不要再使用一次性打火机了。特别是在正式的社交场合下，用一次性打火机是有失身份的，应根据自己的身份地位选择适合自己的打火机。

（8）眼镜

眼镜可以恰到好处地衬托出一个人的气质。比如，一副质地上乘制作精良的眼镜就能很好地显出你作为白领贵族的儒雅高贵气质，一副款式大方的眼镜足以让你给人留下知识渊博的印象。所以，那些使用时间过久、不适合脸形、质地不佳的眼镜最好就不要使用了。

（9）领带夹

领带夹应在穿西装时使用，也就是说仅仅单穿长袖衬衫时没必要使用领带夹，更不要在穿夹克时使用领带夹。穿西装时使用领带夹，应将其别在特定的位置，即在衬衫的第四粒与第五粒纽扣（从上往下）之间，将领带夹别上，然后扣上西装上衣的扣子，从外面应当看不见领带夹。

【拓展知识】

职场中丝巾的打法与搭配

丝巾是四季不可或缺的时尚单品，尤其对于职场中的女性，丝巾的打法与搭配很是一门学问，女士丝巾打法要与场合相结合。

1. 丝巾打法与场合

（1）成熟优雅的条状结

将长条丝巾对折成适当宽度，在颈部一松一紧各绕一圈，尾部交叉打结，调试松紧度达到自然效果。这是简洁不失靓丽的最佳系法。

适用场合：商务型非正式聚会。

（2）热情洋溢的包头结

将丝巾对折成大三角，裹住头部及前额的一部分，两角在颈后交叉打结，再次交叉后系好，整理造型，让秀发同丝带一起自然下垂。

适用场合：旅游度假和节日聚会。

（3）恬静秀美的蝴蝶结

将今季流行的小方巾对角折成三角形，露出搭在肩部的两边角，然后在胸前打一个蝴蝶结，展开花形，把结稍稍隐藏。如果想用一个漂亮的丝巾扣作点缀，则应选用长条丝巾，远远看去宛若翩翩起舞的花蝴蝶，更为领子较低的上装起到巧妙的补充作用。

适用场合：约会和非正式聚会。

（4）轻轻缠绕变靓衫

将丝巾轻轻缠绕就成为一款柔美无比的露背上装，而民族风情的丝巾最适合用来系成过膝长裙，两条同种花色的丝巾先左后右分别系在腰间，交错之后便点染出动静皆宜的效果。

适用场合：晚宴和酒会。

（5）妩媚撩人的胸襟结

适用场合：正式晚宴和大型酒会。

2. 丝巾的搭配

素色衣服搭配素色丝巾。可采用同色系对比搭配法，如黑色连衣裙配中性色系丝巾，整体感强，但搭配不慎会造成整体色彩黯淡；也可以采用不同色系的对比色搭配法，采用相同颜色、不同质感的搭配方式也很协调。

衣服和丝巾上都有印花时，搭配的花色要有主副之分。如果衣服和丝巾都是有方向性的印花，则丝巾的印花应避免和衣服的印花重复出现，同时也要避免和衣服的条纹、格子同方向。简单条纹或格子的衣服比较适合无方向性的印花丝巾。

印花衣服搭配素色丝巾。可挑选衣服印花上的某一个颜色为丝巾色，或者选择衣服上最明显的一个颜色，用这个颜色的对比色去挑选适合的丝巾。这两种方法效果都不错。

素色衣服搭配印花丝巾。最根本的指导原则就是丝巾上至少要有一个颜色和衣服的色彩相同。

黄色的衣服与藏青色、深绿色、黑白条纹、纯黑色、深红色和深紫色的长围巾搭配都是不错的选择，比较时尚。当然还要根据自己的肤色而定。肤色暗淡，建议你用黑白条纹的围巾。白色搭配黄色可以给人清新的层次感。

橙色大衣可以搭配暖色系的围巾。配白色或黑色依然经典，白色是冷色系的万能配色，与任何一种色彩都可以搭配，尤其适合绿色、紫色等，色彩丰富些也可以。今年流行主题仍然是混搭，橙色大衣配深灰色长围巾，显得端庄大方。

淡粉色的羊毛大衣应该搭配浅色的丝巾。如果大衣是短款的，围巾可以选择深紫色，既是流行色也可以显得很高雅，同时与淡粉色有比较强烈的视觉对比，但是在色系上又会很和谐，不会有突兀感。如果是长款大衣，围巾除了深紫色外，还可以选择米色丝巾，千万不要选择质地比较厚重的围巾，这样会显得臃肿。

不要相信"万能"的黑色，几乎所有的人都相信黑色是百搭的颜色。然而，黑色外套配黑色丝巾，如果肤色暗淡反而搭配效果不好。而白色配黑色、红色配黑色最为经典。黑色、白色搭配纯正的黄、绿、紫色丝巾会让你在人群中脱颖而出。

【复习思考题】

1. 商务人员仪容基本要求是什么？
2. 商务人员在发型的选择上要注意哪些方面？
3. 着装的 TPO 原则有哪些？
4. 首饰佩戴原则有哪些？

模块 3 商务人员仪态礼仪

仪态是指人在行为中表现出来的姿势，主要包括站姿、坐姿、行姿等。"站如松，坐如钟，走如风，卧如弓"是中国传统礼仪的要求，在当今社会中已被赋予了更丰富的含义。随着对外交往的深入，我们要学会用兼收并蓄的宽容之心去读懂对方的姿态，更要学会通过完善自我的姿态去表达自己想要表达的内容。

项目 1 站姿

【学习目标】

能力目标：能根据实际情况选择合适的站姿。

素质目标：自我纠正站姿的能力。

知识目标：掌握正确的站姿。

技能目标：按照正确的要求完成商务活动中的站姿。

【技能点】

1. 能根据不同的场合选择正确的站姿。

2. 能熟悉各种站姿的要求。

【引导案例】

小杨是某公司的员工，和他的同事小刘一样是个业绩不错的员工，他们的能力和外表形象几乎在伯仲之间。但是奇怪的是，公司每次有什么重大活动都要小刘主持，小杨百思不得其解，向朋友抱怨："领导为什么只重用小刘，而对我的多才多艺就视而不见呢？"朋友说："如果是我，我也会用小刘的，你俩能力和外貌形象差不多，但是他往那一站很高大、很标致，就没有见他对谁说话的时候弯着腰的，他的站姿挺拔，让人认为他是个自信的人，充满活力。老板放心把工作交给他。而你总爱低着头，和人交谈的时候靠在墙或柱子上，人们会认为你对一切都不感兴趣，缺乏活力。这不是一个成功的、富有活力的年轻人所应有的样子。"

【任务分析】

优美的站姿能衬托出一个人的气质和风度。交往中的站姿，要求做到"站有站相""站如松"，其意思是站得要像松树一样挺拔，同时还需要站姿的优美和典雅。男女的站姿美感各不同：女性应是亭亭玉立，文静优雅；男性则是刚劲挺拔，气宇轩昂。

【相关知识】

站姿

1. 站姿的基本要领

（1）头正

两眼平视前方，嘴微闭，脖颈挺直，表情自然，稍带微笑。

（2）肩平

微微放松，稍向后下沉。

（3）臂垂

两肩平整，两臂自然下垂，手做半握笔状。

（4）躯挺

挺胸收腹，臀部向内向上收紧。

（5）夹腿

两腿立直，贴紧，脚跟靠拢，两脚夹角成60度，身体重心落于两脚中间。

2. 站立的姿势与手位动作

站立时，手位动作也因场合、性质、性别的不同而不同，并且有一定的规矩。

（1）商务人员（男士）在正式场合的站姿

男士站姿一：身体立直，挺胸抬头，下颌微收，双目平视，两膝并拢，脚跟靠紧，脚掌分开呈V字形，提髋立腰，两手交叉放于背后（后背式）。

男士站姿二：身体立直，挺胸抬头，下颌微收，双目平视，两腿分开，两脚平行，比肩宽略窄，吸腹收臀，右手搭在左手上，贴在腹部。

商务人员的男士站姿还应做到：

①在非正式场合，男士可用"随意式"或"潇洒式"的站姿。比如，遇到亲朋好友，就可以随意些，甚至不拘小节，可进行身体接触，言谈时可以加手势，甚至手舞足蹈。

②在一些娱乐场所，也大可不必局促不安，畏畏缩缩，而两手叉腰或指手画脚在一定时候也会显得潇洒、活泼。

总之，在较轻松、较随和的场合，随意些才能很融洽地同你的朋友进行交流。如果一本正经、拒人以千里之外的话，会让人们觉得你很难接近，但仍然要注意抬头、挺胸、收腹，保持身体的直立。

（2）商务人员（女士）在正式场合的站姿

女士站姿一：身体立直，挺胸抬头，下颌微收，双目平视，两膝并拢，脚跟靠紧，脚掌分开呈丁字形或 V 字形，提髋立腰，右手放于腹部，左臂自然下垂。

女士站姿二：身体立直，挺胸抬头，下颌微收，双目平视，两膝并拢，脚跟靠紧，脚掌分开呈丁字形或 V 字形，提髋立腰，右手握住左手，放于腹部（前腹式）。

在正式场合，商务人员（女士）站姿还要注意：

当站的时间过长时，可变换为调整式站立姿势。比如，身体重心偏移到左脚或右脚上，另一条腿微屈，可以稍微弯腰，放松脚部，但上身需保持直立。

总之，刚劲挺拔、气宇轩昂、亭亭玉立、文静优雅的站姿是每个人的情趣、品格、修养的直观反映，如果不加注意就会让人觉得你缺乏修养。

（3）应避免的站姿

①两脚分得太开。

②交叉两脚而站。

③一个肩高一个肩低。

④挺腹含胸、屈膝。

⑤脚在地上不停地划弧线。

⑥交腿斜靠在马路旁的树干、招牌、墙壁、栏杆上。

⑦和别人勾肩搭背地站着。

⑧身体抖动或晃动，给人以漫不经心或没有教养的感觉。

⑨双手插入衣袋或裤袋中，给人感觉不严肃，拘谨小气，实在有必要时，可单手插入前裤袋。

⑩双臂交叉抱于胸前，这样的姿态会有消极、防御、抗议之嫌。

⑪双手或单手叉腰，这种站法往往含有进犯之意。

⑫两腿交叉站立给人以不严肃的感觉。

【拓展知识】

正确站姿的练习方法

利用穿衣镜，按照下述的各种要领站立，并照着镜子改正姿态。

头——抬起，要平。

下巴——稍微向后收，但避免出现双重下巴。

脖子——同脊椎骨成一条直线。

胸脯——挺起。

脊椎骨——挺直。

臂——自然垂下，稍微移向臀部后面。

膝——直而轻松。

脚——双脚平行，分开 6～8 厘米。

如果没有穿衣镜，背靠着墙，尽量使其接触，如此自然会收缩肚子。背靠墙而立，让足跟、小腿肚、臀部、背部、后脑和墙接触。在头上顶本书，让书的一边和墙接触，走动离开墙，为了不让书掉落，你会本能地挺直脖子，下巴后收，挺起胸脯。

好看的站立姿势

【技能训练】

站姿训练

将 10 位同学分成 5 组，两人一组，背靠背站立。将两人的后脑、双肩、臀部、小腿肚、脚后跟紧靠在一起，并且在两人的肩部、小腿部相靠的地方，各夹放一张名片。要确保名片不能滑落，可以配上优美的音乐，以减轻疲劳。哪组保持得最久，哪组就评为最优雅规范站姿组合。

项目 2　坐姿

【学习目标】

能力目标：能根据实际情况选择合适的坐姿。

素质目标：坐姿自我纠正的能力。

知识目标：掌握正确的坐姿。

技能目标：按照正确的要求完成商务活动中的坐姿。

【技能点】

　　1. 能根据不同的场合选择正确的坐姿。

　　2. 能熟悉各种坐姿的要求。

【引导案例】

　　姜某是某大型外贸企业的总经理。近期，他想在北京洽谈一项合资业务，于是找到了一家前景不错的公司。与对方约好了洽谈时间和地点后，他带着秘书如期而至，经过近半个小时的洽谈之后，姜总做出了这样的决定：不和这家公司合作。为什么还没有深入洽谈，姜总就放弃和该公司合作？秘书觉得很困惑，姜总回答说："对方很有诚意，前景也很好，但是和我谈判时，不时地抖动他的双腿，我觉得还没有跟他合作，我的财就都被他抖掉了。"

【任务分析】

　　细节决定成败。职业人员在参加会议、业务洽谈、伏案工作、社交活动、交流娱乐时，要非常注意自己的坐姿。端庄优美的坐姿，不仅可以展示一个人的行为美和姿态美，而且可以给人有教养、庄重、信任的感觉。

【相关知识】

坐姿

　　坐姿文雅、端庄，不仅给人以沉着、稳重、冷静的感觉，而且也是展现自己气质与风范的重要形式。交往中的坐姿，要求做到"坐有坐相""坐如钟"。优雅的坐姿传递着自信、友好、热情的信息，同时也显示出高雅庄重的良好风范。

　　1. 坐姿的基本要求

　　优美的坐姿是端正、自然、大方。正确的坐姿规范是：

　　（1）入座时，从左侧入座，要走到座位前面再转身，转身后右脚向后退半步，然后轻稳地坐下，收右脚。

　　（2）入座后，上体自然坐直，双肩平正放松，立腰挺胸，两手放在双膝上或两手交叉半握放在腿上，亦可两臂微屈放在桌上，掌心向下。

　　（3）两腿自然弯曲，双脚平落地上，双膝应并拢或稍稍分开，但女士的双膝必须靠拢，两脚平行，臀部坐在椅子的中央，双目平视，嘴唇微闭，微收下颌，面带笑容。

（4）起立时，右脚向后退半步，而后直立站起，收右脚。

基本要领：入座时要轻稳，动作协调从容，走到座位前，转身后退，平稳坐下。女士穿裙装入座时，应将裙脚向前收拢一下再坐。上身自然坐直，两腿自然弯曲，双脚平落地上，双膝并拢，坐在椅子中央。两手放膝上，胸微挺，腰伸直，目平视，嘴微闭，面带笑容。

2. 坐姿与手位动作

正确的坐姿可以给人庄重的印象，同时也能体现出男性的自信、豁达和女性的庄重、矜持。正确的坐姿与体位的协调配合一致，更能显示出坐姿静态美的魅力。因此，选择良好的坐姿与手位动作是很有必要的。

（1）商务人员（男士）在正式场合的坐姿

在正式的场合，男士坐姿应采用"坐如钟"的姿势，给人一种四平八稳的感觉。

男士坐姿一：上身挺直，下颌微收，双目平视，两腿分开，不超肩宽，两脚平行，小腿与地面垂直，两手分别放在膝上。

男士坐姿二：上身挺直，下颌微收，双目平视，两脚分开，两膝并拢，两手放膝上。

另外，关于两手的摆法，椅子有扶手时，可一手搭扶手，一手放膝上；无扶手时，双手放膝上。

在工作中，男士的坐姿应做到：上体挺直，下颌微收，双目平视，表情自然；两腿分开，不超肩宽，两脚平行，小腿与地面垂直；两手分别放在膝上或是双臀微屈放在桌面上。

在轻松的场合，男士可以交叠双腿形成"大二郎腿"或"小二郎腿"，"小二郎腿"是把一条腿放到另一条腿的大腿上，当年龄较大的男士在同比较年轻的人说话时，可以选择这种坐相。

（2）商务人员（女士）在正式场合的坐姿

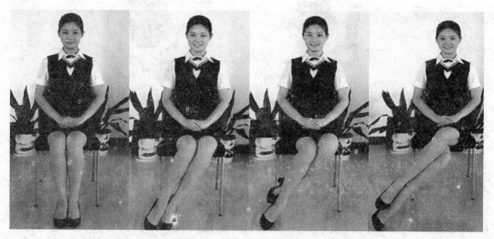

女士的坐姿应时时注意"阴柔之美"，坐下时要缓而轻，如清风徐来，给人以美感。在正式的场合，商务女士应给人一种端庄、知性的感觉。

女士坐姿一：上身挺直，下颌微收，双目平视，两腿并拢，两脚呈丁字形，两手叠放，置于左腿或右腿上。

女士坐姿二：上身挺直，下颌微收，双目平视，两腿并拢，两脚同时向左或向右放，两手叠放，置于左腿或右腿上。

女士坐姿三：上身挺直，下颌微收，双目平视，右腿搭在左腿上，两腿并拢，自然地向左放倾斜，两手叠放，置于腿上。

另外，关于两手的摆法，椅子有扶手时，可一手搭扶手，一手放膝上；无扶手时，双手放膝上。

在工作场所应做到：上身自然挺直，下颌微收，双目平视，面带微笑；双手轻放双膝上或轻搭在椅子扶手上，两腿自然弯曲并拢，两腿平放。

在轻松的场合，可以右脚（左脚）在前，将右脚跟（左脚）靠与左脚（右脚）内侧，双手虎口处交叉，右手在上，轻放在一侧的大腿上，给人一种文静、雅致、可亲可敬的感觉。

当端坐时间较长时，也可适当交换为侧坐或跷"小二郎腿"，但脚尖应朝地面，两小腿贴紧，切忌脚尖朝天抖动。这样，既能做到轻松舒适，又能表现出自己的仪态万千。

总之，人坐在椅子上可选择不同的姿态，只要坐姿与体位协调配合，各种坐姿都会是优美自然的。

3. 应避免的坐姿

不良的坐姿不仅不美，而且会影响身体发育与形体发育。生活中我们可以看到窈窕淑女翩然而至、轻抚裙裾、款款入座的景象，让人看了是一种莫大的享受；也会经常看到不修边幅、邋里邋遢的人轰然瘫坐在椅子里的景象，让人看了不免反胃。因此要坚决避免以下几种不良坐姿：

（1）就座时前俯后仰，或是歪歪扭扭，脊背弯曲，耸肩探头。

（2）两腿叉开或长长地伸出去，萎靡不振地瘫坐在椅子上。

（3）坐下后随意挪动椅子，跷二郎腿时摇腿。

（4）为了表示谦虚，故意坐在椅子边上，身体前倾与人交谈。

（5）大腿并拢，小腿分开，或双手放在臀下，腿脚不停地抖动。

（6）就座时，脚尖相对或跷起，双脚踝部交叉，半脱鞋，两脚在地上蹭来蹭去；不停地摆弄手中的东西，如头发、饰品、手指、戒指等。

（7）女士入座时，露出衬裙。

（8）男士在礼仪场合使用"4"字形的叠腿方式，或用手把叠起来的腿扣住。

以上不良的坐姿都会影响你的举止风度，因此，在学习标准坐姿的同时要注意纠正不正确的坐姿。

【拓展知识】

办公室正确的坐姿

职场人办公时如果坐姿不正确，既影响工作效率，又影响身体健康。那办公室正确的坐姿是什么呢？

1. 头和脖子最好保持直立，和身体保持平行状态。

2. 头、脖子和身体应尽量朝正前方，即所谓的坐姿端正，千万不能坐姿扭曲。

3. 身体应与地面垂直，可以靠在椅背上，但不要弯腰。

4. 肩部和上臂尽量和身体保持平行，与地面保持垂直，并保持放松状态。

5. 上臂和肘部尽量贴近身体，不要总是向外伸。

6. 前臂、腕和手应尽量保持平行，和上臂约呈 90 度角。

7. 腕关节和手要伸直，不弯曲，不向小指的方向倾斜。

8. 大腿要与地面平行，小腿与地面垂直，大腿可略微高于膝盖。

9. 脚应平放在地面上，也可以放在脚踏板上。

【技能训练】

坐姿训练

根据学生人数进行分组，5 人为一组，以组为单位请同学入座，每人头顶上放一本书。要求上体正直，颈部挺直，双目平视前方，面带微笑，并且要保证书本不会滑落。训练时间为 10～20 分钟，可配上轻缓的音乐，老师现场指导。

项目 3　行姿

【学习目标】

能力目标：能根据实际情况选择合适的行姿。

素质目标：行姿自我纠正的能力。

知识目标：掌握正确的行姿。

技能目标：按照正确的要求完成商务活动中的行姿。

【技能点】

1. 能根据不同的场合选择正确的行姿。

2. 能熟悉各种行姿的要求。

【引导案例】

行姿与自信

安妮是某公司的一名礼仪经理，专门负责新员工培训，当训练到行走时，她发现有一些男员工走路时左摇右摆，完全没有年轻小伙子的朝气；一些女员工走路时没有抬头挺胸，显得别扭。于是她给他们讲一个故事："我曾经有个同学，他学习非常优秀，他有一个习惯就是走路的时候总爱昂首挺胸。班主任老师经常说：'从走路的姿势来看，他将来肯定是有出息的。'很多同学也认为他真的有气质，他走路的时候总是昂首挺胸，看起来神采奕奕。很多年以后，当同学们都在忙着找工作的时候，他已经靠自己的能力办起了一个公司，如今已经是一个很成功的商界人士了。这么多年来，他走路的姿态始终没变，依然是昂首挺胸。从走路的姿势完全可以看出一个人的性格，性格坚毅、自信的人多数是昂首挺胸的，性格唯唯诺诺、心理自卑的人，走路才会弯腰低头。"听了这个故事后，好多人不禁挺了挺胸，安妮的行走训练正式开始了。

【任务分析】

　　行姿是站姿的延续动作，是在站姿的基础上展示人的动态美。交往中的行姿，要求做到"行如风"，即走起来要像风一样轻盈。无论是日常生活还是社交场合，走路往往最能表现一个人的风度和活力。对行姿的要求是做到协调稳健、轻盈自然。行走总的姿态，男士要显出阳刚之美，女士要显示出阴柔之美。

【相关知识】

行姿

1. 行姿的要领

（1）头正

双目平视，收颌，表情自然平和。

（2）肩平

两肩平稳，防止上下前后摇摆。

（3）双臂前后自然摆动

前后摆幅在 30～40 度，两手自然弯曲，在摆动中离开双腿不超过一拳的距离。

（4）躯挺

上身挺直，收腹立腰，重心稍前倾。

（5）步位直

两脚尖略开，脚跟先着地，两脚内侧落地，走出的轨迹要在一条直线上（或两条平行线）。

（6）步幅适度

行走中两脚落地的距离大约为一个脚长，即前脚的脚跟距后脚的脚尖相距一个脚的长度为宜。不过，不同的性别、不同的身高、不同的着装，都有些差异。行进的速度应保持均匀、平衡、平稳，不要忽快忽慢。在正常情况下，步速应自然舒缓，显得成熟、自信。

（7）警惕不良姿态

行走时要防止八字步，低头驼背。不要摇晃肩膀，不要甩手，不要扭腰摆臀，不要左顾右盼，脚不要蹭地面。

2. 行姿的基本要求

（1）男士的行姿

①挺起胸膛，显出朝气，大步向前走。

②双脚落地平稳有力，不拖泥带水。

③双臂自然摆动，给人以充满自信感及镇定自如的气度。

在悠闲时轻踱慢行，要显示出男士的一种逍遥风度。做到不慌不忙，边走边看，边与同伴谈笑风生，给人以气度不凡的姿态。

（2）女士的行姿

步态轻盈是女士行姿的基本要求。轻盈的步态如鱼翔浅底、月出深涧，美在动中有静、静中有动，给人以婀娜多姿的美感。但步态轻盈的同时要注意稳健、自然、大方，要体现出力度与弹性，不可上下摇晃，浑身扭动。

①抬头、挺胸、收腹，上身保持正直。

②双臂自然下垂，协调地前后摆动于身体两侧。

③脚尖指向正前方，提髋、膝，迈小腿，脚跟落地，脚掌接趾推送。

④步幅要均匀，频率要适中，落脚声音不可太大。

（3）矫正不良的行姿

①走路最忌内八字步和外八字步。

②忌弯腰驼背，歪肩晃膀。

③走路时不可大幅甩手，扭腰摆臀，大摇大摆，左顾右盼。

④双腿不要过于弯曲或走曲线。

⑤步子不要太小或太大。

⑥不要脚蹭地面，不要双手插在裤兜，不要后脚拖在地面上行走。

⑦男士不要像女性一样走路，一步一挪。不要像闲人一样八字步迈开，那会给人以萎靡不振的感觉。

以上不正确的走姿，都会影响举止，应及时纠正。

【拓展知识】

小常识

你知道吗？从你的鞋底的磨损情况，可以检查你走路姿势是否正确。

用正确的姿势走路，往往大脚趾周围和脚后跟的外侧磨损较多。鞋底的磨损部位如果靠近左右两端外沿，说明走路的方式有问题。若鞋底的内侧磨损严重，有可能是 X 型腿或内八字；若鞋底的外侧磨损严重，有可能是 O 型腿或者罗圈腿；若脚后跟磨损严重，有可能是罗圈腿。

行姿训练

1. 行走辅助训练

（1）摆臂。人直立，保持基本站姿。在距离小腹两拳处确定一个点，两手呈半握拳状，斜前方均向此点摆动，由大臂带动小臂。

（2）展膝。保持基本站姿，左脚跟起踵，脚尖不离地面，左脚跟落下时，右脚跟同时起踵，两脚交替进行，脚跟提起的腿屈膝，另一条腿膝部内侧用力绷直。做此动作时，两膝靠拢，内侧摩擦运动。

（3）平衡。行走时，在头上放个小垫子或书本，用左右手轮流扶住，在能够掌握平衡之后，再放下手进行练习，注意保持物品不掉下来。通过训练，使脊背、脖子挺直，上半身不随便摇晃。

2. 迈步分解动作练习

（1）保持基本站姿，双手叉腰，左腿擦地前点地，与右脚相距一个脚长，右腿直腿蹬地，髋关节迅速前移重心，成右后点地，然后换方向练习。

（2）保持基本站姿，两臂体侧自然下垂。左腿前点地时，右臂移至小腹前的指定点位置，左臂向后斜摆，右腿蹬地，重心前移成右后点地时，手臂位置不变，然后换方向练习。

3. 行走连续动作训练

（1）左腿屈膝，向上抬起，提腿向正前方迈出，脚跟先落地，经脚心、前脚掌至全脚落地，同时右脚后跟向上慢慢垫起，身体重心移向左腿。

（2）换右腿屈膝，经过与左腿膝盖内侧摩擦向上抬起，勾脚迈出，脚跟先着地，落在左脚前方，两脚间相隔一脚距离。

（3）迈左腿时，右臂在前；迈右腿时，左臂在前。

（4）将以上动作连贯运用，反复练习。

项目 4　蹲姿

【学习目标】

能力目标：能根据实际情况选择合适的蹲姿。

素质目标：蹲姿自我纠正的能力。

知识目标：掌握正确的蹲姿。

技能目标：按照正确的要求完成商务活动中的蹲姿。

【技能点】

1. 能根据不同的场合选择正确的蹲姿。

2. 能熟悉各种蹲姿的要求。

【引导案例】

不雅的举止

张丽是海利酒店用品公司的一名营销专员，在公司一直以精明干练著称，也是很多顾客眼中的"气质女"，上司眼中的"营销能手"。有一天，公司老总派张丽去一个五星级的酒店推销公司新上市的产品。一个下午的精心准备后，打扮得体、准备充分的张丽准时来到五星级酒店并找到了酒店的经理刘晨。刘经理是个做事严谨、认真负责的人。平日里，来酒店做推销的人很多，但张丽的打扮、着装、谈吐等各方面给他的第一印象都非常好。

正在刘经理准备安排张丽去会议室洽谈的时候，一服务生在经过张丽身边时，不小心把张丽手中的资料碰到地上，张丽连忙弯腰去捡，不料因为太急，整个人是撅着屁股的，而此时站在张丽身后的刘经理不小心看到张丽春光乍泄，感到十分尴尬。为了不在接下来的谈判中表现出尴尬，刘经理突然对张丽说："真对不起，张小姐，我还有件很重要的事情没解决，我们还是下次再谈吧。"说罢，刘经理转身就走，只留下张丽一个人在原地愣愣的，好久才晃过神来。

【任务分析】

仪态礼仪要求注重一举手一投足的每一个细节，案例中张丽没有能够正确地做到蹲下拾物。

【相关知识】

蹲姿

1. 基本蹲姿

（1）下蹲拾物时，应自然、得体、大方，不遮遮掩掩。

（2）下蹲时，两腿合力支撑身体，避免滑倒。

（3）下蹲时，应使头、胸、膝关节在一个角度上，使蹲姿优美。

（4）女士无论采用哪种蹲姿，都要将双腿靠紧，臀部向下。

2. 蹲姿实例

（1）交叉式蹲姿

在实际生活中常常会用到蹲姿，如集体合影前排需要蹲下时，女士可采用交叉式蹲姿，下蹲时右脚在前，左脚在后，右小腿垂直于地面，全脚着地。左膝由后面伸向右侧，左脚跟抬起，脚掌着地。两腿靠紧，合力支撑身体。臀部向下，上身稍前倾。

（2）高低式蹲姿

下蹲时右脚在前，左脚稍后，两腿靠紧向下蹲。右脚全脚着地，小腿基本垂直于地面，左脚脚跟提起，脚掌着地。左膝低于右膝，左膝内侧靠于右小腿内侧，形成右膝高左膝低的姿态，臀部向下，基本上以左腿支撑身体。

3. 蹲着三要点：迅速、美观、大方

脊背保持挺直，臀部一定要蹲下来，避免弯腰翘臀的姿势。男士两腿间可留有适当的缝隙，女士则要两腿并紧，穿旗袍或短裙时需更加留意，以免尴尬。

【拓展知识】

蹲下拾物

在礼仪上，弯腰拾物被认为是不雅之举。日常生活中，蹲下拾物或者系鞋带时一定要注意自己的姿态，要做到优雅、美观、大方。若用右手捡东西，可以先走到东西的左边，右脚向后退半步后再蹲下来。脊背保持挺直，立腰，一定要蹲下来，避免弯腰翘臀的姿势。男士两腿间可留有适当的缝隙，女士则要两腿并紧，穿旗袍或短裙时需更加留意，以免尴尬。

【技能训练】

根据学生人数进行分组，5 人为一组，各组学生先观察其他组学生的蹲姿，再分别指出他们的姿态都有哪些问题，再进行正确的蹲姿练习。经过 10～15 分钟，评选出最佳蹲姿组，老师现场指导。

项目 5　表情

【学习目标】

能力目标：能根据实际情况选择合适的表情。

素质目标：掌握表情的运用的能力。

知识目标：掌握正确的表情（目光、微笑）。

技能目标：熟悉各种目光和微笑的运用。

【技能点】

1. 能根据不同的场合选择合适的表情（目光、微笑）。

2. 能熟悉各种表情的运用。

【引导案例】

微笑的魅力

飞机起飞前，一位乘客请空姐给他倒一杯水吃药，空姐很有礼貌地说："先生，为了您的安全，请稍等片刻，等飞机进入平衡飞行后，我会立刻把水给您送过来，好吗？"

由于太忙，她忘记给那位乘客倒水了。乘客按响了服务铃，她小心翼翼地把水送到那位乘客眼前，微笑着说："先生，实在对不起，由于我的疏忽，延误了您吃药的时间，我感到非常抱歉。"但是，无论她怎么解释，这位挑剔的乘客都不肯原谅她的疏忽。

接下来的飞行途中，为了弥补自己的过失，每次去客舱给乘客服务时，空姐都会特意走到那位乘客面前，面带微笑地询问他是否需要水，或者别的什么帮助。然而，那位乘客并不理会空姐。

　　临到目的地前，那位乘客要求空姐把留言本给他送过去，很显然，他要投诉这名空姐。此时空姐心里很委屈，但是仍然不失职业道德，显得非常有礼貌，而且面带微笑地说道："先生，请允许我再次向您表示真诚的歉意，无论您提出什么意见，我都会欣然接受您的批评！"

　　等到飞机安全降落，所有的乘客陆续离开后，她打开留言本惊奇地发现，那位乘客在本子上写下的并不是投诉信，相反，这是一封热情洋溢的表扬信。

　　是什么使得这位挑剔的乘客最终放弃了投诉呢？在信中，空姐读到这样一句话："在整个过程中，你表现出的真诚的歉意，特别是你的十二次微笑深深打动了我，使我最终决定将投诉信写成表扬信！你的服务质量很高，如果有机会，我还会乘坐你们这趟航班。"

【任务分析】

　　人与人相识，第一印象往往是在前几秒钟形成的，而要更改它，却需要很长时间的努力，良好的第一印象来源于人的仪表谈吐，但更重要的是取决于他的表情。微笑则是表情中最能赋予人好感，增加友善和沟通，提高愉悦和魅力，从而得到人的信任和尊重。

　　一个人的表情在人际交往特别是初次交往中很重要，千万不可小看。心理学家珍·登不列说："假如顾客的眼睛往下看，脸转向一边，就表示拒绝你了；假如他的嘴唇放松，笑容自然，下颌向前，可能会考虑你的建议；假如对你的眼睛注视几秒钟，嘴角到鼻翼部位都展现出轻松、热情的微笑，这项买卖就做成了。"这段话可以得出两个启示，一是如果想有良好的人际关系，就要注意表情或神态礼仪；二是面部表情最传神表意的笑容，是决定面部表情礼仪的关键。

【相关知识】

表情

　　表情有两个要素组成，一是目光，二是微笑。

1. 目光（眼神）

　　人们交流的方式多种多样，表情是人体语言最为丰富的部分，是人的内心情绪的流露，人的喜、怒、哀、乐可通过表情来体现和反映。表情类型有面部表情、声音表情、身段表情三种，其中最主要的是面部表情。目光是传达思想感情的一种重要方式，是面部表情中的核心，眼神的力量远远超出我们用语言可以表达的内容。在不同场合与不同对象应运用不同的目光和不同的注视区间。在交流过程中，应设身处地地站在说话者的角度，用适当的表情与语言，表现理解与专注，形成一定的交流呼应。

（1）"阅读"目光

"眼睛是心灵的窗户"。人们可以用不同的眼神，来表达不同的思想感情。兴奋、喜悦、悲苦、怨愁、恐惧、失望、猜疑、烦闷等情感均可以从眼神中一览无遗。例如，美丽温和表示友好和善意，双目圆睁表示愤怒，含情脉脉表示爱恋，楚楚动人表示喜爱，轻蔑傲慢表示自负，闪光、明亮表示智慧、灵气，坚定表示无畏坦诚，目光炯炯、熠熠生辉表示心情愉快、信心十足，愁眉不展、目光呆滞表示缺乏自信、精神颓废。

交谈中，目光和表情和谐统一表示很感兴趣，思想专注，谈兴正浓；对方的目光长时间拒绝接触或游移不定表示对交谈不感兴趣，应转换或终止话题；相互正视片刻表示坦诚；相互瞪眼表示敌意；斜扫一眼表示鄙视；正视表示命令；上下打量表示挑衅；白眼表示反感；眼睛眨个不停表示疑问；双目大睁表示吃惊；眯着眼看表示高兴或轻视；行注目礼表示尊敬；左顾右盼、低眉偷窥表示困窘；对来访者，只招呼而不看对方表示工作忙不愿接待等。

（2）目光（眼神）的类型

①直视型

直视与长时间的凝视可理解为对私人占有空间和个人势力圈的侵犯，是很不礼貌的。直视对方，使人有压迫感。初次见面或不太熟悉的男性用这种目光看女性，会使女性感到很不自然，以至产生反感。若女性用这种目光看男性，则有失稳重。

②游移型

即与对方谈话时，目光总习惯四处游移。容易给人心神不定、不够坦率、不诚实的感觉，不利于双方的交谈。

③柔视型

目光直视对方，但眼神不是火辣辣的，目光有神，但又不失柔和。这种目光，给人一种自信和亲切的感觉。这说明此人善于运用目光，容易与人相处且富有修养。

④热情型

目光充满活力，给人以活泼、开朗和蓬勃向上的感觉。这种目光运用得当，可以使对方情绪高涨，提高谈话兴趣；但如果不分对象，不分场合，一味热情相望，也可能产生相反的效果。

⑤他视型

即与对方讲话，眼睛却望着别处，容易使对方产生误解，是不尊重他人的注视形式。

⑥斜视型

目光不是从眼睛正中而是从眼角视向对方的。这极为失礼，让人感到被轻视、不够尊重和心术不正。

⑦无神型

目光疲软，视线下垂，不时视向自己的鼻尖，这种目光透视出冷漠之感，往往会使谈话的内容冷淡。

（3）注视区间

注视的区间界限不是绝对的，谈话人应根据说话性质的不同，选择具体的注视区间。

①公务注视区间

指在进行业务洽谈、商务谈判、布置任务等谈话时采用的注视区间。这一区间的范围一般是以两眼为底线，以前额上部为顶点所连接成的三角区域。由于注视这一部位能造成严肃认真、居高临下、压制对方的效果，所以常为企图处于优势的商人、外交人员、指挥员所采用，以便帮助他们掌握谈话的主动权和控制权。

②社交注视区间

指人们在普通的社交场合中采用的注视区间。其范围是以两眼为上限，以下颌为顶点所连接成的倒三角区域。由于注视这一区域容易形成平等感，因此，常被公关人员在茶话会、舞会、酒会、联欢会以及其他一般社交场合使用。注视谈话者这一区域，会让对方轻松自然，因此，他们能比较自由地将自己的观点、见解发表出来。

③亲密注视区间

指具有亲密关系的人在交谈时采用的注视区间。主要是对方的双眼、嘴部和胸部。恋人之间，至爱亲朋之间，注视这些区域能够激发感情、表达爱意。"频送秋波""眉目传情"都是通过这样的区间进行的。

目光反映的形象内容太丰富和深奥了，我们用于描述目光的词汇是如此丰富，它们能够活生生地勾画出一个精彩的表情，如"神采奕奕""炯炯有神""虎视眈眈""虎目圆睁""望眼欲穿""含情脉脉""眉目传情""眼若秋波""左顾右盼""东张西望""视而不见""目光犀利""眺望""遥望""目光交织""眼中无神"等。这也是为什么那些世界名人、艺术家以他们迷人的目光成名，没有让人过目不忘的眼神，就会让人感到一个躯体缺乏灵魂。如果你想树立一个有魅力、强大的成功者形象，你会选择哪种目光？

（4）目光礼仪

心理学家做了这样一个实验：让采访者用三种目光与被实验者进行对话：第一，"聚精会神、专注"的目光；第二，"时看时不看、躲闪"的目光；第三，"几乎不看"的目光。实验结果表明，被实验者把"聚精会神的目光"列为对自己最有兴趣、最专注的人，因而也对采访者产生好感，对他们的评价也最高。不愿用目光沟通的人，常常被列为对别人不感兴趣，也会造成不必要的误解。

①见面时，不论是熟悉的人，还是初次见面的人；不论是偶然见面，还是约定见面，首先要睁大眼睛，以闪烁光芒的目光正视对方片刻，面带微笑，显示出喜悦热情。

②对初见面的人，还应头部微微一点，行注目礼，表示出尊敬和礼貌。

③在集体场合开始发言讲话时，要用目光扫视全场，表示"我要讲了，请予注意"。

④在与人交谈时，应当不断地通过各种目光与对方交流，调整交谈的气氛。交谈中应始终保持目光的接触，这是表示对话题很感兴趣，长时间回避对方目光而左顾右盼，是不感兴趣的表现。

⑤应当注意的是，交流中的注视绝不是把瞳孔的焦距收束，紧紧盯住对方的眼睛，这种逼视的目光是失礼的，也会使对方感到尴尬。交谈时正确的目光应该是自始至终都在注视，并非紧盯。瞳孔的焦距应呈散射状态，用目光笼罩，同时辅以真挚、热诚的面部表情。

⑥交谈中，随着话题、内容的变换，做出及时恰当的反映。或惊，或喜，或微笑，或沉思，用目光流露出万千情意，会使整个交谈融洽、和谐、生动、有趣。

⑦交谈和会见结束时，目光要抬起，表示谈话的结束。道别时，仍用目光注视着对方

的眼睛，面部表现出惜别之情。

2. 微笑

微笑是全人类最美好的共同语言。微笑的妙处在于它的温文尔雅，在于它的含而不露，在于它在任何场合都是无往而不胜的有力"武器"。微笑作为一种表情，不仅是形象的外在表现，也是人内在精神的反映，是一种内在气质的外在表现。因此，为人处事中正确掌握微笑的技巧最为重要。一种有分寸的微笑，再配上优雅的举止，对于表达自己的主张、争取与他人的合作，会起到不可估量的积极作用。

（1）微笑的意义

①微笑能增加自信

微笑能使自己充满自信和力量，用微笑面对困难，遇险不惊，从容镇定，用这种表情来驱散他人的阴郁、沮丧、恐惧、苦恼等不良情绪，美国著名的希尔顿酒店的董事长康纳·希尔顿经常问他的手下："你今天对顾客微笑了没有？"无论酒店本身遭遇的困难如何，希尔顿酒店服务员脸上的微笑，永远是属于顾客的阳光。

②微笑是化解矛盾的需要

微笑，实际上是一种社交手段。在交际过程中，不管对方语气如何咄咄逼人，甚至遭到严词拒绝，但只要一方以微笑面对另一方，就不会引起面红耳赤或暴跳如雷。俗话说，举手不打笑脸人。

③微笑是尊重他人感情的需要

微笑可以表现出温馨亲切的表情，创造出交流和沟通的良好氛围，并能给对方留下美好的心理感受，从而也尊重了对方的感情。

（2）微笑的基本要求

微笑是要发自内心的，真诚、自然、大方、亲切、有度，要由眼神，眉毛，嘴巴，表情等方面协调动作来完成。

①掌握好微笑要领，要面含笑意，嘴角微微向上翘起，不牵动鼻子，不发出笑声，不露出牙齿，轻轻一笑。

②注意整体配合，要目光柔和发亮，双眼略睁大，眉头自然舒展，眉毛微扬。

③力求表里如一。

④适当借助技术辅助，可以默念"茄子"、Cheese、G。

【拓展知识】

笑的禁忌

1. 假笑

假笑，即笑得虚假，皮笑肉不笑。

2. 冷笑

冷笑，是含有怒意、讽刺、不满、无可奈何、不屑于、不以为然等意味的笑。这种笑，非常容易使人产生敌意。

3. 怪笑

怪笑，即笑得怪里怪气，令人心里发麻。它多含有恐吓、嘲讥之意，令人十分反感。

4. 媚笑

媚笑，即有意讨好别人的笑。它亦非发自内心，而是有一定的功利性目的。

5. 怯笑

怯笑，即害羞或怯场的笑。例如，笑的时候以手掌遮掩口部，不敢与他人交流视线，甚至还会面红耳赤，语无伦次。

6. 窃笑

窃笑，即偷偷地笑。多表示洋洋自得、幸灾乐祸或看他人的笑话。

7. 狞笑

狞笑，即笑时面容凶恶。多表示愤怒、惊恐、吓唬他人。此种笑容没丝毫的美感可言。

【技能训练】

根据学生人数进行分组，7 人为一组练习，用门牙轻轻地咬住木筷子。把嘴角对准木筷子，两边都要翘起来，并观察连接嘴唇两端的线是否与木筷子在同一水平线上。保持这个状态 10 秒。轻轻地拔出木筷子后，练习保持状态，评选出笑容最优美的一位。

根据学生人数进行分组，7 人为一组练习，让学生相信自己的眼睛会说话，思想和心态可以通过眼神流露。经常对镜观察自己的眼睛，寻找不同心态下的目光。

项目 6　手势

【学习目标】

能力目标：能根据实际情况选择合适的手势。

素质目标：具有分辨相同手势在不同场合表示不同含义的能力。

知识目标：掌握正确的手势。

技能目标：熟悉各种手势。

【技能点】

1. 能根据不同的场合，选择不同的手势。

2. 能熟悉相同手势在不同场合表示的不同含义。

【引导案例】

优雅的手势

邹燕萍是一位银行的优秀员工，也是一位十分注重礼仪的员工。她总是能使用规范的仪表、仪容、仪态礼仪，服务每一位顾客。无论是晨迎、晨会、柜台服务、引领等都姿势优美到位，特别是她大方、恰当的手势，给人以肯定、明确的印象和优美文雅的美感。生动形象的有声语言配合准确精彩的手势动作，使工作的开展更富有感染力、说服力和影响力。邹燕萍因为优雅的体态语言，赢得了大家的尊重，赢得了顾客的喜爱。

【任务分析】

手是人体上最富有灵性的器官。如果说眼睛是心灵的窗户，那么手就是心灵的触角，是人的第二双眼睛。手势在传递信息、表达意图和情感方面发挥着重要的作用。在人际交往中，手势是沟通情感的媒介，它可以加重语气，增加感染力，为人的交际形象增辉。

【相关知识】

手势

1. 手势要领

手掌自然伸直，掌心向上，手指并拢，拇指自然稍稍分开，手腕伸直，使手与小臂成一直线，肘关节自然弯曲，大小臂的弯曲以 140 度角为宜。出手时，要讲究柔美、流畅，做到欲左先右，避免僵硬死板、缺乏韵味。同时，要配合眼神、表情和其他姿态，使手势更显协调大方。

2. 常用手势

（1）横摆式

在表示"请进""请"时常用横摆式。具体做法：五指并拢，手掌自然伸直，手心向上，肘微弯曲，腕低于肘。开始做手势应从腹部之前抬起，以肘为轴地向一旁摆出，到腰部并与身体正面成45度角时停止。头部和上身微向伸出手的一侧倾斜，另一手下垂或背在背后，目视宾客，面带微笑，表现出对宾客的尊重、欢迎。

（2）前摆式

如果右手拿着东西或扶着门，需要向宾客作向右"请"的手势时，可以用前摆式。具体做法：五指并拢，手掌伸直，由身体一侧由下而上抬起，以肩关节为轴，到腰的高度再向身前右方摆去，摆到距身体15厘米，并不超过躯干的位置时停止。目视来宾，面带微笑，也可双手前摆。

（3）双臂横摆式

当来宾较多时，表示"请"可以动作大一些，采用双臂横摆式。具体做法：两臂从身体两侧向前上方抬起，两肘微曲，向两侧摆出。指向前进方向一侧的臂应抬高一些，伸直一些，另一手稍低一些。也可以双臂向一个方向摆出。

（4）斜摆式

请客人落座时，手势应摆向座位的地方。具体做法：手要先从身体的一侧抬起，到高于腰部后，再向下摆去，使大小臂成一斜线。

（5）直臂式

需要给宾客指方向时，用直臂式。具体做法：手指并拢，手掌伸直，屈肘从身前抬起，向指引的方向摆去，摆到肩的高度时停止，肘关节基本伸直。注意指引方向，不可用一个手指指示，这样显得不礼貌。

【拓展知识】

特殊的手势意义

手势语是人体语最重要的组成部分，是最重要的无声语言。世界不同的国家或相异的民族，同一种手势语表达的意思可能大体相同或相近，也可能截然相反。下面介绍几种常见的手势语。

1. 向上伸大拇指

这是中国人最常用的手势，表示夸奖和赞许，意味着"好""妙""了不起""高明""绝了""最佳""顶呱呱""盖了帽了""登峰造极"。在尼日利亚，宾客来临，要伸出大拇指，表示对来自远方的友人的问候。在日本，这一手势表示"男人""您的父亲"。在韩国，表示"首级""父亲""部长""队长"。在美国、墨西哥、荷兰、斯里兰卡等国家，这一手势表示祈祷幸运；在美国、印度和法国，在公路上横向伸出大拇指则表示要搭车；但在澳大利亚，竖大拇指则是一个粗野的动作。

2. 向上伸食指

世界上使用这一手势的民族也很多，但表示的意思不一样。中国人向上伸食指，表示数目，可以指"一"，也可指"一十""一百""一千"等这样的整数。在日本、韩国、菲律宾、斯里兰卡、印度尼西亚、沙特阿拉伯、墨西哥等国，食指向上表示只有一个（次）的意思。在美国，让对方稍等时，要使用这个手势。在法国，学生在课堂上向上伸出食指，老师才会让他回答问题。在新加坡，谈话时伸出食指，表示所谈的事最重要。在缅甸，请求别人帮忙或拜托某人某事时，都要使用这一手势。在墨西哥、缅甸、日本、马来西亚，这一手势表示顺序上的第一。在中东，用食指指东西是不礼貌的。

3. 大拇指和食指搭成圆圈

将大拇指和食指搭成一个圆圈，再伸直中指、无名指和小指，这一手势在美国和英国经常使用，相当于英语中的 OK，一般用来征求对方意见或回答对方所征求的话，表示"同意""赞扬""允诺""顺利"和"了不起"。在中国，这个手势表示数字"0"或"3"。在法国，表示"零"和"一钱不值"。在泰国，表示"没有问题"。在印度，表示"对""正确"。在斯里兰卡，表示"完整""圆满"和"别生气"。在日本、韩国、缅甸，表示"金钱"。在菲律宾，表示"想得到钱"或"没有钱"。在印度尼西亚，表示"一无所有""一事无成""啥也干不了"。在希腊，这个手势是很不礼貌的举止。

4. 伸出食指和中指

在欧洲绝大多数国家，人们在日常交往中常常伸出右手的食指和中指，比划作 V 形表示"胜利"，V 是英语单词 Victory（胜利）的第一个字母。做这一手势时务必记住把手心朝外、手背朝内，在英国尤其要注意这点，因为在欧洲大多数国家，做手背朝外、手心朝内的 V 形手势是表示让人"走开"，在英国则指伤风败俗的事。在中国，V 形手势表示数目"2""第二"或"剪刀"。在非洲国家，V 形手势一般表示两件事或两个东西。

5. 摆手

在欧洲人们见面时习惯用"摆摆手"来打招呼。具体做法：向前伸出胳膊，手心向外，胳膊不动，只是用手指上下摆动。如果欧洲人前后摆动整只手，则表示"不""不对""不同意"或"没有"。但是美国人打招呼时总是摆整只手。在世界许多地方，摆手表示让人走开。在希腊和尼日利亚，在别人脸前摆动整只手意味着极大的侮辱，距离越近侮辱性越大。在秘鲁，前后摆动整只手则表示"到这儿来"。

【技能训练】

根据学生人数进行分组，以 7 人为一组，要求每组学生自定角色，模拟当一个客人和多个客人来访时，引导者用正确的手势指引方向的情景，老师现场指导。

项目 7　社交距离

【学习目标】

能力目标：能根据实际情况选择合适的距离。

素质目标：具有针对不同人群，在不同场合选不同社交距离的能力。

知识目标：掌握正确的社交距离。

技能目标：掌握社交当中各种距离标准，按照正确距离标准进行商务活动中的社交。

【技能点】

　　亲密距离，私人距离，礼貌距离，一般距离。

【引导案例】

有趣的谈话

　　穆罕默德·阿明是一位阿拉伯人，杰克是一位英国人。有一次，他们在谈话。穆罕默德·阿明按照自己的民族习惯认为站得近些表示友好。杰克按照英国的习惯往后退，因为他认为保持适当的距离才合适。穆罕默德·阿明往前挪，杰克往后退。谈话结束时，两个人离原来站的地方已经相当远了！

【任务分析】

　　双方的距离是关键。不同的民族在谈话时，对双方应保持的距离有不同的看法。多数讲英语的人不喜欢人们离得太近，当然，离得太远也有些别扭。离得太近会使人感到不舒服，除非另有原因，如表示喜爱或鼓励对方与自己亲近等，但这是另一回事。记住这一点很重要。

【相关知识】

社交距离

　　当人们进行交际的时候，交际双方在空间所处位置的距离具有重要的意义，它不仅告诉我们交际双方的关系、心理状态，而且也反映出民族和文化特点。心理学家发现，任何一个人需要在自己的周围有一个自己能够把握的自我空间，这个空间的大小会因不同的文化背景、环境、行业和性格等而不同。不同的民族在谈话时，对双方应保持的距离有不同的看法。

　　根据美国人类学家霍尔博士研究，有 4 种距离表示不同情况以及交际者之间以空间距离所传递的信息。

　　1. 亲密接触（intimate distance，0～45cm）

　　交谈双方关系密切，身体的距离从直接接触到相距约 45 厘米之间，这种距离适于双方关系最为密切的场合，比如说夫妻及情人之间，传递爱抚、安慰、保护的信息。

　　2. 私人距离（personal distance，45～120cm）

　　朋友、熟人或亲戚之间往来一般以这个距离为宜，传递亲切、友好的信息。

　　3. 礼貌距离（social distance，120～360cm）

　　用于处理非个人事物的场合中，如进行一般社交活动，或办理公事时，传递的是庄重、严肃的信息。

　　4. 一般距离（public distance，360～750cm）

　　适用于非正式的聚会，如在公共场所看演出等，无特殊的心理联系，可视而不见。

　　从这 4 种距离可以看出，人类在不同的活动范围中因关系的亲密程度而保持着不同的距离。不同民族与文化构成人们之间不同的空间区域，多数讲英语的人在交谈时不喜欢离得太近，总要保持一定的距离。西班牙人和阿拉伯人交谈会凑得很近，而对俄罗斯人来说意大利人交谈是过于靠近的，拉美人交谈时几乎贴身。更有趣的是当英国人与意大利人交谈时，意大利人不停地"进攻"，英国人不断地"撤退"。实际上他们交谈时都只不过是要占据对自己适当的、习惯的实际距离。西方文化注重个人隐私，东方人"私"的概念薄弱。在电梯、巴士或火车上，素不相识的人拥挤在一起，东方人可以容忍身体与身体接触的那种挤，西方人却无法容忍。在对个人空间的要求方面，中国人、日本人以至大多数亚洲人要比西方人小得多。这是因为有着不同的文化习俗，西方人看重宽松的氛围，崇尚个人自由和个人权利，而东方人的传统文化根深蒂固。

空间的观念是立体的，不仅包括领域的大小距离，还包含领域的高度。"拉开距离"具有保持身份威严的功能，而保持空间领域的高度又是支配权利的一种方式。法庭、教堂、礼堂、会议厅的布置都十分注重利用空间距离来发挥这一功能，以表现优越感与从属关系。在中国，长辈和领导面朝南坐，在西方则坐在椭圆桌子顶端的位置，这些都说明不同文化背景的人对空间的运用和安排都有着各自的固定模式，从而构成无数文化差异，让空间的使用具有了更为丰富的文化功能。

【拓展知识】

刺猬效应——人际交往中的心理距离效应

刺猬效应（Hedgehog Effect），是指刺猬在天冷时彼此靠拢取暖，但又会保持一定距离，以免互相刺伤的现象。这个比喻来自叔本华的哲学著作，刺猬法则强调的就是人际交往中的"心理距离效应"。运用到管理实践中，就是领导者如要搞好工作，应该与下属保持亲密关系，但这是"亲密有间"的关系，是一种不远不近的恰当合作关系。一个优秀的领导者和管理者，要做到"疏者密之，密者疏之"，这才是成功之道。

1. 与下属距离要亲密有间。通过对刺猬法则的研究，管理心理学专家认为，如果领导者与下属亲密无间地相处，容易导致彼此不分、称兄道弟，在工作中丧失原则。亲密有间则既表现出亲和力，也要给人敬畏感。

2. 把握恰当的空间距离。美学上有句名言：距离产生美。事实上，在现实生活中，人与人之间如果想保持和谐相处，也需要保持一定的空间距离。一般来说，陌生人之间会保持一米以上的空间距离，这样才会让彼此感觉好一点。

3. 把握恰当的时间距离。每个人都有属于自己的时间，如果你无端占用别人的时间，影响别人正常生活，是对别人的一种不尊重，还会影响你们之间的感情。比如，在对下属运用空间侵犯的时候，如果侵犯的时间太长，会使下属产生厌烦心理。因为总有一个人在身边会影响下属的正常工作，这显然对提高工作效率不利。

【技能训练】

根据学生人数进行分组，以 6 人为一组，要求每组学生凭自己感觉站出 4 种距离，即亲密接触、私人距离、礼貌距离和一般距离的姿势，进行实际测量，看谁站得距离最准确，老师现场指导。

【复习思考题】

1. 入座时的基本要领是什么？
2. 站姿、行姿的要领有那些？
3. 正确蹲姿有哪些要领？
4. 微笑的礼仪规范？
5. 简述正确的社交距离。

模块4 商务人员语言礼仪

项目1 口头语言礼仪

【学习目标】

　　能力目标：能根据礼仪要求来修饰口头语言，能按礼仪规范进行口头语言沟通。

　　素质目标：具有清晰的语言表达能力和良好的沟通能力。

　　知识目标：了解商务人员口头语言礼仪，掌握口头语言礼仪的规范。

　　技能目标：按照礼仪规范来修饰口头语言。

【技能点】

　　1. 能根据礼仪要求进行交谈。

　　2. 能根据礼仪要求进行聆听。

　　3. 能根据礼仪要求提问与回答。

　　4. 能根据礼仪要求寒暄与问候。

　　5. 能根据礼仪要求拒绝与反驳。

【引导案例】

　　有一位语言大师站在门外迎接来宾，他的问候很简单，都是一句话："您辛苦了，您是怎么来的？"下面是六位来宾的回答，看语言大师是如何回答的。

　　第一位客人说："我是走着来的。"语言大师说："噢！健康之至，走着好哇！经常走路会令您身体健康，没有比散步更好的运动了。"

　　第二位客人说："我是乘出租车来的。"语言大师说："噢！打车来的，好哇！方便之至，出门上车，下车进门，好哇！"

　　第三位客人说："我是骑自行车来的。"语言大师说："自行车？哇！好哇！经济之至，自行车不吃草，不加油，多窄的路，您请过！既锻炼了身体，还不耽误事儿，好！好！"

　　第四位客人说："我是乘飞机来的。"语言大师说："飞机？好哇！您，富贵之至，坐飞机节省很多时间啊，好！"

　　第五位客人想难为难为他，就说："我，是乘火箭来的。"语言大师说："火箭？火箭？哇！勇敢之至！您有胆量！佩服，佩服！"

　　第六位客人说："我……是爬着来的。"语言大师说："噢！爬着来的……好哇……稳当之至。我敢说，交通方式里，您是最不会出差错的了。"

【任务分析】

找准切入点，专挑别人爱听的说。在初次交谈中，如果找准别人的爱好点，从别人感兴趣的话题入手，从别人爱听的话题入手，那么交谈的双方将会谈得非常尽兴。这是语言的技巧，也是语言的艺术性。

【相关知识】

语言直接体现人们的思想，它推动人类的发展和进步，人类成为万物之灵就是因为掌握了语言。语言既能体现出真善美又能体现出假恶丑。为此大家都应自觉培养文明修养，注重自己的礼貌谈吐，讲究说话的艺术性，遵守语言的规范，掌握语言的使用方法，从而做到语言美，充分发挥语言的作用。

1. 语言要文明

交谈中，一定要使用文明语言，杜绝有失身份的话"溜"出口。在交谈中，忌说以下话语：

（1）粗话。口中吐出"老头儿""老太太"等称呼，有失身份。

（2）脏话。讲起话来骂骂咧咧，非但不文明，而且贬低自我，十分无聊。

（3）黑话。一说话就显得匪气十足，令人反感、厌恶。

（4）荤话。把绯闻、色情、"荤段子"挂在口边，会显得趣味低级。

（5）怪话。说话怪声怪气、黑白颠倒，让人难生好感。

（6）气话。说话时意气用事、发牢骚或指桑骂槐，很容易伤害人、得罪人。

下面几种常见的礼貌谦辞供大家参考和学习：

初次见面说"久仰"，看望别人说"拜访"。

请人勿送用"留步"，对方来信叫"惠书"。

请人帮忙说"劳驾"，求给方便说"借光"。

请人指导说"请教"，请人指点说"赐教"。

赞人见解说"高见"，归还原物叫"奉还"。

欢迎购买叫"光顾"，老人年龄叫"高寿"。

客人来到说"光临"，中途要走说"失陪"。

接待客人叫"茶后"，求人原谅说"包涵"。

麻烦别人说"打扰"，托人办事用"拜托"。

与人分别用"告辞"，请人解答用"请问"。

接受礼品说"笑纳"，好久不见说"久违"。

2. 语速、音质与声调

（1）语音柔和动听

语言的生动效果常常是依赖语音的变化而实现的。语音变化主要是声调、语调、语速和音量。如果这些要素的变化控制得好，会使语言增添光彩，产生迷人的魅力。

一般情况下，对音量的控制要视谈话的地点、场合以及听众人数的多少而定。在不同的场合应当使用不同的语速。因为在讲话或谈话时的速度可以表达一定情感，速度适中可以给人留下稳重的印象。

（2）语调恰当，富有节奏

根据思想感情表达的需要，必须恰当地把握自己的语调，同时语言清楚明白。说话时要综合把握，形成波澜起伏、抑扬顿挫的和谐美，以收到最佳的交际效果。如果语言没有抑扬顿挫，往往使人觉得就像在喝一杯淡而无味的白开水，很快就觉得没意思了。为此，讲话时语调应有起有伏，时急时缓，抑扬顿挫，让人感到生动活泼，避免过于呆板的音调。

（3）发音纯正，语句流畅

讲话时应避免口吃、咬舌或吐字不清的毛病。无论将音量控制在什么程度，都必须强调说话要清晰有力，发音纯正饱满。

（4）语言清晰明白

要使语言清晰明白，要注意以下几点：不要随便省略主语，切忌词不达意，注意文言词和方言词的使用与说话的顺序，同时还要注意语句的衔接，使话语相连贯通，严丝合缝。

3. 交谈的礼仪

（1）认真倾听

在交谈时，要目视对方，全神贯注。

①表情认真。心不在焉的表情，会让对方感到很不舒服。

②动作配合。自己接受对方的观点时，应以微笑、点头等动作表示同意。

③语言合作。在听别人说话的过程中，不妨用"嗯"或"是"加以呼应，表示自己在认真倾听。

（2）用词要委婉

在交谈中，应当力求言语含蓄、婉转、动听。如在谈话时要去洗手间，不便直接说"我去厕所"，应说"对不起，我出去一下"，或其他比较容易接受的说法。在交谈中，可采用以下方式：

①旁敲侧击。不直接切入主题，而是通过"提醒"语言让对方"主动"提出或说出自己想要的。

②比喻暗示。通过形象的比喻让对方展开合理准确的想象，从而领会所要传达的意图。

③间接提示。通过密切相关的联系，"间接"地表达信息。

④先肯定，再否定。有分歧的时候，不要把人家的观点一竿子打死，而是要先肯定对方观点的合理部分，然后再引出更合理的观点。

⑤多用设问句，不用祈使句。祈使句让人感觉是在发布命令，而设问句让人感觉是在商量问题，所以后者更容易让人接受。

⑥表达留有余地。不要把问题绝对化，从而使自己失去回旋的余地。

（3）礼让对方

在交谈中，应以对方为中心，处处礼让对方，尊重对方，尤其是要注意以下几点：

①不要独白。交谈讲究的是双向沟通，因此要多给对方发言的机会。不要一人侃侃而谈，而不给他人开口的机会。

②不要冷场。不论交谈的主题是否与自己有关，自己是否有兴趣，都应热情投入，积极合作。万一交谈中出现冷场，应设法打破僵局。常用的解决方法是转移旧话题，引出新话题。

③不要插嘴。他人讲话时，不要插嘴打断。即使要发表个人意见或进行补充，也要等

对方把话讲完，或征得对方同意后再说。

④不要抬杠。交谈中，与人争辩、固执己见、强词夺理的行为是不可取的。

⑤不要否定。交谈应当求大同，存小异。如果对方的谈话没有违反伦理道德、污辱国格和人格等原则问题，就没有必要当面加以否定。

⑥把握交谈时间。与其他商务活动一样，交谈也受制于时间。因此，交谈要见好就收，适可而止。普通场合的谈话，最好在 30 分钟以内结束，最长不能超过 1 小时。交谈中每人的每次发言时间在 3 分钟到 5 分钟为宜。

语言特有的魅力往往可以吸引住别人，争取到更多的支持和协作，但驾驭语言不是件容易的事情。想让自己的话受到欢迎，除了要掌握言谈的技巧，还要具有渊博的知识。具有了深厚的文化底蕴，才能让说出的话言之有物，具有高度的可信性，才能打动对方。所以，平时学习和积累语言知识与语言技巧是非常重要的，这是语言魅力的源泉。

4. 聆听的礼仪

有研究表明，善于说话者，能赢得听众；善于倾听者，能赢得朋友。但是，要成为一名出色的听众，并不是只要长了耳朵这么简单。

（1）认真倾听，保持目光接触，集中精神不走神，不轻易打断对方的谈话，是对说话者的尊重。

（2）利用眼神和肢体语言适当地给予反馈，如点头或摇头。

（3）积极主动去听，分析消化所听到的内容，弄懂发言人真正的意思并适当提问，而不只听听就算。

（4）客观倾听，心态摆正，不存偏见。

（5）切忌忘我。

5. 提问与回答的礼仪

古语云："善问者如撞钟。"一个提问会引起谈话另一方反应如何，与提问技巧有直接关系。因此提问时应认清对象，问得适宜，抓住关键，讲究技巧。

商务活动中回答应该尽量简洁明了，以显精明干练的职业风范。切忌拖泥带水，闲话家常，甚至跑题千里。如接受他人建议，可说："好的，马上跟进。"

同行间可多使用专业术语，可以更加清楚明了地说明问题。若是回答外行人提问，则反之，避免有沟通障碍。

6. 寒暄与问候的礼仪

（1）寒暄

初次与人见面，最标准的说法是"您好""很高兴认识您""见到您很荣幸"，比较文雅点可以说"久仰""幸会"，想要更随便一点可以说"早就听过您的大名""某某经常谈起您"，或是"早就拜读过您的大作"等。

跟熟人寒暄，用语则不妨显得亲切一些、具体一些。可以说"好久不见""又见面了"，也可以讲"下班了啊"。

寒暄语不一定具有实质性的内容，而且可长可短，需要因人、因时、因地而异，但必须简洁、友好与尊重。

（2）问候

问候，多见于熟人之间打招呼。西方人爱谈论天气，中国人则常问"吃了没""去哪儿啊""忙什么呢"。

商务活动中，一句"您好"，既节省时间，又将寒暄与问候合二为一。为了避免误解，统一而规范，商界人士应以"您好"等为问候语，不要涉及他人隐私和禁忌。

7. 拒绝与反驳的礼仪

从语言礼仪上说，拒绝有直接拒绝、婉言拒绝、沉默拒绝、回避拒绝等 4 种方法。

（1）直接拒绝

就是将拒绝之意当场讲明。采取此法时，重要的是应避免态度生硬，说话难听。直接拒绝别人，需要把拒绝的原因讲明白。还可向对方表达自己的谢意，表示自己对其好意"心领"，借以表明自己通情达理。有时还可为之向对方致歉。

（2）婉言拒绝

就是用温和委婉的语言表达拒绝之本意。与直接拒绝相比，这种形式更容易被接受，因为它在更大程度上顾全了被拒绝者的尊严。

（3）沉默拒绝

就是在面对难以回答的问题时，暂时中止"发言"，一言不发。当他人的问题很棘手甚至具有挑衅、侮辱的意味时，不妨以静制动，一言不发，静观其变。这种不说"不"字的拒绝，所表达出的无可奉告之意，常常会产生极强的心理上的威慑力，令对方不得不在这一问题上"遁去"。

（4）回避拒绝

就是避实就虚，对对方不说"是"，也不说"否"，只是搁置此事，转而议论其他事情。遇上他人过分的要求或难答的问题时，都可以这样处理。

【拓展知识】

宜选的交谈话题

1. 拟谈的话题

拟谈的话题是指双方约定要谈论的话题，或者应和对方谈论的话题。双方约定今天谈论办公用品采购的问题，就不要谈论其他话题。

2. 格调高雅的话题

作为一个现代人，特别是一个有见识、有教养的商务人员，应在交谈之中体现自己的风格、教养和品位，所以应该选择格调高雅的话题。

3. 轻松愉快的话题

轻松愉快的话题，如电影、电视、旅游、休闲、烹饪等都可以谈上一谈。

4. 时尚流行的话题

时尚流行的话题也是可以谈论的话题，可以针对对方的兴趣对时尚话题进行选择，如某位明星的演唱会、热播的电视剧等。

5. 对方擅长的话题

谈论对方所擅长的话题，让对方获得一个展示自己的机会，从而营造良好的谈话氛围。

项目 2　体态语言礼仪

【学习目标】

　　能力目标：能根据礼仪要求来修饰体态语言，能按礼仪规范进行沟通。

　　素质目标：具有体态语的运用能力、沟通能力、身体协调能力。

　　知识目标：掌握体态语言礼仪的规范。

　　技能目标：按照礼仪规范修饰体态语言。

【技能点】

　　1. 按照礼仪规范体态语言。

　　2. 按照礼仪规范手势语言。

　　3. 按照礼仪规范表情语语言。

【引导案例】

　　周舟是某大型企业的总经理。近期，他想在北京洽谈一项专业设备业务，一家专业对口的设备公司一直在跟他联系，希望能进行合作。与对方约好了洽谈时间与地点后，他带着秘书如期而至，经过近半小时的洽谈之后，周舟就有了决定：不和这家公司合作。为什么还没有开始，就已经结束？周舟这样说："一个坐都坐不直，像坐懒人沙发一样歪着的老总来跟我谈判，我能去跟他合作？"

【任务分析】

　　职业人员在参加会议、业务洽谈、伏案工作、社交活动、交流娱乐时，要非常注意自己的坐姿。端庄优美的坐姿，不仅可以展示一个人的行为美和姿态美，而且可以给人有教养、庄重、信任的感觉。

【相关知识】

　　行为举止是一种不说话的"语言"，包括人的站姿、坐姿、走姿、表情以及身体展示的各种动作。一个眼神、一个表情、一个手势和一种体态都可以传递出重要的信息，尤其在当今往来频繁而又注重外在形象的商业交往中，大方、得体、优雅的行为举止，可以说是成功的通行证。其中站姿、坐姿、走姿等仪态问题已于前面章节详细说明，本章主要和大家分享一下手势语、表情语与空间语等体态语言礼仪。

　　1. 体态语的特征

　　体态语是人们在交往过程中有意识使用的可以传情达意的表情、动作和姿态，是有声语言的伴随物。体态语的突出特点是它的辅助性和习惯性。

　　（1）辅助性

　　这一特点是不言而喻的。除了聋哑人，没有一个人能够全部用体态语言来表情达意的。体态语只是支持、辅助有声语言，加强有声语言的力度，增强有声语言的效果。

　　（2）习惯性

　　正是因为人际交往中的习惯性，给我们日常常用的手势语言赋予了特定的含义。这种习惯，即约定俗成，是我们体态语交流的基础。

一个人的体态即行为举止反映出他的修养水平、受教育程度和可信任程度。在人际关系中，它是塑造良好个人形象的起点。而且，它又可以为商业人士之间的合作和友谊以及创造和谐、高雅的交往氛围提供条件。更为重要的是，它在体现个人形象的同时，也向外界显现了公司整体的文化精神。

尽管行为举止这种语言有着口头语言所无法替代的作用，但是，它毕竟是无声的，口语要比体语更优越、更重要，不可偏颇。二者必须完美结合才能"声情并茂"。

优美的体态不是天生就有的，每个商业人士应当积极主动地进行形体训练，掌握正确的举止姿态，矫正不良习惯，达到自然美与修饰美的最佳结合。

2. 体态语言的作用

人的体态可以传达思想和感情，而且它所传达的信息是十分可观的。

心理学家有一个有趣的公式：一条信息的表达=7％的语言+38％的声音+55％的人体动作。可见，人们获得的信息大部分来自视觉印象。如我们"表示同意"时会点点头，说"不要"时会摇摇手，说"欢迎光临"时满面笑容，喊着"你滚出去"时则怒目圆睁，高兴时手舞足蹈，愤怒时以沉默表示抗议，而聋哑人却全靠体态语言表情达意，传递信息。因此，美国心理学家艾德华·霍尔曼十分肯定地说："无声语言所显示的意义要比有声语言多得多。"对人际沟通来说，体态语言因其独特的有形性、可视性和直接性，具有不可低估的特殊意义。

（1）辅助口头语言和书面语言共同构成完整的人类语言表达系统

人们交流中的语言表达，除书面语外，主要就是有声语言的表达。但有声语言在表情达意上并不是没有局限的，口语表达者出于某种目的或原因，常常把所要表达意思的一部分甚至大部分隐藏起来，而造成"词不达意""言不由衷"的结果。体态语言有效地弥补了口语表达的不足。如果说有声语言主要是诉诸人的听觉器官，那么体态语言主要诉诸人的视觉器官。只有视、听作用双管齐下，才能给听众以完整、确切的印象。

体态语言的辅助作用还体现在说话者有意无意地通过体态语加强表达效果、强化主体信息表达的感染力，它直接作用于听众，让听众更直接、更有效、更全面地接受信息。

如我们说"请""请进"时，会不自觉地将身子向前倾，一只手向一侧伸出，做出"请"的姿势；说"再见"时，一只手会在面前挥来挥去。

（2）准确、形象、全面地表达主体的思想感情

感情是无法用口头语言来表达的，如一个人非常悲伤时，他可以用流泪、长跪甚至大声痛哭来表示，但如用口头语言"我很悲伤"来表达就不合适了。所以，在一些特定的公众场合，无声语言完全可以不依附有声语言而独立表情达意，表现出主体的思想感情，"此时无声胜有声"。

3. 更完整地体现出主体的内在气质、风度和人格

体态语言不仅能与有声语言互为补充，而且一个人的体态形象能体现出主体的内在气质、风度和人格。在日常生活中，人们的举手投足，一颦一笑，无不传递着大量的信息，显露出主体文化修养和爱憎好恶。因此，在人际沟通中，人们不仅通过别人的体态动作去衡量他人的价值取向，同时也通过自己的动作和姿态来表现个人的气质风度。

从动作语言学原理的分析，不同修养、不同文化程度的人其内在气质会呈现一种差异

性，这种差异性又会体现在行为习惯上的差异。我们就可通过对行为习惯的观察，判定该主体具备什么样的性格气质和风度。因此说，有声语言能显示主体的文化程度、个性特征，展示主体的个性魅力。但若充分展示自身的气质、风度，光靠从容、流利、幽默、机智的谈吐显然是不够的，还需要无声语言的密切配合。

简言之，人际沟通离不开体态语言。要有效地进行交流和公关活动，就必须借助体态语言，只有有声语言和体态语言紧密配合，才能达到交流和公关的目的。

3. 体态语言运用原则

（1）体态语言应符合所在国的文化传统要求

任何一种体态语言都是与当地文化传统紧密相连的，它代表着特定文化背景下的特定含义，万不可作为"通用语言"张冠李戴，容易导致误会。如挑眉毛，在汤加是表示同意双方的谈论或对某种请求表示默许，而在秘鲁是表示"请您付款"，在美国则是男人见了漂亮女子时的反应。

（2）体态语言与有声语言同步进行，不能脱节

体态语言的重要功能是辅助有声语言的表达，故在使用体态语言时，应与有声语言同步进行，有机地配合有声语言的表达，而不是脱节，甚至表达的是与有声语言截然不同的意思。如果两者分离，就会弄巧成拙，如表现欢快的内容却是悲悲切切的表情，表现感伤的内容却又面带微笑，就显然很不协调。在人际交往中，如果体态语言和有声语言不一致，往往会给人一种不真实、虚伪或有意掩饰的感觉。

所以，在人际沟通中，尤其应注意体态语言与有声语言的配合要一致，只有有声语言表达清晰、准确、有感情，同时配以得体的表情、动作、姿态，才能给人留下美好的整体形象。

（3）恰到好处，适可而止

体态语言尽管在口语交际中有着很大的作用，但它毕竟是作为有声语言的辅助手段存在的，一般情况下不能脱离有声语言。所以，我们运用体态语言要适度，恰到好处，不可喧宾夺主。体态语言只能作为一种辅助手段，在运用过程中不能过多。一举手、一投足都要恰到好处，适可而止。

（4）切合语境，符合身份

首先，体态语言要与主体的当时语言环境相适应，这和口头语言原则一样，到什么山唱什么歌，在不同语境中，对主体的行为表情、举止都有不同的要求，否则就会被认为不文明、不礼貌。所以在一些正式场合，要注意运用符合语境的体态语言，不可轻率粗俗。

其次，体态语言的运用应符合表达者的身份，德高望重者就不能用过于年轻化的体态语言。体态语言往往还体现着一个人的知识修养和文化水平，正常情况下，知识水平越高，体态越优雅。一个大字不识、只知耕地犁田的农民，言谈举止粗俗尚情有可原，但作为一个有修养、有文化的知识分子、公关人员，若举止粗俗则很不应该。特别是公关人员，代表的是组织形象，言谈举止不符合身份，必然会有损自己和组织的形象。

4. 体态语言运用的基本要求

（1）尊重他人

行为举止要考虑他人，要有礼貌。有的人衣冠楚楚，却举止粗俗，不以礼待人，不尊

重他人，都是缺乏教养的表现。

以日常生活中常见的递交物品为例，须把握安全、便利、尊重三原则。若端茶递水要双手递上，不要溅湿他人，捧茶杯的手不要触及杯口上沿，避免客人喝水时嘴唇碰到你手指接触过的地方；若递交书本、文件、名片都应该正面对对方，让对方一目了然，不能只顾自己方便而让他人接过文件后再倒转一下才能看清文字。尽可能地给对方提供方便，就是对他人的尊重。

（2）大方、得体、自然

站有站相，坐有坐相，行有行相。要率直而不鲁莽，活泼而不轻佻，工作时紧张而不失措，休息时轻松而不懒散，与宾客接触时有礼而不自卑。

由此可见，一个人的气质、风度及礼仪教养不是靠高档的服饰装扮出来的，而是在一举一动中自然体现出来的。

（3）行为举止要有距离概念

男女之间如果经常靠得太近，未免有"过从甚密"之嫌；情侣之间，如果离得太远，就有闹别扭之感。

具体运用时，要根据不同对象的特点（如文化、性别、年龄、地位、性格）灵活运用。就性格而言，外向开朗的人容易突破空间，而内向孤僻的则严守界限。此外，也受到时间及场所的影响，如遥遥相对防御圈就会扩大，而在拥挤的公共场所，其距离也不得不缩小。

【拓展知识】

体态语言运用禁忌

1. 避免不雅行为
（1）忌当众整理衣裤。
（2）忌当众抓挠身体。
（3）忌随意动手、动脚。
（4）忌旁若无人，动作夸张。
（5）忌在公共场所进食。
（6）忌破坏公共卫生。
（7）忌在众目睽睽之下随意放松自己。
（8）忌经常看表。

2. 迎送时的忌讳
（1）见面时面带微笑，握手时热情亲切，不可毫无生气或一副冰冷相。

客人进门，起立表示欢迎，避免坐着用手示意客人入座。

客人告别时，要送出门外。人少时或遇不常见的客人时最好握手告别。人多时或常客可以挥手作别。

客人走出门后，应轻轻关门，切忌用力将门"砰"的一声关上。

（2）防止冒失行为。不要事事总想表现自己，不要乱闯乱进，不要冒犯他人的尊严，不要开过分的玩笑。

项目 3 电话礼仪

【学习目标】

能力目标：能根据礼仪要求来修饰电话语言，能根据礼仪要求来提高电话沟通能力。

素质目标：具有清晰的电话语言表达能力和良好的电话沟通能力。

知识目标：了解商务人员电话语言礼仪，掌握电话礼仪的规范。

技能目标：按照礼仪规范来修饰口头语言，按礼仪规范进行电话沟通。

【技能点】

1. 能按礼仪规范进行座机交谈。

2. 能按礼仪规范进行移动电话交谈。

3. 能按礼仪规范接电话。

【引导案例】

王芳是一位秘书，上班没有多久就被公司的多位客户投诉了。有的客户投诉说，自己刚打通电话，就听见电话另一端用高八度的声音说："你找谁？"有的客户投诉说，自己向王芳叙述一件需要她转告领导的事情，自己还没说完，就听见王芳说："还有吗？好了吗？"还有的客户投诉说，自己打电话的时候，听见听筒另一边有吃东西的声音。刚刚走上工作岗位的王芳可能还没有注意到，将以往日常生活中的个人习惯带到工作岗位上，就是失礼的行为。

【任务分析】

作为接待人员应懂得基本的电话礼节，学会规范正确地使用电话。接听电话应首先问候"您好"，接着报公司名称、部门——"这里是××公司××部"，然后报姓名和自我介绍，如"我是××经理秘书××"。在通话过程中，要认真倾听电话内容，不时说"是""好"之类的话语，让对方感到你在认真地听，不要轻易打断对方说话。另外，接打电话时要注意，发音不宜过高，免得受话人承受不起；要注意"电话形象"，不要边吃东西边打电话，或是趴着、仰着与人通话。如果不熟悉或者不讲求电话礼仪，很可能像王芳这样导致双方都不愉快，给工作带来诸多不便。

【相关知识】

电话礼仪

电话礼仪规范主要涉及打电话时的形体、表情、态度、语气、内容，以及时间控制等方面。给别人打电话、接电话、转接电话，也有一定的礼仪规范。

1. 座机电话礼仪

（1）体态、表情

虽然对方不能直接看到打电话人的体态和表情，但不良的体态和表情会影响打电话的情绪和声音，进而影响双方的谈话质量，并且也会给你周围的人员留下不良的印象。

（2）态度

打电话能显示出一个人是否言行一致，这并不是夸张。有的人在打电话时对另一方甜言蜜语，但手上还在翻书报，肢体也看不出多少热情。

（3）语言、语音

打电话时，语音要平静柔和，发音要清晰，吐字要准确。音量不要太大，以免对方烦躁。用语要规范，说普通话，要有一定的耐心，把握语速的急缓，不宜过快。

（4）内容

打电话之前应该慎重考虑通话内容，确立中心，理清思路，拟定要点，不要临时考虑，不要随时发挥，不要长时间协商，不要抒发感情。有的人刚刚放下电话，又打过去，说刚才忘了一件事，都是不专业的表现。有人打电话时，侧着身子，捂着话筒，压低声音，是不希望别人听见内容。实际上，既然是这样的内容，你不如另外选择通话时间、地点和方式，在办公室打这样的电话是不合适的。

（5）时间

国际上有"打电话的3分钟原则"，是说一次打电话的时间应该控制在3分钟以内。演讲学也认为，人基本说清一件事情和观点需要3分钟。虽然不一定严格遵守，至少说明人们对简明扼要表达的期望。以直销著名的IT巨子戴尔公司，电话是他们行销的主要手段，公司要求必须在6分钟之内处理完任何一次通话。

一般不宜在他人私人时间内打电话，尤其是早上7点之前或是晚上10点之后，不要给对方家中打电话。

（6）公私分明

办公室内不要打私人电话，这样不仅影响自身的工作效率，被领导发现还会留下不良印象，对周边的同事也不会有什么好的感觉。

对于公事，尽可能地利用公司的电话打给对方的办公电话。

（7）聊天或者非紧急电话要注意

一定要事先告诉对方没有什么重要事情，问对方是否方便，不方便另约时间；如果时间不长能够说完，你可以先告诉对方，大概占用对方多长时间，让对方心里有底。也就是说，把通话的主动权交给受话方。因为你打这类电话，说明你有时间，所以要征求对方是否有时间。时间是人最为宝贵的财富，浪费他人的时间等于在谋财害命。所以在电话交谈过程中，尽可能地为对方节省时间，提高通话质量，以减免对方的逆反心理，引起不快。

2. 移动电话礼仪

携带移动通信工具，应将其放在适当的位置。手机的基本特点在于移动，它可以把噪音带到任何场所，因此，手机使用者要特别注意顾及他人，总的原则是既要方便使用，又要合乎礼仪。

（1）习惯静音和关机

①在会场、课堂、影剧院、图书馆等地都应把手机调到震动上。

②乘坐飞机或在加油站、驾车期间、医院停留期间，手机应处在关闭状态。

③在一切标有文字或图示禁用手机的地方，都要关闭手机。

（2）遵守手机职业道德

按惯例，外出时手机应放在公文包手袋或上衣口袋内。

使用短信、微信时的五条禁忌：一忌滥，二忌骗，三忌假，四忌黄，五忌黑。

3. 规范电话礼仪

（1）打电话的礼仪

①打电话首先应该是向对方问候和自我介绍，如"您好，我是××单位的××，我找贵单位的××"。

②打错电话时，向对方说"对不起，打错了""打扰您了"等，切勿直接挂断电话不作任何解释。

③通话中途万一断了，要主动打过去，并且道歉。

④通话结束，要等对方挂上电话之后，发话人再放下话筒，并且话筒应该轻放。

（2）接电话的礼仪

①电话铃响，宜在铃声响过 1 到 2 声之后，立即拿起话筒，原则上不超过 3 声。如果

不能立即接，接通后要向对方说明原因，以避免对方产生心理的过度反应，以为你不在或是不愿接听电话。时间过长是不礼貌的。

②总机礼仪，也是通用礼仪。接电话人在拿起话筒后，转达有关方面。做记录或者听电话时，每隔 10 多秒钟要做一个呼应，表示你在认真听电话内容。

③在为别人叫电话时，可以有意回避一下，待对方通话一段时间再进去。

④如果对方拨错电话，要告诉对方你的号码是什么，让对方核对，请对方重新拨一次。不要责怪对方，礼貌对待打错电话的人。

⑤电话中断时，应由发话人立即重拨一次，向对方说声对不起，并解释客观原因，避免对方有别的想法。而受话人不宜去做其他的事，应该稍等片刻。一般情况下，对方会在短时间内重拨过来，离开是不妥的。

⑥通话时，如需查找有关资料，可以告知对方稍等，但中断不应超过 2 分钟，否则可以请对方先把电话挂断，适时重拨。时间在电话礼仪中的掌握是十分重要的，因为双方无法面对面交流，仅能从言谈中获取一些信息，而时间在谈话中的作用是十分明显的，一个不合时宜的停顿有可能与一笔生意擦肩而过，所以对时间的把握是十分必要的。

⑦假如两个电话铃声同时响起，先接一个电话询问对方是否介意自己去接另一个电话，同意后再接。长途通话优先，不能同时接听两个电话。

⑧除非绝对必要，不要在接电话时要求通话对象转机。将对方的电话转来转去，让对方感到你不认真、不负责。

【拓展知识】

电话销售技巧

与其他销售方式相比，电话销售具有更多明显的优势：节省企业资源，不会浪费金钱、时间、精力等。因此，掌握电话销售技巧已成为越来越多企业营销人员的当务之急。

第一，要对自己的产品和服务有透彻的认识。拨打电话前要理顺自己的思路，对企业自身的产品有充分的了解。所谓充分的了解，就是包括对产品的基本性能、独特之处、与同类产品的先进之处，都必须了如指掌。

第二，掌握一套自己非常熟悉的交谈模式。也就是，一开始应该说什么，接下来应该说什么，如果客户问不同的问题你应该怎么样回答。客户有可能会问哪些问题，怎么样把客户引导到产品的兴趣点上来。作为电话销售人员，在拨打电话前一定要充分准备好。

第三，要学会尊称。得体的称呼可以提高电话销售人员的品位和素质。一些常用语言，电话销售人员也要掌握。常用敬语包括"劳驾，费心了""对不起，打扰了""非常感谢""耽误""妨碍""打扰""请""请赐教""请支持"等。

第四，要学会做沟通记录。如果没有对电话做好记录，以后根本没办法对这些已经打过电话的客户进行第二次的跟进。对一个电话销售人员来说，记录详细的通话内容，是一个非常良好的习惯。电话跟进时，一手拿话筒，一手拿笔，随时记录您所听到的有用的、重点的信息。如果你没有听清楚，而不得不要求对方重复时，会让对方觉得你在应付工作，没有认真听他说话，这会让客户有一种不被尊重的感觉。

第五，要学会巧妙地自报家门，让对方听完以后可以马上记住你，这样当你第二次跟进时，就会节省很多的时间成本。对方在拿起电话时，你应该礼貌地问好，随后报上自己的家门。如果对方也报上了自己的名字，你一定要记下来，在接下来你们的交谈当中，你可以不时地称呼对方的名字，这会让客户觉得自己是很被重视的，也可以缩短你与客户之间的距离。

第六，快速地进入交谈的主题。特别要注意的是，一定要在第一时间就把您的产品或服务的先进之处、优异之处告诉客户。

第七，要学会提问。提问的作用就是挖掘客户的潜在需求。在回答客户提问的过程当中，把客户的关注引导到你的产品和服务当中来，激起其购买的兴趣。

第八，要学会掌握主动权。电话销售人员在提问、回答问题之外，更要学会掌握主动权，运用情景营销，逐步将客户带入到你的销售气氛中。

第九，学会控制通话的时间。通话时间不宜过短，同样也不宜过长。具体的通话时间要根据你的产品和客户来定，也就是因产品而异，因人而异。但是有一个可以参考的标准，那就是基本上介绍完你的产品和服务以后，客户也没其他问题可问了，那基本上这个通话就可以结束了。通话的过程中，千万不要出现冷场或无话可说的情况，你应该在出现这种情况前就结束这次通话。

第十，学会跟客户预约时间。如果这个客户对你的产品有意向，在结束本次通话前，你就要不失时机地与他预约下次打电话或上门拜访的时间。这是一种重视客户的表现。一切以客户为中心，时间也是要以客户为中心。

【复习思考题】

1. 宜选的交谈话题有哪些？
2. 简答口头语言礼仪的礼仪规范。
3. 简答表情的构成要素。
4. 试述商务交往中应怎样使用手机。

模块 5　职场礼仪

项目 1　求职面试礼仪

【学习目标】

能力目标：能根据礼仪要求做好求职面试设计。

素质目标：组织能力、应变能力。

知识目标：掌握求职礼仪的规范。

技能目标：按照礼仪规范修饰仪容、服饰，规范仪态和语言。

【技能点】

1. 能根据礼仪要求，正确做好面试前的准备工作，规范书写求职信。

2. 能根据礼仪要求，正确做好面试中坐姿、站姿、行姿规范。

3. 能根据礼仪要求，正确做好面试后的言行规范。

【引导案例】

范先生，因为家庭的原因，希望回老家发展，于是他开始投递简历进行面试。他海量投递简历，以至于连他自己都不记得投递了多少份简历。有一天，他接到一家公司的电话通知，希望他能去公司面试，他信心满满地穿了一身正装，第二天按时前往。面试开始了，公司人力资源部经理很礼貌地和他沟通，请他讲述一下工作经历，在过程中也询问了一些情况。范先生的工作经历与他所应聘的岗位有一定相关，但也有很多不足之处。于是经理问询范先生对所应聘职位的职责和要求是否清楚，范先生竟然不记得自己到底应聘的是什么职位，更说不清该岗位具体负责什么和该岗位的要求。不仅如此，当经理提示了他之后，他依然对该销售岗位所要求的产品方面的知识一无所知。这种情况下，经理对范先生感到非常失望。一个多年工作的职场人，重新找工作的时候竟然是如此茫然。经理告知范先生在面试前需要对行业知识进行一下了解，范先生竟然自负地说："我面试了多少家公司，用不着你来教我怎样面试！"之后便愤然起身离去。

【任务分析】

应聘工作要做到知己知彼，对公司的情况、公司招聘的岗位职责和任职要求要非常熟悉，再对自己进行分析，弄清自己是否能承担这样的职责，是否能符合该岗位的要求，从而沉着应对。

对该岗位的相关行业知识要做深入了解，做个主动积极的人，这样能让自己在应聘过程中表现得更加专业，即使不能应聘成功，学习一些有用的行业知识总是没有坏处的。在面试过程中，秉持谦虚的态度，不要狂妄自负，双方应保持互相尊重的和谐氛围。过于情绪化的表现对求职有害无益。

【相关知识】

求职面试礼仪

1. 求职前的礼仪

（1）面试前问题的准备

事先应该对目标单位及其工作内容尽可能多地了解。例如，有关用人单位的要求，客观到位地评估自己的求职资格及工作能力，尽可能地准备好面谈时主考官可能要问的问题等。这些问题往往包括你的经历、成就、爱好，以及你对工作和学习的感受等。你可以对每个设想的问题做出简要的书面回答然后记住它们，这样就会有备无患，在被问到相应的问题时应对就会自如，思路就会清晰。

（2）求职信的准备

求职信是帮你打开用人单位大门的钥匙。

①格式正确，布局美观。

②内容具体，主题突出。

③字迹清楚，书写正确。

④内容简洁，表达准确。

⑤态度谦恭，用词恰当。

⑥亲笔书写。

⑦尽量用全称。

⑧关注职位，回避薪酬。

⑨开头与结尾注意礼貌。

⑩注重求职信的形式设计。

⑪可附英文求职信。

（3）面试前的准备

面试的前一天要到招聘现场进行考察，搞清前往的线路，估计路上所需要的时间，以免面试当天出现不必要的麻烦。在准备好个人简历的同时，还要准备自荐书、各种证书（毕业文凭、奖励证书、英语水平证书、培训证书、技能证书、身份证等）、科研成果证明和专利证书、出版过的著作和学术论文、各种聘书，以及有社会影响力的专家的推荐信。准备好与面试场合相宜的服饰，带好擦鞋器、纸巾，女生要带化妆盒、备用丝袜，带上笔和记事本，带齐准备好的各种资料和证书，准备足够的费用，准备比较正规的包袋。以上所带物品要整齐有序地放在包袋中，避免在招聘人员面前，在包袋中翻来翻去，给人做事没有章法的印象。形象准备很重要，要展示出自己最精神、最爽心悦目的形象，服装要符合用人单位对求职者素质的要求。

（4）面试心态准备

应尽量展示自己的优势。在面试者面前拘谨畏缩，注定要失败。所以在面试前尽可能地做好准备工作。比如说，要面带微笑，说一声"您好"，眼神注视着对方，握手的时候让对方感觉到坚定而温和。放松心情，将应聘失败看成人生财富。有些人在择业前就惶惶不可终日。这是造成面试中紧张和被动的主要原因。如果我们理解了人生，就会同意拿破仑所说："人生的光荣不在于永不失败，而在于能屡败屡战。"就不会害怕择业的失败。失败是人生必须付出的代价。失败转变为成功的条件是不要轻易认输，这是许多成功者的重要性格。要把希望寄托在创业上，懦夫懒汉才把希望寄托在梦幻中。要对失败实事求是地总结原因，失败后应该主要寻找自己的主观原因。成功者不会总是埋怨客观条件，但是客观原因也不能不分析。如果是客观条件不允许，也不要一味蛮干。如果在一个领域里没有找到工作，不妨换一种思路，在另一个领域里尝试一下。

2. 求职中的礼仪

（1）求职者站姿的基本要求

站姿是仪态美的起点，又是发展不同动态美的基础。良好的站姿能衬托出求职者良好的气质和风度。

站姿的基本要求是挺直、舒展，站得直，立得正，线条优美，精神焕发。其具体要求是：

头要正，头顶要平，双目平视，微收下颌，面带微笑，动作要平和自然；脖颈挺拔，双肩舒展，保持水平并稍微下沉；两臂自然下垂，手指自然弯曲；身躯直立，身体重心在两脚之间；挺胸、收腹、直腰，臀部肌肉收紧，重心有向上升的感觉；双脚直立，女士双膝和双脚要靠紧，男士两脚间可稍分开点儿距离，但不宜超过肩膀。

（2）求职者坐姿的基本要求

坐姿是仪态的重要内容。良好的坐姿能够传递出求职者自信练达、积极热情的信息，同时也能够展示出求职者高雅庄重、尊重他人的良好风范。

求职者坐姿的基本要求是端庄、文雅、得体、大方。具体要求如下：

①入座时要稳要轻，不可猛起猛坐使椅子发出声响。女士入座时，若着裙装，应用手将裙子稍向前拢一下。

②坐定后，身体重心垂直向下，腰部挺直，上体保持正直，两眼平视，目光柔和，男子双手掌心向下，自然放在膝盖上，两膝距离以一拳左右为宜。女士可将右手搭在左手上，轻放在膝盖上。

③坐时不要将双手夹在两腿之间或放在臀下，不要将双臂端在胸前或放在脑后，也不要将双脚分开或将脚伸出。坐于桌前应该将手放在桌子上，或十指交叉后以肘支在桌面上。

④入座后，尽可能保持正确的坐姿，如果坐的时间长，可适当调整姿态以不影响坐姿的优美为宜。

（3）求职的走姿要求标准

走姿是站姿的连续动作，是在站姿的基础上展示人的动态美，无论是日常生活还是社交场合，走路往往是最吸引人注意的体态语言，最能表现一个人的风度和魅力。

求职者走姿的具体要求如下：

①行走时，头部要抬起，目光平视前方，双臂自然下垂，手掌心向内，并以身体为中心前后摆动。上身挺拔，腿部伸直，腰部放松，步幅适度，脚步宜轻且富有弹性和节奏感。

②男士应抬头挺胸，收腹直腰，上体平稳，双肩平齐，目光直视前方，步履稳健大方，显示出男性刚强雄健的阳刚之美。

③女士应头部端正，目光柔和，平视前方，上体自然挺直，收腹挺腰，两脚靠拢而行，步履匀称自如，轻盈端庄文雅，含蓄恬静，显示女生庄重而文雅的温柔之美。

3. 求职后的礼仪

要适时感谢。应聘结束 2～3 天后，最好通过电话或信件向招聘人员表示感谢。这样做不但能加深考官对你的礼貌印象，还能在最后时刻增加一份由于你的积极性而产生的竞争力。但注意打电话时间不宜过长，以免影响对方工作。信的内容也要简洁。可以对考官表示感谢，并重申你对该公司的兴趣和印象，结尾处还可以表示你的应聘信心，表示希望为公司的发展做出贡献。

一般面试结果要在若干天后才能有结论，可以稍作等待，太性急反而不好。可以在面试时考官承诺的时间左右，写封信或打个电话询问一下是否已做出了决定。这样做还可以表明你做事的积极主动性，而这正是任何一个用人单位对员工素质的基本要求。

要注意调整心情。应聘结束后，不论你对自己应聘中的感觉多么满意，或多么不满意，在没有接到面试结果之前，应聘就不能算是已经完成。应该重新调整心情，及时进行新的竞争选择，以增加更多成功的机会。

【拓展知识】

求职者的行为举止要求

1. 独立应聘

无论应聘什么职位，独立性、自信心都是招聘单位对每位应聘者基本素质的要求。

2. 保持距离

面试时，求职者和主考官必须保持一定的距离，不适当的距离会使主考官感到不舒服。如果应聘的人多，招聘单位一般会预先布置好面试室，把应试人的位置固定好。当求职者进入面试室后，不要随意将椅子挪来挪去。有的人喜欢表现亲密，总是把椅子向前挪。殊不知，这是失礼的行为。如果应聘的人少，主考官也许会让你同坐在一张沙发上，求职者这时应界定距离，太近了容易和主考官产生肌肤接触，这也是失礼的行为。

3. 不卑不亢

求职面试的过程实际上是一种人际交往过程，求职双方都应用平和的心态去交流。

4. 举止大方

举止大方是指求职者举手投足自然优雅，不拘束。从容不迫，显示良好的风度。

5. 注重细节

有求职者，自视学历高，或者有经验、有能力，不愁用人单位不用，在求职时傲慢不羁，不拘小节，表现出无所谓的样子，这是不可取的。正是这些不易被人注意的细节，使许多人失去了一些好的工作机会。

6. 当机立断

一般来说，求职者应聘时举棋不定的态度是不明智的。会让主考官感到你是个信心不足的人，难免怀疑你的工作作风和实际能力，这样容易让招聘的单位有更多的选择机会，而自己却丧失了一次机遇。

【技能训练】

情景模拟：求职面试。

根据学生人数进行分组，以 5 人为一组，完成求职面试情景模拟。老师现场指导。

项目 2　职场办公礼仪

【学习目标】

能力目标：能根据礼仪要求做好职场规范的行为。

素质目标：意在从内到外全面提升职业素质。

知识目标：掌握职场礼仪的规范。

技能目标：按照礼仪规范完成职场仪容、举止、表情、服饰、谈吐和待人接物。

【技能点】

能根据礼仪要求，正确做好职场礼仪规范。

【引导案例】

小向是某公司的员工，某天正好去财务部报销差旅费。在等候电梯的时候，他随手把手中捏着的一张无法报销的票据揉成团扔在了地上。

销售部的同事看见了，心里说："那个某某部门的人素质真差！"

保安巡视过来，看到了纸团，说："莫丢在地上咯，要注意公共卫生！"

电梯来了，小向来不及拾起纸团，进了电梯。

稍后，公司人力资源部的经理过来了，看到纸团默默地捡起，送到了垃圾桶。

一小团废纸，却折射出不同人的不同修为。

【任务分析】

在职场中，你的行为举止代表着你本人的形象，还代表着你为之工作的部门、你的部门所属的公司的形象。每个人都要加强自我修养，独善其身。好的企业形象，靠大家对每一个细节的把握。

【相关知识】

职场办公礼仪

1. 以积极健康的仪容亮相职场

众所周知，初入职场给人的"第一印象"非常重要。现实生活中见面时"先入为主"的现象很常见，由此形成的对个人整体的看法很难改变。如果不注意个人的仪容，就此形成负面影响，势必给以后的职业生活进展造成障碍。对初入职场的人而言，保持并展现积极健康的仪容就显得很重要。那么，仪容到底指什么?简单地讲，仪容是指人体不需要着装的部位，主要是面部，广义上还包括头发、手部，以及穿着某些服饰而暴露出的腿部。由于仪容在交往中最先吸引对方的注意且裸露在外，所以修饰是必不可少的。下面就让我们一起来对我们的仪容进行一番修饰吧！让我们拥有健康自信的仪容，为未来的职场成功创造条件。

（1）对面部的修饰

面部的修饰是仪容最核心的环节，面部修饰的基本要求是时刻保持面部的干净清爽，无汗渍和油污等不洁之物。修饰面部，首先要做到清洁。清洁面部最简单的方式就是勤于洗脸，午休、用餐、出汗、劳动、运动或者外出之后，都应立刻洗脸（包括眼、鼻、耳、脖颈的清洗，要及时去除眼部耳部的分泌物，保持鼻腔干净）。

（2）发型、修眉、嘴部

①对发型的要求。发型和面部在仪容中的位置孰重孰轻难见分晓，但对女士而言，发型的重要性就显得很突出了，故社交中有"女人看头"一说。

首先，不分男女，都应该经常洗发，保持头发的整洁，无油腻，无异味，无头屑。其次，男女发型无论怎样修饰，起码做到让别人从发型能识别出性别来（特殊身份的人除外）。最后，职业人士的发型，应符合自己的职业身份.

②修眉。眉型刻板或不雅观的话，可进行必要的修饰，但尽量不要文眉，更不要剃掉眉毛。

③嘴部。要经常清洁口腔，保持牙齿洁白。口腔无异味，是对口腔的基本要求。为此应坚持每天早、中、晚刷三次牙。饭后刷牙，以去除残渣、异味。另外，在重要应酬之前应忌食蒜、葱、韭菜等会让口腔发出异味的东西。

（3）手臂、腿部、脚部

①手臂的修饰。可分为手掌、肩膀和汗毛三个部分。保持手掌的干净，手应勤洗，餐前、便后、外出归来以及接触各种东西后，都应及时洗手。手上的指甲应定期修剪，长度不宜过长，以不超过手指指尖为宜。在正式场合，肩部不应当裸露在衣服之外。手臂汗毛或腋毛过浓过重的，应使用脱毛液进行必要的脱毛，或用衣服进行包装。总之，不宜为对方所见，否则即为失礼。

②腿部的修饰。在社交场合不允许男士暴露腿部，女士不要暴露大部分的腿部.

③脚部。在正式场合不允许光脚穿鞋，要保持脚部清洁无异味。

2. 正确得体的服饰包装

服饰是一个人的仪表中非常重要的组成部分。莎士比亚曾说："一个人的穿着打扮就是他的教养、品位、地位的真实写照。"得体的服饰能让你增强自信，提升形象，从而有利于事业的成功。三国时期的张松是个奇才，有倒背史书之能事，但他不善于服饰打扮。人生得矮小瘦弱，偏偏嗜好肥大的服装（古代都是袍子）。张松投奔曹操时，曹公嫌其人小袍肥，因此将他拒之门外。后来他吸取了教训，特地让人量身定做了一件袍子，穿着投奔了刘备。刘备见了张松大为赞赏，称其穿着打扮"旷世奇才"，并委以重用。由此可见服饰的重要性。

（1）正确穿西装

①拆除商标。

②穿西装，打领带，穿皮鞋。穿西装时，一定要系领带，穿皮鞋，这就是所谓的西装革履。

③纽扣要系好。

④千万不要拆除西装外袋的缝线，更不要在外袋里装东西。

⑤在左上胸的外袋中，不妨将一块洁白的手帕叠个造型，轻轻插入，会显得很绅士。

⑥记住穿西装的"三三原则""三一原则"。穿西装时，全身的颜色不能多于三种。鞋子、腰带、公文包应是一个颜色，以黑色为佳。

（2）在正式场合女士应穿裙装，裙装是正装。穿裙装时，讲究搭配，包括上下衣的搭配、与配饰的搭配、与衬衫的搭配、与鞋袜的搭配等。除此之外，穿裙服时切记不要穿黑色皮裙，不光腿、光脚，不要"三截腿"。

3. 优雅的仪态

优雅的仪态可以显示出自己良好的修养，增强给对方的良好印象，进而赢得更多的合作和被接受的机会。主要的举止姿态包括：

（1）站姿

规范的站姿：头正，肩平，臂垂，躯挺，腿并。

（2）行姿

规范的站姿：头正，肩平，躯挺，步位直，步幅适度，步速平稳。

（3）坐姿

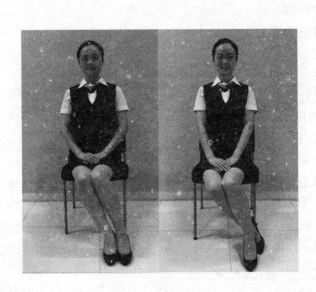

①女士坐姿

女士坐姿式样较多，这里仅就标准式讲一讲。标准式坐姿的要领：轻缓地走到座位前，转身后两脚成小丁子步，左前右后，两膝并拢的同时上身前倾，向下落座。如果穿着裙装，在落座时要用双手在后边从上而下把裙子拢一下，以防坐出皱纹。坐下后，上身挺直，双肩平正，两臂自然弯曲，两手交叉叠放在两腿中部，并靠近小腹。两膝并拢，小腿垂直于地面，两脚保持小丁字步。

②男士坐姿

男士标准式：上身正直上挺，双肩正平，两手放在两腿或扶手上，双膝并拢，小腿垂直落地，两脚自然分开45度角。

（4）手势

规范的手势：手掌自然伸直，掌心向内向上，手指并拢，拇指自然稍稍分开，手腕伸直，使手与小臂成一直线，肘关节自然弯曲。出手时，要讲究柔美、流畅，做到欲上先下，欲左先右。避免僵硬死板，缺乏韵味。同时配合眼神、表情和其他姿态，使手势更加协调大方。

以上介绍的就是仪态的一部分。在职场中，仪态被视为"第二语言"，也叫作"副语言"。体态语言大师博得惠斯代尔的研究成果表明，在人际交往沟通中，有 65% 的信息是通过体态语言表达的。在职业交往中，用优美的体态语言，比用口头语言更让对方感到真实、生动和容易接受。

【拓展知识】

如何使用好名片

名片是职业人重要的交际工具。它直接承载着个人的信息，担负着保持联系的重任。要使名片发挥的作用更充分，就必须掌握正确使用名片的技巧。

1. 发送名片的时机

（1）希望认识对方。

（2）被介绍给对方。

（3）对方向自己索要名片。

（4）对方提议交换名片。

（5）打算获得对方名片。

（6）初次登门拜访对方。

2. 发送名片的具体做法

（1）递名片时应起身站立，走上前去，使用双手或者右手，将名片正面对着对方，递给对方。

（2）将名片递给他人时，应说"请多多关照""常联系"等之类的话语，或是先作一下自我介绍。

（3）交换名片时，应讲究先后次序。一般是地位低的人首先把名片递给地位高的人，位低者先行。如果你跟多人去递名片，一般要是先女后男、先长后幼，按照地位高低由高而低。如果不方便的话，可以由近而远。如果在圆桌上面，可以按照顺时针方向前进，即按照表针走动的方向前进。从礼仪序列来讲，这是比较吉利的方向，说明时光在前，大家共同发展。

3. 接受名片

（1）他人递名片给自己时，应起身站立，面含微笑，目视对方。

（2）接受名片时，双手捧接，或以右手接过。不要只用左手接过。

（3）接过名片时，要从头至尾把名片认真默读一遍，意在表示重视对方。

（4）接受他人名片时，应使用谦辞敬语，如"请多关照"。

4. 索要名片

（1）向对方提议交换名片。

（2）主动递上本人名片。

（3）委婉地索要名片。如"王总，认识你太高兴了，不知道能不能有幸跟您交换一下名片"，或"王教授，以前对您已经非常感兴趣了，今儿听您讲座很受启发，不知道以后还有没有机会向您继续请教"。

（4）当他人索取名片，而自己又不想给对方时，应用委婉的方法表达此意。可以说"对不起，我忘了带名片"，或"抱歉，我的名片用完了"。

项目 3 职场交际礼仪

【学习目标】

能力目标：能根据礼仪要求处理好职场中的人际关系。

素质目标：团队协作能力、应变能力。

知识目标：掌握社交礼仪的知识点。

技能目标：按照礼仪规范创造出和谐融洽的气氛，建立、保持、改善人际关系。

【技能点】

能根据礼仪要求，处理好职场中的人际关系。

【引导案例】

教委主任的女儿被心仪的单位录取了，后来被告知是对接待人员非常尊重，讲礼节，有礼貌，让她脱颖而出的。还有一个博士生被推荐去国家机关面试，考试成绩优异，公务员考试也通过了。去面试时，一个领导要见他，但他迟到了十分钟。没有别的理由，就是因为晚到十分钟，这个机关就不要他了。

【任务分析】

教养体现在细节，细节展示素质，细节决定成败。

【相关知识】

职场交际礼仪

1. 办公室里受欢迎

踏入职场取得的第一步成功，不是在业务上有多大的发展或开辟了多么广阔的空间，而是在办公室里很受欢迎。办公室的一言一行都是细节的东西，经常为职业人所忽略，细节往往决定成功。

（1）严守条规

①不迟到、早退。可能你不会因为早下班 15 分钟而受到斥责，但是，大模大样地离开会场显得对这份工作不投入、不敬业，那些需要超时工作的同事会觉得心理不平衡。

②公私要分明。别滥用公司公用物件办个人私事，如电话的问题。

③衣着打扮符合常规。职场新人要想尽快被办公室的同事接受、容纳，在衣着打扮上不要标新立异，要符合常规。

（2）尊重别人的私人空间

在办公室，私人空间是很宝贵的，必须受到尊重。

①有求于人或打断别人工作时，应该说"打扰了""不好意思"等。

②先敲门再进入别人的办公室。

③不要私下翻阅别人办公桌上的信件或文件以及名片盒。

（3）管好自己的嘴巴

即使同事在工作中的表现不尽理想，也不要在他背后向其他人说起。传播小道消息、搬弄是非最容易引起同事们的不信任。严守公司机密，谨记不要泄漏一字半句。

（4）切记插话

别人发表意见时中途插话，是一件极无礼貌的行为，会影响别人对自己的看法。想发表意见，应选择适当的时机。

（5）勿炫耀

别拿自己的优势在同事面前三番五次地说起，否则，别人会逐渐疏远你。

（6）有借有还

同事之间经济往来是很频繁的，但实践证明同事最不喜欢的人就是有借无还或久远不还的人。记住，没人喜欢向人追讨金钱。

（7）保持公共卫生

要养成良好的个人卫生习惯，主动清扫办公室，保持办公场所整洁。男士尽量不在办公室吸烟。

2. 打电话、接电话有讲究

电话是现代生活中极其普遍的交往工具，也是职业人使用频率最高的交往方式，正因如此，才有许多环节需要掌握。

（1）打电话

①通话时机

通话的最佳时间有二：一是双方预先约定的时间；二是对方方便的时候。

②通话的长度

对通话的时间控制的基本要求是以短为佳，遵守"3 分钟原则"。

③通话内容

通话的内容应事先准备，简明扼要，适可而止，切记对公对私都不能抱着电话作马拉松式的聊侃。

④通话的流程

接通电话后，先要向受话方问候，之后自报家门，再确认身份，陈述内容，最后以"再见"终止通话。如："您好，我是江阴职业技术学院基础部的王大海老师。请问，您是张洋部长吗？……再见。"

⑤举止要文明

打电话整个过程要文明礼貌。不要把话筒夹在脖子下，也不要趴着、仰着、坐在桌角上，更不要把双腿高架在桌子上；不要以笔代手去拨号，通话时声音不宜过高；话筒与嘴的距离保持 3 厘米左右。接挂电话时轻拿轻放话筒，不要用力一摔，更不要骂骂咧咧，采用粗暴的举动拿电话机撒气。通话时，电话突然中断，应立即再拨，并说明原因，不要不了了之，或等对方打过来。

（2）接听电话

①首先接听及时

电话铃声响起，三声之内应尽快接听，不要让电话响个没完。也不宜在铃响一声后就拿起听筒。

②礼貌应答

接听电话的整个过程要文明礼貌。电话铃响，首先拿起话筒向对方问候，其次自报家门。如："您好，这里是江阴职业技术学院教务处，请问您找谁？"或："您好，我是王海，请问我能帮您什么吗？"通话终止时，要向对方道谢。

③接听电话的忌讳

接听电话态度要聚精会神，不要与他人交谈，也不能边听电话边看报纸、电视，甚至吃东西。接听电话语气应谦恭友好，不要发怒，恶语相加。倘若接听电话的同时，又有另一电话打进来，正确的做法：对正在通话的一方说明，请其稍后，然后立即去接另一电话。接通后，先请对方稍后，或过一会再打进来，随后再继续方才正打的电话。

记住，不论多忙多累，都不能成为拔下电话线找清静的理由。

④代接电话

代接、代传电话时，要注意以礼相待。不要因为对方所找的人不是自己就显得不耐烦，以"不在"来打发对方。若所找的人真不在，也应友好地答复："对不起，他不在，需要我转告什么吗？"

另外，代接电话时要尊重隐私，记忆准确，传达及时。尊重隐私即不要询问对方与其所找的人的关系，不要随意扩散代传电话的内容。代接、代传电话时，要做好笔录。

【拓展知识】

职场中如何处理人际关系

人际关系是职业生涯中一个非常重要的课题，良好的人际关系是舒心工作安心生活的必要条件。我们应在人际关系中调整好自己的坐标，做到如下几点：

1. 对上司，先尊重后磨合。

2. 对同事，多理解慎支持。

3. 对朋友，善交际勤联络。

4. 对下属，多帮助细聆听。

5. 向竞争对手，露齿一笑。

【复习思考题】

1. 参加求职面试时，求职者应掌握的应试技巧。

2. 结合实际谈谈如何坚持交际礼仪的原则？

3. 大学生掌握礼仪礼节的重要意义何在？

模块6 商务往来礼仪

项目 1 称呼

【学习目标】

能力目标：能根据称呼礼仪规范来正确称呼交往对象。

素质目标：具备较强的沟通、应变能力及语言表达能力。

知识目标：掌握商务活动中称呼的基本要求与规范，掌握商务活动中称呼的禁忌，熟悉商务活动以外的其他场合的称呼方式。

技能目标：按照礼仪规范称呼交往对象。

【技能点】

能根据不同的对象和场合规范地称呼交往对象。

【引导案例】

小明是山东人，准备去武陵源风景区旅游。那天天气炎热，他下车后已走得筋疲力尽，口干舌燥，不知距目的地还有多远，举目四望，不见一人。正失望时，远处走来一位老者，小明大喜，张口就问："伙计，离武陵源还有多远呀？"老者目不斜视地回答："就在前面。"小明精神倍增，快速向前走去。他走呀走，走了好久好远，也没有到武陵源。

【任务分析】

北方人喜欢称呼别人为"伙计"，但是在南方是打工仔的意思；而南方人喜欢称呼别人为"师傅"，但是在北方是出家人的意思。这个故事告诉我们在与人交往的过程中如果不注意用规范的称呼语来称呼他人，不把握好说话的分寸是会引起对方的反感，遭到别人的拒绝的。

【相关知识】

称呼

称呼是人们在社会交往中用于识别身份、指代称呼对象以及定位交际中角色关系的特定语言。在商务交往中，如能正确称呼对方，不但表现了一个人的自身有较高的素养还体现了对对方的尊重，因此在商务活动中能否正确地称呼对方在一定程度上影响着这次交际的成败。可见称呼语是十分重要的。

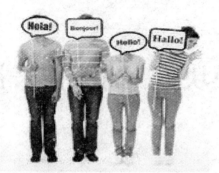

1. 商务交往中称呼的要求

（1）要采用常规称呼。常规称呼，即人们平时约定俗成的较为规范的称呼。

（2）要区分具体场合。在不同的场合，应该采用不同的称呼。

（3）要坚持入乡随俗。要了解并尊重当地风俗。

（4）要尊重个人习惯。在不知如何称呼对方时应先请教对方。

2. 商务交往中规范的称呼

（1）职务性称呼

一般在较为正式的官方活动、政府活动、公司活动、学术性活动中使用。以示身份有别，敬意有加，而且要就高不就低。

①仅称职务。如：董事长、总经理等。

②职务前加姓氏。如：王总经理、张主任、刘校长等。

③职务前加上姓名。适合于极为正式的场合，如：××市长等。

（2）职称性称呼

对于有专业技术职称的人，可用职称相称。

①仅称职称。如：教授、律师、工程师等。

②在职称前加姓氏。如：赵教授、吴律师、李工程师。

③在职称前加姓名。适合于正式的场合，如：××教授、××工程师等。

（3）学衔性称呼

这种称呼，增加被称者的权威性，同时有助于增加现场的学术气氛。

①仅称学衔。如：博士。

②加姓氏。如：曹博士。

③加姓名。如：曹方博士。

④将学衔具体化，说明其所属学科，并在后面加上姓名。如：法学博士曹方。这种称呼最正式。

（4）行业性称呼

在工作中，按行业称呼。可以直接以职业作为称呼，如：老师、教练、会计、医生等。在一般情况下，此类称呼前，均可加上姓氏或者姓名。如：郑老师、王教练、钱会计、李医生等。

（5）泛尊称

对社会各界人士在一般较为广泛的社交中，都可以使用的称呼。如：小姐、女士、夫人、太太。未婚女性称"小姐"，已婚者或不明其婚否的女性称"女士"，男性称"先生"。

3. 商务交往中称呼的禁忌

（1）错误的称呼

常见的错误称呼无非就是误读或是误会引起的。

①误读

也就是念错姓名。为了避免这种情况的发生，对于不认识的字，事先要有所准备；如果是临时遇到，就要谦虚请教。

②误会

主要是对被称呼的年纪、辈分、婚否以及与其他人的关系做出了错误判断。比如，将未婚女性称为"夫人"，就属于误会。相对年轻的女性都可以称为"小姐"，这样对方也乐意听。

（2）不恰当的称呼

①不通行的称呼

有些称呼，具有一定的地域性，比如山东人喜欢称呼"伙计"，但在南方人听来"伙计"肯定是"打工仔"。中国人把配偶经常称为"爱人"，在外国人的意识里，"爱人"是"第三者"的意思。

②不当的称呼

工人可以称呼为"师傅"，但如果用它来称呼其他人，可能会让对方产生自己被贬低的感觉。

③庸俗的称呼

有些称呼在正式场合不适合使用。例如，"兄弟""哥们儿""死党"等一类的称呼，虽然听起来亲切，但显得档次不高。

④称呼外号

对于关系一般的人，不要随便给对方起外号，更不能用道听途说来的外号去称呼对方，也不能随便拿别人的姓名乱开玩笑。

【拓展知识】

生活中的称呼

1. 对亲属的称呼

（1）常规

亲属，即与本人有直接或间接血缘关系者。在日常生活中，对亲属的称呼业已约定俗成，人所共知。例如，姑、舅之子应称为"表兄""表弟"，叔、伯之子应称为"堂兄""堂弟"。

（2）特例

①对本人的亲属，应采用谦称

面对外人，对亲属可根据不同情况采取谦称或敬称。

称辈分或年龄高于自己的亲属，可在其称呼前加"家"字，如"家父""家叔"。

称自己的子女，则可在其称呼前加"小"字，如"小儿""小女""小婿"。

②对他人的亲属，应采用敬称

对其长辈，宜在称呼之前加"尊"字，如"尊母""尊兄"。

若在其亲属的称呼前加"令"字，一般可不分辈分与长幼，如"令堂""令尊"。

对待比自己辈分低、年纪小的亲属，可以直呼其名，使用其爱称、小名，或是在其名字之前加上"小"字相称，如"毛毛""小宝"等。

2. 对朋友、熟人的称呼

对朋友、熟人的称呼，既要亲切、友好，又要不失敬意。

（1）敬称

对任何朋友、熟人，都可以用人称代词"你""您"相称。对长辈、平辈，可称其为"您"。对待晚辈，则可称为"你"。以"您"称呼他人，是为了表示自己的恭敬之意。

对于有身份者和年长者，可以"先生"相称。其前还可以冠以姓氏，如"张先生""何先生"。

对文艺界、教育界人士以及有成就者、有身份者，均可称之为"老师"。在其前也可加上姓氏，如"高老师"。

对德高望重的年长者，可称之为"公"或"老"。具体做法：将姓氏冠以"公"之前，如"谢公"；将姓氏冠以"老"之前，如"周老"。

（2）姓名的称呼

平辈的朋友、熟人，彼此之间可以以姓名相称，例如，"李静""朱一凡""郑秋芬"。长辈对晚辈也可以这样。

为了表示亲切，可以在被称呼者的姓前分别加上"老""大""小"字相称，而免称其名。例如，对比自己年长的，可称"老王""大刘"；对比自己年纪小的，可称"小宋"。

对同性的朋友、熟人，若关系极为亲密，可以不称其姓，而直呼其名。对于异性，则一般不可这样称呼。

（3）亲近的称呼

对于邻居、至交，有时可采用"大叔""阿姨"等类似血缘关系的称呼，这种称呼会令人感到信任，亲切。

3. 对普通人的称呼

在现实生活中，对一面之交、关系普通的交往对象，可酌情采取下列方法称呼。

（1）以"先生""女士"相称。

（2）以其职务、职称相称。

（3）入乡随俗，采用对方理解并接受的称呼相称。

【技能训练】

情景模拟：规范称呼。

背景介绍：模拟某公司的营销部工作环境和工作情景，介绍每个员工的姓名、职务和职称，并介绍公司的经营情况。

请完成以下任务：根据学生人数进行分组，以6～8人为一组，在以下职位中任选6～8个（市场部经理、市场助理、客户开发主管、客户维护主管、客户关系主管、市场调研主管、市场研究专员、市场策划主管、市场拓展经理、促销主管、广告企划主管、媒介推广专员、公关主管、公关助理、客户代表、美工、产品主管、产品助理），请每个同学分别模拟不同员工角色对其他员工进行称呼。老师现场指导。

项目 2　介绍

【学习目标】

　　能力目标：能根据介绍的礼仪规范来正确介绍他人和做自我介绍。

　　素质目标：具备较强的沟通能力、应变能力及语言表达能力。

　　知识目标：了解介绍礼仪的种类，掌握介绍的顺序与方法，熟悉介绍时应注意的事项。

　　技能目标：熟练做好自我介绍和他人介绍。

【技能点】

　　能根据不同的场合以规范的姿态准确演示介绍的顺序、措辞和神态。

【引导案例】

不作自我介绍的客人

　　晓燕是公司总经理办公室的秘书。这天上午，晓燕正在前台值班，一个理着大光头、戴着大墨镜，显得很酷的中年客人推门而入。晓燕马上站起身迎接客人："您好！请问您是……""我找你们老总！"客人说着就要里走。

　　面对这种情况，晓燕应该如何处理？下面有 5 个选项：

　　a. 对不起，我们老总正在跟客人谈话，有什么事情跟我说吧。

　　b. 对不起，先生，请你填写会客登记表。

　　c. 先生，你不能进去，否则我叫保安了！

　　d. 先生，您预约了吗？

　　e. 对不起，先生，请问您贵姓……

【任务分析】

　　答案是 e。

　　你再次让客人自我介绍，不仅很有礼貌地阻止了他往里闯，而且给客人创造了第二次自我介绍的机会。在现代商业社会，你第一次可以鲁莽无礼，但你不能一而再再而三地无礼。所以，只要对方还有起码的教养，他就会停下来作自我介绍。

　　学会介绍，包括自我介绍、介绍他人和介绍集体等，是现代职场人员要学会的礼仪规范。

【相关知识】

介绍

　　在商务交往中，免不了要结识新的朋友和新的客户，而介绍与被介绍则是人们互相认识、建立联系不可缺少的手段。

　　1. 自我介绍

　　在商务活动中，想要结识某人或某些人，而又无人引荐，此时可以向对方作自我介绍。

（1）自我介绍的时机

①与不相识者相处时。

②有不相识者表现出对自己感兴趣时。

③有不相识者要求自己作自我介绍时。

④与身边的陌生人组成新的交际圈时。

⑤在公共聚会上，打算介入陌生人组成的交际圈时。

⑥交往对象记不清自己，或担心这种情况出现时。

⑦有求于人，而对方对自己不甚了解，或一无所知时。

⑧拜访熟人遇到不相识者挡驾，或是对方不在，需要请不相识者代为转告时。

⑨前往陌生单位，进行业务联系时。

⑩在出差、旅行途中，与他人不期而遇，并且有必要与之建立临时接触时。

⑪因业务需要，在公共场合进行业务推广时。

⑫初次利用大众传媒向社会公众进行自我推荐、自我宣传时。

（2）自我介绍的形式与内容

①应酬式

适用于某些公共场合和一般性的社交场合，这种自我介绍最为简洁，往往只包括姓名一项即可。如："你好，我叫刘翔。""你好，我是汪洋。"

②工作式

适用于工作场合，它包括本人姓名、供职单位及其所在部门、职务或从事的具体工作等。如："你好，我叫刘翔，是大地公司的销售经理。""我叫汪洋，我在南京大学商学院教管理学。"

③交流式

适用于社交活动中，希望与交往对象进一步交流与沟通。它大体包括介绍者的姓名、工作、籍贯、学历、兴趣及与交往对象的某些熟人的关系。如："你好，我叫刘翔，我在大地公司上班。我是汪洋的老乡，都是江苏人。""我叫李东，是汪洋的同事，也在大地公司，我在营销部。"

④礼仪式

适用于讲座、报告、演出、庆典、仪式等一些正规而隆重的场合。它包括姓名、单位、职务等，同时还应加入一些适当的谦辞、敬辞。如："各位来宾，大家好！我叫刘翔，我是多宝公司的销售经理。我代表本公司对各位的到来表示最热烈的欢迎，希望大家……"

（3）自我介绍的注意事项

①繁简适度

作自我介绍时，根据不同的交往对象，内容应繁简适度。自我介绍总的原则是简明扼要，一般以半分钟为宜，情况特殊时也不宜超过 3 分钟。如对方表现出有认识自己的愿望，则可在报出本人姓名、工作单位和职务，即"自我介绍三要素"的基础上，再简略地介绍一下自己的籍贯、学历、兴趣、专长及与某人的关系等。当然，在进行自我介绍时，应该实事求是，既不能把自己拔得过高，也不要自卑地贬低自己。介绍用语一般要留有余地，不宜用"最""极""特别""第一"等表示极端的词语。

②讲究态度

态度要保持自然、友善、亲切、随和，整体上讲求落落大方，笑容可掬。充满信心和勇气，忌讳妄自菲薄、心怀怯意，要敢于正视对方的双眼，显得胸有成竹，从容不迫。语气自然，语速正常，语言清晰。生硬冷漠的语气、过快过慢的语速，或者含糊不清的语音，都会严重影响自我介绍的形象。

③真实诚恳

进行自我介绍要实事求是、真实可信，不可自吹自播、夸大其词。

④方式灵活

自我介绍的方式因不同的场合而异。如果你应邀参加一个宴会，因为迟到，宴会已经开始了，而你的主人又没能把你介绍给来宾。在这种情况下，你就应该走到宾客面前，作自我介绍："晚上好！各位，很抱歉来迟了。我叫××，在××公司做公关工作。"这样一番介绍，即可避免别人想与你谈话却不知你是谁的尴尬局面。

⑤巧借外力

自我介绍除了用语言之外，还可借助介绍信、工作证或名片等证明自己的身份，作为辅助介绍，以增强对方对自己的了解和信任。

2．他人介绍

他人介绍，就是把不相识的人或是把一个人引荐给其他人认识的过程。在商务场合，如想结识某人，除自我介绍外，还可通过他人介绍这一途径。

（1）介绍的顺序

介绍人在介绍之前必须了解被介绍双方各自的身份、地位以及对方有无相识的愿望，或衡量一下有无为双方介绍的必要，再择机行事。

介绍的先后顺序应是受到特别尊重的一方有了解对方的优先权。应把男士介绍给女士，把晚辈介绍给长辈，把客人介绍给主人，把未婚者介绍给已婚者，把职位低者介绍给职位高者，把本公司职务低的人介绍给职务高的客户，把个人介绍给团体，把晚到者介绍给早到者。以表示尊敬之意。

（2）介绍人与被介绍人的神态和姿态

作为介绍人在为他人作介绍时，态度要热情友好，语言要清晰。在介绍一方时，应微笑着用自己的视线把另一方的注意力吸引过来。手的正确姿势应掌心向上，胳膊略向外伸，指向被介绍者，但介绍人不能用手拍被介绍人的肩、胳膊和背等部位，更不能用食指或拇指指向被介绍的任何一方。

作为被介绍人，除女士和年长者外，一般应起立并面向对方。但在宴会桌上、谈判桌上可不必起立，被介绍者只要微笑点头，相距较近可以握手，远者可举右手致意。

（3）介绍人的陈述

介绍人在作介绍时要先向双方打招呼，使双方有思想准备。介绍人的介绍语宜简明扼要，并应使用敬辞。介绍时最好先说"请允许我向您介绍""让我介绍一下""请允许我自我介绍"。在介绍中要避免过分赞扬某个人，不要给人留下厚此薄彼的感觉。

（4）介绍他人的注意事项

在介绍别人时，一定要介绍清晰、完整。当介绍人为双方介绍后，被介绍人应向对方点头致意，或握手为礼，并以"您好""很高兴认识您"等友善的语句问候对方，表现出结识对方的诚意。介绍人在介绍后，不要随即离开，应给双方的交谈提示话题，可有选择地介绍双方的共同点，如相似的经历、共同的爱好和相关的职业等，待双方进入话题后，再去招呼其他客人。

【拓展知识】

非正式场合自我介绍

非正式场合，自我介绍要注意一些细小的礼仪环节。比如，某甲或某乙正在交谈，你想加入，而你们彼此又不认识，你就应该选择甲乙谈话出现停顿的时候再去自我介绍，并说"对不起，打扰一下，我是……""很抱歉，可以打扰一下吗？我是……""你们好，请允许我自己介绍一下……"之类的话。

自我介绍时通常是以单位、部门、岗位、职务、姓名的顺序来进行的。

【技能训练】

情景模拟：自我介绍、他人介绍。

1. 模拟一个推销员到某单位推销办公用品的场景，请按照礼仪规范做好自我介绍。

2. 小李与本单位销售部王经理正在办公室商谈业务，此时走进来小李的一位新客户刘小姐，王经理与刘小姐双方都有认识的愿望，请按照礼仪规范作好他人介绍。

请完成以下任务：根据学生人数进行分组，5 人为一组，要求每组学生自定角色，按规范称呼并做自我介绍和他人介绍。老师现场指导。

项目 3　名片

【学习目标】

能力目标：能根据名片的礼仪规范来正确使用名片。

素质目标：具备较强的沟通、应变能力及语言表达能力。

知识目标：了解商务活动名片设计要求，掌握商务交往名片使用、递送和存放规范，熟悉名片使用的禁忌。

技能目标：按礼仪规范进行名片的设计，按礼仪要求使用、递送及存放名片。

【技能点】

1. 能根据不同的场合和对象设计名片、使用名片。

2. 能按礼仪规范递接及存放名片。

【引导案例】

某公司新建的办公大楼需要添置一系列的办公家具，价值数百万元。公司的总经理已做了决定，向和顺公司购买这批办公用具。

这天，和顺公司的销售部负责人打电话来，要上门拜访这位总经理。总经理打算等对方来了，就在订单上盖章，定下这笔生意。

不料对方比预定的时间提前了 2 个小时，原来对方听说这家公司的员工宿舍也要在近期内落成，希望员工宿舍需要的家具也能向和顺公司购买。为了谈这件事，销售负责人还带来了一大堆的资料，摆满了台面。总经理没料到对方会提前到访，刚好手边又有事，便请秘书让对方等一会。这位销售员等了不到半小时，就开始不耐烦了，一边收拾资料一边说："我还是改天再来拜访吧。"

这时，总经理发现对方在收拾资料准备离开时，将自己刚才递上的名片不小心掉在了地上，对方并没发觉，走时还无意从名片上踩了过去。但这个不小心的失误，却令总经理改变了初衷，和顺公司不仅没有机会与对方商谈员工宿舍的家具购买，连几乎到手的数百万元办公用具的生意也告吹了。

【任务分析】

和顺公司销售部负责人的失误看似很小，其实是巨大而不可原谅的。名片在商业交际中是一个人的化身，是名片主人"自我的延伸"。弄丢了对方的名片已经是对他人的不尊重，更何况还踩上一脚，顿时让这位总经理产生反感。再加上对方没有按预约的时间到访，不曾提前通知，又没有等待的耐心和诚意，丢失了这笔生意也就不是偶然的了。

【相关知识】

名片

现代名片是一种经过设计、能表示自己身份、便于交往和开展工作的卡片，名片不仅可以用作自我介绍，而且还可用作祝贺、答谢、拜访、慰问、赠礼附言、备忘、访客留话等。

1. 名片的类型

名片一般有三种类型：

（1）社交名片。只印姓名、地址、邮编、电话。

（2）职业名片。除姓名、地址、邮编、电话外，还要印单位、职称和社会兼职。

（3）商务名片。除姓名、地址、邮编、电话、单位、职称、社会兼职外，在背面还要印上单位业务范围、经营项目等。

2. 名片的制作与准备

（1）名片制作应考虑的因素

①规格

眼下国内最通用的名片规格为 9×5.5，即长 9 厘米，宽 5.5 厘米。这是制作名片时应当首选的规格。此外，名片还有两种常见的规格：10×6 和 8×4.5。前者多为境外人士使用，后者则为女士所专用。

②质材

印制名片，最好选用耐折、耐磨、美观、大方的白卡纸、再生纸、合成纸、布纹纸、麻点纸、香片纸。至于高贵典雅、纸质挺括的刚古纸、皮纹纸，则可量力而行，酌情选用。必要时，还可覆膜。

③色彩

印制名片的纸张，宜选庄重朴素的白色、米色、淡蓝色、淡黄色、淡灰色，并且以单色为好。

④图案

在名片上，除纸张自身的纹路外，允许出现的图案包括企业标识、企业蓝图、企业方位、企业主导产品等，但以少为佳。

⑤文字

在国内使用的名片，宜用汉语简体字，不要故弄玄虚地使用繁体汉字。

（2）名片的准备

准备名片是很重要的工作。这个工作做的是否充分将直接影响商务活动，应在平时多留意自己的名片是否够用，不够时要及时补充，不要在临用时再印刷，这样既耽误事情，印刷成本也高。名片的质量也非常重要，名片要保持干净整洁，切不可出现折皱、破烂、肮脏、污损、涂改的情况。最好先准备专用的名片夹放置名片，也可以放在公文包或上衣口袋内，在办公室应选择放在名片夹或办公桌上，切不可随便放在钱包、裤袋内，以免在找名片时手忙脚乱。

3. 使用名片的礼仪

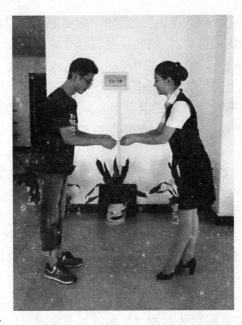

（1）出示名片的礼仪

①出示名片的顺序

一般是地位低的人先向地位高的人递名片，男性先向女性递名片。当对方不止一人时，应先将名片递给职务较高或年龄较大者；或者由近向远处递，依次进行，切勿跳跃式地进行，以免对方误认为有厚此薄彼之感。

②出示名片的礼节

向对方递送名片时，应面带微笑，稍欠身，注视对方，将名片正对着对方，用双手的拇指和食指分别持握名片上端的两角送给对方。

如果是坐着的，应当起立或欠身递送，递送时可以说"我是××，这是我的名片，请笑纳""我的名片，请你收下""这是我的名片，请多关照"之类的客气话。

出示名片还应把握好时机。当初次相识，自我介绍或别人为你介绍时可出示名片；当双方谈得较融洽，表示愿意建立联系时就应出示名片；当双方告辞时，可顺手取出自己的名片递给对方，以示愿结识对方并希望能再次相见，这样可加深对方对你的印象。

当对方递给你名片之后，如果自己没有名片或没带名片，应当首先向对方表示歉意，再如实说明理由。如："很抱歉，我没有名片""对不起，今天我带的名片用完了，过几天我会亲自寄一张给您的"。

（2）接受名片的礼节

接受他人递过来的名片时，应尽快起身或欠身，面带微笑，用双手的拇指和食指接住名片的下方两角，态度也要毕恭毕敬，使对方感到你对名片很感兴趣。

接到名片时要认真地看一下，可以说"谢谢""能得到您的名片，真是十分荣幸"等。然后郑重地放入自己的口袋、名片夹或其他稳妥的地方。

（3）获取名片的方法

向他人索要名片最好不要直来直去，可委婉索要。比较恰到好处地交换名片的方法大概有这么几个：

①交易法。"将欲取之，必先予之"。比如，想要王先生的名片，先把自己的名片递给他，说："王先生，这是我的名片。"当然，在国际交往中，会有一些地位落差，有的人地位身份高，你把名片递给他，他跟你说声谢谢，然后就没下文了。如果担心出现这种情况的话，跟对方有较大落差的时候，不妨采用下一个方法。

②激将法。可以这样说："尊敬的吴董事长，很高兴认识你，不知道能不能有幸跟您交换一下名片？"这话跟他说清楚了，他不想给你也得给你。如果对方还是不给，那么可以采取再下一种方法。

③联络法。可以这样说："赵小姐能认识你非常高兴，以后到中国来希望还能够见到你，不知道以后怎么跟你联络比较方便？"她一般会给，如果她不给却表示她会主动跟你联系，其深刻含义就是以后将不会跟你联系。

④谦恭法。是指在索取对方名片之前，稍做铺垫，以便索取名片。比如这样说："认识您我非常高兴，虽然我玩电脑已经玩了四五年了，但是与您这种专业人士相比相形见绌，希望以后有机会能够继续向您请教，不知道以后如何向您请教比较方便？"

（4）名片的存放

商务活动结束后，应立即对收到的名片加以整理收藏，以便以后使用。存放名片的方法大体上有四种，它们还可以交叉使用。

①按姓名的外文字母或汉语拼音字母顺序分类。

②按姓名的汉字笔画的多少分类。

③按专业或部门分类。

④按国别或地区分类。

若收藏的名片很多，还可以编一个索引，那么用起来就更方便了。

（5）名片使用的禁忌

①递送名片的禁忌

不要用左手递接名片。不要一边自我介绍，一边到处翻找自己的名片。不要把一叠名片全掏出来，慢腾腾地翻找自己的名片，不要漫不经心地滥发一气，尤其不要向一个人重复递送名片。

②接受名片的禁忌

不要用左手递送和接受名片。不要接受对方的名片后看也不看一眼就装入口袋。不要把接到的名片随手放在一旁，压上其他的东西。不要把对方的名片拿到手里随意摆弄，甚至忘记带走。

③存放名片的禁忌

不要把别人的名片与自己的名片放在一起。不要把名片放在皮夹、工作证甚至裤袋内。不要将名片随意夹在书刊、文件中，压在玻璃板下或是扔在抽屉里面，更不能将名片与杂物混在一起。

【拓展知识】

名片设计要点

名片作为一个人、一种职业的独立媒体，在设计上要讲究艺术性。但它同艺术作品有明显的区别，它不像其他艺术作品那样具有很高的审美价值，可以去欣赏、去玩味。它在大多情况下不会引起人的专注和追求，而是便于记忆，具有更强的识别性，让人在最短的时间内获得所需要的情报。因此名片设计必须做到文字简明扼要，字体层次分明，强调设计意识，艺术风格要新颖。

名片设计的基本要求应强调三个字：简、功、易。

1. 简。名片传递的主要信息要简明清楚，构图完整明确。

2. 功。注意质量、功效，尽可能使传递的信息明确。

3. 易。便于记忆，易于识别。

【技能训练】

情景模拟：名片递接。

模拟某企业业务员去另一公司联系业务的场景。

请完成以下任务：根据学生人数进行分组，5人为一组，要求每组学生自定角色，按礼仪规范做好名片的递接情景。老师现场指导。

项目4 握手

【学习目标】

能力目标：能根据握手的礼仪规范正确地与人握手。

素质目标：具备较强的应变及语言表达能力。

知识目标：掌握握手的时机与次序，掌握握手时的操作规范与要求，熟悉握手的禁忌。

技能目标：熟练按照握手规范与人握手。

【技能点】

能根据不同的时机和不同的对象按礼仪规范与次序行握手礼。

【引导案例】

一毕业生去一家企业应聘，为了表示对考官们的问候，一进面试室就主动上前与考官们握手，可是各位考官并未伸手与之接握，还露出了诧异的表情。该毕业生的脸一下子就红了。

【任务分析】

握手的礼仪，要遵循"尊者决定"的原则。

由于该毕业生没有正确掌握握手的礼仪规范，在各位前辈面前表现出唐突的行为，所以使自己陷入了尴尬的境地。

【相关知识】

握手

握手是两人右手相握后两手上下轻轻摇动，以表示友好、热情、良好祝愿或慰问的一种礼节。

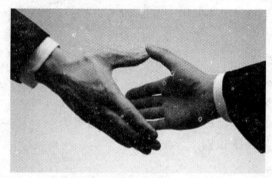

1．握手的时机

（1）遇到较长时间没见面的熟人。

（2）在比较正式的场合和认识的人道别。

（3）在本人作为东道主的社交场合，迎接或送别来访者时。

（4）拜访他人后，在辞行的时候。

（5）被介绍给不认识的人时。

（6）在社交场合，偶然遇上亲朋故旧或上司的时候。

（7）别人给予你一定的支持、鼓励或帮助时。

（8）表示感谢、恭喜、祝贺时。

（9）对别人表示理解、支持、肯定时。

（10）得知别人患病、失恋、失业、降职或遭受其他挫折时。

（11）向别人赠送礼品或颁发奖品时。

（12）双方交谈中出现了令人满意的共同点时。

（13）双方原先的矛盾出现了某种良好的转机或彻底和解时。

2．握手时应遵守的次序

一般应遵循"尊者决定"的原则，即先长辈后晚辈、先主人后客人、先上级后下级、先女士后男士。

3．握手的要求

握手的标准方式，是行至距握手对象约 1 米处，双腿立正，上身略向前倾，伸出右手，四指并拢，拇指张开与对方相握。握手时应用力适度，上下稍许晃动三四次，随后松开手来，恢复原状。如下图所示：

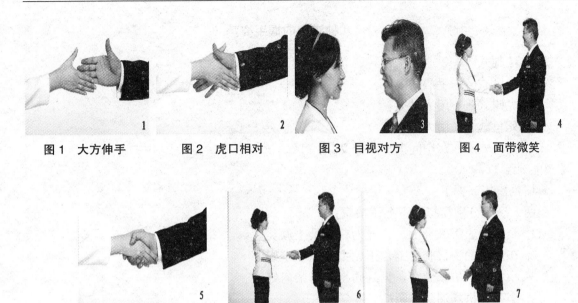

图1　大方伸手　　图2　虎口相对　　图3　目视对方　　图4　面带微笑

图5　力度七分　　图6　男女平等　　图7　三秒结束

4. 握手的禁忌

我们在行握手礼时应努力做到合乎规范，避免做出下述失礼的行为。

（1）不要用左手相握，尤其是和阿拉伯人、印度人打交道时，因为在他们看来左手是不干净的。

（2）在和基督教信徒交往时，要避免两人握手时与另外两人相握的手形成交叉状，这种形状类似十字架，在他们眼里是很不吉利的。

（3）在握手时不要戴着手套或墨镜，只有女士在社交场合戴着薄纱手套握手是被允许的。

（4）在握手时另外一只手不要插在衣袋里或拿着东西。

（5）在握手时不要面无表情、不置一词或长篇大论、点头哈腰和过分客套。

（6）在握手时不要仅仅握住对方的手指尖，好像有意与对方保持距离。正确的做法是握住整个手掌，即使对异性也应这样。

（7）在握手时不要把对方的手拉过来、推过去，或者上下左右抖个没完。

（8）不要拒绝握手，即使有手疾、湿汗或污渍，也要和对方说："对不起，我的手现在不方便。"以免造成不必要的误会。

【拓展知识】

握手礼的由来

握手最早发生在原始年代。那时，在狩猎和战争时，人们手上经常拿着石块或棍棒等武器。他们遇见陌生人时，如果大家都无恶意，就要放下手中的东西，并伸开手掌，让对方抚摸手掌心，表示手中没有藏武器。这种习惯逐渐演变成今天的"握手"礼节。

几种错误的握手姿势

1. 控制式——手心朝下。
2. 乞讨式——手心朝上。
3. 虎钳式——用力过大。
4. 死鱼式——用力过小。
5. 交叉式——在空间上形成交叉。

【技能训练】

情景模拟：握手。

两人一组分别模拟以下握手情景：

1. 企业的表彰大会上，领导为获奖员工颁奖。
2. 在朋友的生日晚会上，王先生认识李小姐。
3. 小吴去同事家做客，见到同事的母亲问好。
4. 李芳在机场遇到母亲的老同学。

【复习思考题】

1. 简述商务交往中称呼的基本要求。
2. 简述介绍的基本礼节。
3. 简述递接名片的要求。
4. 使用名片的禁忌有哪些？
5. 简述握手时应注意的问题。

模块 7　商务活动礼仪

项目 1　宴请礼仪

【学习目标】

能力目标：能根据宴请礼仪正确地宴请宾客。

素质目标：独立完成宴请的能力。

知识目标：掌握宴请邀请、座席安排、菜式选择的礼仪规范。

技能目标：按宴请礼仪规范进行宴请邀请、座席安排、菜式选择等活动。

【技能点】

1. 能熟悉邀请宾客、座席安排、菜式选择等工作。

2. 能根据不同的宴请性质，正确安排座次、选择菜式。

【引导案例】

黄茜是总经理秘书，中午要随总经理参加一个午餐会。黄茜晚上要正式宴请国内最大的客户张总裁等一行人，她已经提前安排好了酒店和菜单。午餐是自助餐的形式，在取食物时，她选择了一些都是一口能吃下去的食物，放弃了她平时喜爱的大虾等需要用手帮忙才能吃掉的美食。

下午回到办公室，黄茜再次落实了酒店的宴会厅和菜单，为晚上的正式宴请做准备。算了算宾主双方共有 8 位，黄茜安排了桌卡，电话了对方公关部李经理，告知晚宴的地点和时间，认真地询问了他们老总的饮食习惯。她又给酒店打电话，重新调整了晚宴的菜单。

黄茜提前半个小时到酒店，看看晚宴安排的情况并在现场做点准备工作。到酒店黄茜找到领班经理，再次讲了重点事项，和他共同检查了宴会的准备。

黄茜按座次礼仪给各位安排了桌卡。时间还差一刻钟，她就来酒店的大堂内等候。提前 10 分钟看到了总经理一行到了酒店门口，黄茜就在送他们到宴会厅时简单地汇报了安排，随即又返身回到了酒店大堂，等待着张总裁一行人的到来。几乎分秒不差，她迎接的客人准时到达。

答谢晚宴在黄茜精心安排下顺利进行着，宾主双方笑逐颜开。黄茜获得了客人的好感。

【任务分析】

一个宴请，有时候可以改变人的一生；一次筵席，甚至可以影响职业生涯的成功与失败。如果将事业看作一场盛宴，那么要掌握其中的玄机也要从掌握一张餐桌的礼仪开始。

【相关知识】

宴会礼仪

1. 宴请的不同方式

宴请是一种常见的礼仪社交活动。

（1）就宴请活动的性质而言，可分为三种：

第一种是礼仪性的。例如，欢迎外国元首或政府首脑来访、庆祝国庆日和建交日等重要节日、庆祝重大工程的竣工、东道国庆祝某一重要国际会议的召开等宴请活动，都属于礼仪上的需要，是一项礼仪活动。这种活动要有一定的礼宾规格和必要的礼宾程序。

第二种是交谊性的。主要是为表示友好，发展友谊，例如接风、送行、告别等。

第三种是并无特定的题目，只是借题目做文章。宴会的各方为解决特定的工作问题而举行宴请，以便在席间进行商谈。

这三种情况，有时交相为用，兼而有之。

（2）就宴请的形式而言

常见的有宴会、冷餐（或称自助餐）和酒会。宴会又有国宴、晚宴、午宴、早餐、工作餐之分。自助餐和酒会有时统称为招待会（Reception）。

2. 如何安排邀请

国宾来访时的欢迎宴会，除邀请代表团人员外，还可适当邀请有关使馆人员，并请我方有关负责人出席作陪。这种招待会应以邀请官方中上层人士为主。

（1）宴会时间的选定

应以主客双方的方便为合适。小型宴请的时间，应首先征询主要客人的意见，主宾同意后再约请其他宾客。

（2）宴会地点的选择

官方正式隆重的活动，一般安排在政府、议会大厦或宾馆饭店的大厅举行。其余按活动性质、规模大小、宴请方式及实际可能选定。

（3）宴请活动一般先发请柬

这既是礼貌，也是对客人的提醒。除了宴请临时来访人员或时间紧促的情况以外，宴会请柬一般应在两三周前发出，至少应提前一周，太晚了则不礼貌。

3. 宴会座次的安排

正式宴会，一般都事先排好座次，以便宴会参加者入席时井然有序，同时也是对客人的尊重礼貌。非正式的小型便宴，有时也可不必排座次。安排座位时，应考虑以下几点：

（1）以主人的座位为中心

如有女主人参加时，则以主人和女主人为基准，以靠近者为上，依次排列。

（2）要把主宾和夫人安排在最尊贵显要的位置上

通常做法，以右为上，即主人的右手边是最主要的位置。其余主客人员，按礼宾次序就座。

（3）在遵照礼宾次序的前提下，尽可能使相邻就座者便于交谈

例如，在身份大体相同时，把使用同一语种的人排在邻近。

（4）主人方面的陪客，应尽可能插在客人之间坐

为了方便同客人接触交谈，避免自己人坐在一起。

（5）夫妇一般不相邻而坐

按西方习惯，女主人可坐在男主人对面，男女依次相间而坐。女主人面向上菜的门。其他一些国家不受此限。

（6）译员可安排在主宾的右侧，以便于翻译

有些国家习惯不给译员安排席次，译员坐在主人和主宾背后工作，另行安排用餐。

（7）在多边活动场合，对关系紧张、相互敌视国家的人员，应尽量避免把座位排在一起

座位排妥后，应设法在入席前通知出席者，并现场对主要客人进行引导。

（8）通知席位的办法

①在较大型宴会中，以在请柬上注明席次为最好。

②在中小型宴会上，可在宴会厅门口放置席位图，画明每个人的坐处。

③在小型宴请上可以口头通知，或在入席时，由主人及招待人员引导。

④在每个座位上均应放置书写清楚的座位卡，如系多桌次的宴会，还应在每个桌上放置桌次牌。桌次牌可在宴会开始放置，入座完毕后撤去。

4. 菜单的拟订和用酒

（1）宴会上的食品菜肴，要精致可口，适合于来宾的口味，而且还要美观大方，让人看了悦目赏心，做到色香味俱全。

（2）对于客人的宗教习惯一定要尊重。

（3）西餐的上菜顺序是冷盘、汤、热菜、甜食或水果。中餐则是先吃热菜后喝汤。不管怎么样，冷盘要十分精致开胃，量不必太大，以免一开始吃多了，后面的主菜吃不下。汤要清爽可口。

（4）宴请用酒，约有三类：

①餐前开胃酒。常用的有雪利、葡萄酒、马西尼、金酒加汽水和冰块、威士忌加冰水等。一般只在进餐前喝一小杯。

②席间佐餐用酒。常用的是红、白葡萄酒以及各种软饮料。席间用酒（table wine）一

般不用烈性酒。一般习惯，吃鱼虾时应配白葡萄酒，吃肉菜时应配红葡萄酒。有时只提供一个酒杯，红、白葡萄酒任君选用。白葡萄酒应事先冰镇过，红葡萄酒则不必。

③餐后用酒。在家庭式的小型晚宴以后，会奉上各种烈性酒，供客人自愿选用。

5. 宴会的程序

（1）举行宴会，主人应站在大厅门口迎接客人。官方正式活动还可以有少数主要官员作为陪员陪同主人夫妇排列成迎宾，通常称为迎宾线。客人握手后进入休息厅，如无休息厅则直接进入宴会厅，但不入座。在有些国家，在正式隆重的宴会上，客人到达时，还可请专人协助唱名介绍。当主宾到达后，主人就陪同主宾进入休息厅。这时如尚有其他客人陆续前来，可由其他官员代表主人在门口迎接。

（2）主人陪同主宾进入宴会厅，全体客人就座，宴会正式开始。如休息厅较小，或宴会规模大，也可请主桌以外的客人先入座，主宾席最后入座。

（3）如双方有讲话，按照西方习惯，一般安排在热菜之后，甜食之前；而按照中国习惯，一入席先讲话，后用餐。冷餐、酒会，讲话时间可灵活掌握。讲稿可事先交换，由主人一方先提供。

（4）正式宴会，吃完水果，主人与主宾起立，宴会即告结束。按照西方习惯，上完咖啡或茶，客人即可开始告辞。主宾告辞时，主人送主宾到门口，原迎宾人员按顺序排列送客。

6. 赴宴礼仪

（1）对于别人的邀请，应及时给予答复。

（2）应邀参加友好的家宴，赴宴时，客人如带一束表示友谊的鲜花或者其他小礼品送给女主人，女主人会感到高兴。

（3）应注意仪表修饰，尽可能整齐、干净、美观地赴宴。

（4）遵守时间，既不要过早，给人急于就餐的感觉；又不能迟到，否则是对主人和来客不礼貌。

（5）到了以后要在接待桌上签名，向主人打招呼，对其他宾客笑脸相向。

（6）宴会开始前，可与邻近来宾交谈、自我介绍、递交名片，不要把自己封闭起来，不与他人交流。

（7）入席要遵守主人的安排，不要随便乱坐。男士在上桌之前要帮右边的女士拉开椅子，待女士坐稳后自己再入座。

（8）落座之后，主人拿餐巾，你就跟着拿餐巾。记住，不管这时出现什么情况（如主人有饭前祷告的习惯），主人没拿餐巾之前你不能拿餐巾。

（9）女主人把餐巾放在桌子上站起来后，你才可以放下餐巾离开座位。若没有宣布结束，即使吃饱了，也不能擅自离席。男士在宴会结束后要帮右边的女士拉开椅子。

（10）宴会结束后，要与主人道别，最好不要第一个告辞，也不要最后一个离开，一旦告辞就应该爽快地离开，不要悄无声息地直接走掉。

【拓展知识】

如何安排宴请

宴请既然作为一种礼仪性的社交活动，实现其目的，自然是组织者所追求的目标。为了能使这种交际活动获得圆满成功，组织者在宴请前必须做好充分的准备工作。

1. 确定宴请的目的、名义、对象、范围、形式

（1）宴请的目的通常是各不相同的，既可以是为某一件事而举行，也可以是为某个客人而举行。还可以是为某一展览会开幕式、闭幕式或某一工程的开工、竣工而举行等。

（2）宴请要确定以谁的名义邀请和被邀请对象。确定邀请者与被邀请者的主要依据，是主宾双方的身份应当对等。

（3）邀请范围是指宴请需邀请哪些方面的人士、什么级别、请多少人、主方请多少人作陪等。这些都需要事先从宴请的性质、主宾身份、国际惯例、双方关系以及当前的政治气候、经济形势等方面加以考虑。

（4）邀请的范围确定以后，接下来就是拟定邀请名单。注意名单上要写明被邀请者的姓名、性别、职务等，并适时按拟定名单提前向对方发出邀请通知。

（5）确定宴请的形式按照惯例，正式的、高级别的、小范围的以举行宴会为宜，人多时则可采用冷餐酒会或茶会等形式。

2. 宴请的时间和地点

（1）宴请的时间应安排在主宾双方都较为合适的时候。注意在时间上，要避免对方的重大节假日、已有重要活动的时间或是禁忌日，如在西方 13 日、星期五均属不适合安排宴请活动的日子。

（2）选择宴请的地点，要根据邀请的对象、活动性质、规模大小及形式等因素来确定。如官方正式、隆重的宴会一般安排在政府议会大厦或客人下榻的酒店。

3. 宴会邀请

（1）邀请形式

邀请有两种形式，即口头邀请和书面邀请。口头邀请就是当面或者通过电话把这个活动的目的、名义以及邀请的范围、时间、地点等告诉对方，然后等待对方的答复。书面邀请即给对方发送请柬（或称请帖），将宴会活动的内容告知对方。

（2）邀请的时间

各种宴会邀请时间一般以提前 3~7 天为宜。过早，客人会因日期长久而遗忘；太迟，会使客人措手不及，难于如期应邀出席。

（3）发送请柬方式

①请柬上要将宴请活动的目的、名义、邀请范围、时间、地点等都写在上面，然后送给客人。

②请柬发出后，要及时核实出席者情况，并做好记载，以便安排席位。

③请柬的书写格式，按规范要求应首先写明目的，正文不用标点符号，遇重大活动时要注明着装要求。要注意行文格式，文字措辞务必做到简洁、清晰、准确、及时。

项目 2　中餐礼仪

【学习目标】

能力目标：能根据中餐礼仪要求进行流程设计。

素质目标：沟通能力、组织能力、应变能力。

知识目标：掌握中餐各环节礼仪规范要求。

技能目标：按中餐礼仪规范进行商务交往、接待和宴请等活动。

【技能点】

1. 能根据不同的中餐宴请性质，做好宴请前的准备工作。

2. 能熟悉早、中、晚不同的中餐宴请礼仪。

【引导案例】

秦山二核是我国自主建设商用核电站的一个重大跨越，是我国自主建设核电站的里程碑。在这样的企业里，能将礼仪以公司规范的形式予以制度化，是值得我们学习和借鉴的。《核电秦山联营公司精神文明规范》部分中餐礼仪摘录如下：不宜吃得响声大作，"电闪雷鸣"；不宜乱吐废物，唾液飞溅；不宜张口剔牙，捅来捅去；不宜宽衣解带，脱鞋脱袜；不宜挑三拣四，挑肥拣瘦；不宜替人布菜，热情过头；不宜以酒灌人，出人洋相。

【任务分析】

通过上面的案例，反映了"内强个人素质，外塑企业形象"的企业文化和精神文明建设成果，生动展示出现代企业和现代员工的风采。不管是中餐还是西餐，无非是两方面的礼仪，一是来自自身的礼仪规范，比如说餐饮适量、举止文雅；另一个是就餐时自身之外的礼仪规范。

【相关知识】

中餐礼仪

中餐礼仪，是中华饮食文化的重要组成部分。学习中餐礼仪，需要注意掌握用餐方式、时间地点的选择、菜单安排、席位排列、餐具使用、用餐举止 6 个方面的规则和技巧。

1. 几种常见的用餐方式

主要介绍宴会、家宴、便餐、工作餐（包括自助餐）等具体形式的礼仪规范。

（1）宴会，通常指的是以用餐为形式的社交聚会。可以分为正式宴会和非正式宴会两种类型。正式宴会，是一种隆重而正规的宴请。它往往是为宴请专人而精心安排的，在比较高档的饭店或其他特定的地点举行的，讲究排场、气氛的大型聚餐活动。对于到场人数、穿着打扮、席位排列、菜肴数目、音乐演奏、宾主致辞等，往往都有十分严谨的要求和讲究。非正式宴会，也称为便宴，也适用于正式的人际交往，但多见于日常交往。它的形式从简，偏重于人际交往，而不注重规模、档次。一般来说，它只安排相关人员参加，不邀请配偶，对穿着打扮、席位排列、菜肴数目往往不作过高要求，而且也不安排音乐演奏和宾主致辞。

（2）家宴，也就是在家里举行的宴会。相对于正式宴会而言，家宴最重要的是要制造亲切、友好、自然的气氛，使宾主双方轻松、自然、随意，彼此增进交流，加深了解，促进信任。参加宴会，你必须把自己打扮得整齐大方，这是对别人也是对自己的尊重。此外，还要按主人邀请的时间准时赴宴。除酒会外，一般宴会都请客人提前半小时到达。如因故在宴会开始前几分钟到达，不算失礼。但迟到就显得对主人不够尊敬，非常失礼了。当走进主人家或宴会厅时，应首先跟主人打招呼。同时，对其他客人，不管认不认识，都要微笑点头示意或握手问好；对长者要主动起立，让座问安；对女宾举止庄重，彬彬有礼。

入席时，自己的座位应听从主人或招待人员的安排，因为有的宴会主人早就安排好了。如果座位没定，应注意位次礼仪。入座后坐姿端正，脚踏在本人座位下，不要随意伸直或两腿不停摇晃，手肘不得靠桌沿，或将手放在邻座椅背上。入座后，不要旁若无人，也不要眼睛直盯盘中菜肴，显出迫不及待的样子。可以和同席客人简单交谈。

用餐时应该着正装，不要脱外衣，更不要中途脱外衣。一般是主人示意开始后再进行。就餐的动作要文雅，夹菜动作要轻。而且要把菜先放到自己的小盘里，然后再用筷子夹起放进嘴。送食物进嘴时，要小口进食，两肘向外靠，不要向两边张开，以免碰到邻座。不要在吃饭、喝饮料、喝汤时发出声响。用餐时，如要用摆在同桌其他客人面前的调味品，先向别人打个招呼再拿；如果太远，要客气地请人代劳。如在用餐时需要剔牙，要用左手或手帕遮掩，右手用牙签轻轻剔牙。喝酒的时候，一味地给别人劝酒、灌酒，吆五喝六，特别是给不胜酒力的人劝酒、灌酒，都是失礼的表现。如果宴会没有结束，但你已用好餐，不要随意离席，要等主人和主宾餐毕先起身离席，其他客人才能依次离席。

（3）便餐，也就是家常便饭。用便餐的地点往往不同，礼仪讲究也最少。只要用餐者讲究公德，注意卫生、环境和秩序，在其他方面就不用介意过多。

（4）工作餐，重在一种氛围，意在以餐会友，创造出有利于进一步接触的轻松、愉快、和睦、融洽氛围。工作餐是借用餐的形式继续进行的商务活动，把餐桌充当会议桌或谈判桌。

在用工作餐的时候，还会继续商务上的交谈，不适合有主题之外的人加入。如果正好遇到熟人，可以打个招呼，或是将其与同桌的人互作一下简略的介绍。但不要擅作主张，将朋友留下。万一有不识相的人"赖着"不走，可以委婉地下逐客令"您很忙，我就不再占用您宝贵时间了"，或是"我们明天再联系。我会主动打电话给您"。

　　自助餐不排席位，也不安排统一的菜单，是把能提供的全部主食、菜肴、酒水陈列在一起，根据用餐者的个人爱好，自己选择、加工、享用。采取这种方式，可以节省费用，而且礼仪讲究不多，宾主都方便，用餐的时候每个人都可以悉听尊便。在举行大型活动，招待为数众多的来宾时，这样安排用餐也是最明智的选择。

　　2. 慎重选择时间、地点

　　中餐分为早餐、午餐、晚餐三种。确定正式宴请的具体时间，主要要遵从民俗惯例。更要讲究主随客便。如果可能，应该先和主宾协商一下，力求方便。至少，也要尽可能提供几种时间上的选择，以显示自己的诚意，并要对具体时长进行必要的控制。

　　另外，在社交聚餐的时候，用餐地点的选择也非常重要。首先是环境优雅，宴请不仅仅是为了"吃东西"，也要"吃文化"。在可能的情况下，一定要争取选择清静、优雅的地点用餐。其次是卫生条件良好，在确定社交聚餐的地点，一定要看卫生状况怎么样。如果用餐地点太脏、太乱，不仅卫生问题让人担心，而且还会破坏用餐者的食欲。

　　3. 怎样安排"双满意"菜单

　　我们的饮食习惯，与其说是"请吃饭"，还不如说是"请吃菜"，所以对菜单的安排马虎不得。它主要涉及点菜和准备菜单两方面的问题。点菜时，不仅要吃饱、吃好，而且必须量力而行。

　　中餐上菜的次序都相同。通常，首先是冷盘，接下来是热炒，随后是主菜，然后上点心和汤，最后上果盘。如果上咸点心的话，讲究上咸汤；如果上甜点心的话，就要上甜汤。

　　在准备菜单的时候，主人要着重考虑哪些菜可以选用、哪些菜不能用。优先考虑的菜肴有四类：第一类，有中餐特色的菜肴。第二类，有本地特色的菜肴。第三类，本餐馆的特色菜。第四类，主人的拿手菜。

　　在安排菜单时，还必须考虑来宾的饮食禁忌，特别是要对主宾的饮食禁忌高度重视。这些饮食方面的禁忌主要有四条：

　　（1）宗教的饮食禁忌，一点也不能疏忽大意。

　　（2）出于健康的原因，对于某些食品也有所禁忌。

（3）不同地区，人们的饮食偏好往往不同。

（4）有些职业，出于某种原因，在餐饮方面往往也有各自不同的特殊禁忌。

在隆重而正式的宴会上，主人选定的菜单也可以在精心书写后给每人一份，用餐者不但餐前心中有数，而且餐后也可以留作纪念。

4. 席位的排列

中餐的席位排列，关系到来宾的身份和主人给予对方的礼遇，所以是一项重要的内容。中餐席位的排列，在不同情况下有一定的差异，可以分为桌次排列和位次排列两方面。

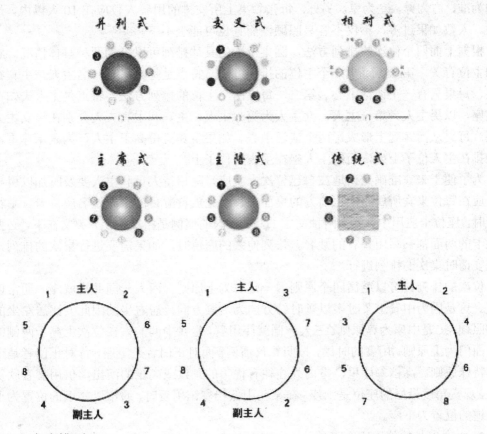

（1）桌次排列

在中餐宴请活动中，往往采用圆桌布置菜肴、酒水。圆桌的尊卑次序，有两种情况。第一种情况，是由两桌组成的小型宴请。这种情况，又可以分为两桌横排和两桌竖排。当两桌横排时，桌次是以右为尊，以左为卑。这里所说的右和左，是由面对正门的位置来确定的。当两桌竖排时，桌次讲究以远为上，以近为下。这里所讲的远近，是对距离正门的远近而言。第二种情况，是由三桌或三桌以上的桌数所组成的宴请。在安排多桌宴请的桌次时，除了要注意"面门定位""以右为尊""以远为上"等规则外，还应兼顾其他各桌距离主桌的远近。通常，距离主桌越近，桌次越高；距离主桌越远、桌次越低。在安排桌次时，所用餐桌的大小、形状要基本一致。除主桌可以略大外，其他餐桌都不要过大或过小。为了确保在宴请时赴宴者及时、准确地找到自己所在的桌次，可以在请柬上注明对方所在的桌次，在宴会厅入口悬挂宴会桌次排列示意图，安排引位员引导来宾按桌就座，或者在每张餐桌上摆放桌次牌（用阿拉伯数字书写）。

（2）位次排列

宴请时，每张餐桌上的具体位次也有主次尊卑的分别。排列位次的基本方法有四条，它们往往会同时发挥作用。方法一，主人大都应面对正门而坐，并在主桌就座。方法二，举行多桌宴请时，每桌都要有一位主桌主人的代表在座。位置一般和主桌主人同向，有时也可以面向主桌主人。方法三，各桌位次的尊卑，应根据距离该桌主人的远近而定，以近为上，以远为下。方法四，各桌距离该桌主人相同的位次，讲究以右为尊，即以该桌主人面向为准，右为尊，左为卑。另外，每张餐桌上所安排的用餐人数应在 10 人以内，最好是双数。人数如果过多，不仅不容易照顾，而且也可能坐不下。

根据上面四个位次的排列方法，圆桌位次的具体排列可以分为两种具体情况。它们都是和主位有关。第一，每桌一个主位的排列方法。特点是每桌只有一名主人，主宾在右首就座，每桌只有一个谈话中心。第二，每桌两个主位的排列方法。特点是主人夫妇在同一桌就座，以男主人为第一主人，女主人为第二主人，主宾和主宾夫人分别在男女主人右侧就座。每桌从而客观上形成了两个谈话中心。如果主宾身份高于主人，为表示尊重，也可以安排在主人位子上坐，而请主人坐在主宾的位子上。

为了便于来宾准确无误地在自己位次上就座，除招待人员和主人要及时加以引导指示外，应在每位来宾所属座次正前方的桌面上，事先放置醒目的个人姓名座位卡。举行涉外宴请时，座位卡应用中、英文两种文字书写。我国的惯例是中文在上，英文在下。必要时，座位卡的两面都书写用餐者的姓名。排列便餐的席位时，如果需要进行桌次的排列，可以参照宴请时桌次的排列进行。

位次的排列，可以遵循四个原则：一是右为上原则。两人一同并排就座，通常以右为上座。这是因为中餐上菜时多以顺时针方向为上菜方向，居右坐的因此要比居左坐的优先受到照顾。二是中座为尊原则。三人一同就座用餐，坐在中间的人在位次上高于两侧的人。三是面门为上原则。用餐的时候，按照礼仪惯例，面对正门者是上座，背对正门者是下座。四是特殊原则。高档餐厅里，室内外往往有优美的景致或高雅的演出，供用餐者欣赏。这时候，观赏角度最好的座位是上座。在某些中低档餐馆用餐时，通常以靠墙的位置为上座，靠过道的位置为下座。

5. 中餐餐具的使用注意事项

和西餐相比较，中餐的一大特色就是就餐餐具。我们主要介绍一下平时餐具的使用中经常出现的问题。

（1）筷子

筷子是中餐最主要的餐具。使用筷子，通常必须成双使用。用筷子取菜、用餐的时候，要注意下面几个问题：

①不论筷子上是否残留着食物，都不要去舔。用舔过的筷子去夹菜，会倒人胃口。

②和人交谈时，要暂时放下筷子，不能一边说话一边像挥指挥棒似地舞着筷子。

③不要把筷子竖插在食物上面。因为这种插法，只在祭奠逝者的时候才用。

④严格筷子的职能。筷子只是用来夹取食物的。用来剔牙、挠痒或是用来夹取食物之外的东西都是失礼的。

（2）勺子

它的主要作用是舀取菜肴、食物。有时，用筷子取食时，也可以用勺子来辅助。尽量不要单用勺子去取菜。用勺子取食物时，不要过满，免得溢出来弄脏餐桌或自己的衣服。在舀取食物后，可以在原处"暂停"片刻，汤汁不会再往下流时，再移回来享用。暂时不用勺子时，应放在自己的碟子上，不要把它直接放在餐桌上，或是让它在食物中"立正"。用勺子取食物后，要立即食用或放在自己碟子里，不要再把它倒回原处。而如果取用的食物太烫，不可用勺子舀来舀去，也不要用嘴对着吹，可以先放到自己的碗里等凉了再吃。不要把勺子塞到嘴里，或者反复吮吸、舔食。

（3）骨碟

骨碟的主要作用，是用来暂放从公用的菜盘里取来的菜肴的。不吃的残渣、骨、刺不要吐在地上、桌上，而应轻轻取放在骨碟，放的时候不能直接从嘴里吐在骨碟上，要用筷子夹放到骨碟里。

（4）水杯

主要用来盛放清水、汽水、果汁、可乐等软饮料。

（5）毛巾

它只能用来擦手。

（6）牙签

尽量不要当众剔牙，非剔不行时，用另一只手掩住口部。

6. 用餐的礼仪

任何国家的餐饮，都有自己的传统习惯和寓意，中餐也不例外。比方说，过年少不了鱼，表示"年年有余"；和渔家、海员吃鱼的时候，忌讳把鱼翻身，因为那有"翻船"的意思。

用餐的时候，不要吃得摇头摆脑，宽衣解带，满脸油汗，汁汤横流，响声大作。不但失态，而且还会败坏别人的食欲。可以劝菜，但不能布菜。取菜的时候，不要左顾右盼，翻来覆去，在公用的菜盘内挑挑拣拣。要是夹起来又放回去，就显得缺乏教养。

多人一桌用餐，取菜要注意相互礼让，依次而行，取用适量。不要好吃多吃，争来抢去，而不考虑别人用过没有。够不到的菜，可以请人帮助，不要起身甚至离座去取。

用餐期间，不要敲敲打打。还要自觉做到不吸烟。用餐时，如果需要有清嗓子、擤鼻涕、吐痰等举动，尽早去洗手间解决。

用餐的时候，不要当众修饰。比如，不要梳理头发、化妆补妆、宽衣解带、脱袜脱鞋等，如必要可以去化妆间或洗手间。

用餐的时候不要离开座位，四处走动。如果有事要离开，也要先和旁边的人打个招呼，可以说声"失陪了""我有事先行一步"等。

【拓展知识】

使用筷子的忌讳

中国的筷子是十分讲究的，在长期的生活实践中，人们对使用筷子也形成了一些礼仪上的忌讳：

1. 忌敲筷。在等待就餐时，不能坐在餐桌边，一手拿一根筷子随意敲打，或用筷子敲打碗盏或茶杯。

2. 忌掷筷。在餐前发放筷子时，要把筷子一双双理顺，然后轻轻地放在每个人的餐桌前。距离较远时，可以请人递过去，不能随手掷在桌上。

3. 忌叉筷。筷子不能一横一竖交叉摆放，不能一根是大头，一根是小头。筷子要摆放在碗的旁边，不能搁在碗上。

4. 忌插筷。在用餐中途因故需暂时离开时，要把筷子轻轻搁在桌子上或餐碟边，不能插在饭碗里。

5. 忌挥筷。在夹菜时，不能把筷子在餐盘里翻来翻去，上下乱舞，遇到别人也来夹菜时，要有意避让，谨防"筷子打架"。

6. 忌舞筷。在说话时，不要把筷子当作刀具，在餐桌上乱舞；也不要在请别人用菜时，把筷子戳到别人面前，这样做是失礼的。

项目 3 西餐礼仪

【学习目标】

能力目标：能根据西餐礼仪规范进行商务交往、接待和宴请。

素质目标：沟通能力、组织能力、应变能力。

知识目标：掌握西餐礼仪各环节规范要求。

技能目标：按西餐礼仪规范进行商务交往、接待和宴请等活动。

【技能点】

1. 能熟悉西餐礼仪中的各项流程和规范要求。

2. 能根据不同的西餐食物，正确使用西餐餐具。

【引导案例】

西餐宴请的尴尬

受到邀请，同学们一起去五星级酒店吃西餐。用餐开始了，小月很讲究，就用桌上一块"很精致的布"仔细地擦了自己的刀、叉。小璐吃的时候，学着他们的样子使用刀叉，觉得自己挺得体的，用餐快结束了，才发现变成了"左刀右叉"。喝惯了汤的小琳盛了几勺精致小盆里的"汤"放到自己碗里，缓缓喝下。

【任务分析】

同学们闹了几个笑话：一是小月不应该用"很精致的布"（餐巾）擦餐具，那只是用来擦嘴或手的；二是小璐要牢记"左叉右刀"；三是小琳喝的"精致小盆里的汤"是用来洗手的。

随着对外交往的逐渐频繁，西餐也离我们越来越近。只有掌握一些西餐礼仪，在必要的场合，才不至于"出意外"。

【相关知识】

西餐礼仪

随着我国对外交往的发展，中国人无论在国内还是国外，无论是参加正式的宴会还是朋友间非正式的聚会，吃西餐已是很平常的事情。西餐的礼仪与中餐有着很大的区别，相对于中餐，西餐有很多的繁文缛节，特别是对初次接触西餐的人来讲，更是复杂。吃西餐非常讲究礼节。为尊重对方，体现修养，使言谈举止与西餐桌上的豪华气氛相吻合，有必要对西餐礼仪进行了解和掌握。

1. 西餐上菜的程序

正式的西餐宴会，有八到九道菜，按照上菜的程序，吃什么菜就用什么餐具，喝什么酒就用什么酒杯。

第一道是开胃小菜。食用时用中刀叉，同时配备餐前酒，即开胃酒以增加食欲。

第二道是面包、黄油。这道菜一般在宴会前 5 分钟时摆上，但在正式的午餐会和晚餐会上，面包是在吃完开胃菜或汤后才可以吃。面包一定要一小块一小块撕下来塞进嘴里。西餐很重要的一点，进嘴巴的东西一定要一口吃完，不能咬一半拿出来，等下接着咬。

第三道是汤，为进食热菜作准备。汤要用勺子慢慢舀起来送到嘴巴里，勺子中不要装太多，那样看起来没有礼貌，也为了避免中途汤汁滴落。吃西餐，头部始终要抬起向前看，不能低头喝汤，也不能把任何盘子托到嘴边来食用。因为汤多半是用盘子装盛，最后的时候可能不方便用勺子，可以用左手轻微抬起盘子内侧，勺子由内向外舀汤。喝汤不能发出声响，如果烫可以稍待片刻，切忌吹气，记得西餐始终要保持安静。

第四道是各类主菜，主要包括鱼、牛排、鸡翅及各类熏烤食物。如果中途需要离席，刀叉要八字形放在盘子内，餐巾也要折好放在座位上。如果点的牛排带大块的骨头，可以要求服务生帮忙剔除。每切下一块肉都要吃掉，不要一次把肉都切开，牛排冷了就没有鲜味了。说话的时候不要用刀叉挥来挥去，对方会感觉到危险，因为切牛排的刀是很锋利的。吃的时候最好不要交谈。嚼肉的时候要闭紧嘴唇。牛排要尽快享用。向后靠坐时，记得不要超过椅子的一半。

第五道是甜点，主要有沙拉、乳酪、蛋糕等。沙拉用一把叉子就可以搞定了，避免使用勺子和刀，那些都是为其他的菜准备的。

第六道是水果。

第七道是咖啡。

第八道是利口酒。这种酒多为蜜酒，用利口杯饮用，作为宴会的收尾酒。

餐巾可以折成大三角平铺在腿上，也可以将一角垫在盘子下，其余铺在腿上。将餐巾塞在脖子里是错误的。嘴角或手指上沾上污渍，可用餐巾的一角轻印几下，但不要大力擦拭。如中途要离席，可将餐巾对折两下，整齐地放在椅上，弄污了的一方应折向内。

2. 西餐餐具的使用

常用的西餐餐具主要有：刀、叉、匙、盘、杯、碟等。餐具一般在开餐前均已摆好。其摆法非常有讲究，具体为：正面放食盘（汤盘），左手放叉，右手放刀，食盘上方放匙（汤匙或甜食匙），再上方放酒杯，从右起分别为烈性酒杯、葡萄酒杯、香槟酒杯、啤酒杯（水杯），面包奶油盘放在左上方，按上菜程序由外到里放置相应的刀叉，刀口向内。

（1）叉子（forks）放在主菜盘（main plate）左侧，刀子（knives）、汤匙（spoons）摆在右侧。

（2）刀叉和汤匙依使用的先后顺序排列。最先用的放在离主菜盘最远的外侧，后用的放在离主菜盘近的内侧。假如主人决定先上主菜再上沙拉，就要把主菜叉子放在沙拉叉子的外侧。

（3）沙拉盘放在主菜盘的左边。美国人通常把主菜和沙拉一起送上桌来，而不像法国人一样，主菜吃完以后才上沙拉。

西餐的摆台有其固定的位置和距离，使用时左手拿叉、右手拿刀，按照由外到内的顺序切割食物。吃全餐时，需要多种刀叉，而刀叉的形状和规格大小不同，用途也各不相同。吃鱼、吃肉、吃菜所用的刀叉均有区别。吃肉用的刀带锯齿，比较锋利。同时，刀叉的数目和菜的道数相同，每一道菜都有其专用的刀叉，并按上菜的顺序由外至内排列，刀口向内。取用刀叉时，应按照上菜的顺序，吃一道菜换一套刀、叉，应从已排好的刀叉中由外向内陆续使用，不能颠倒次序。

要注意的是，刀子一般只用来切割肉或涂抹牛油、酱料之类，有时也用于按压食物，不能用来刺东西吃。使用过的刀叉不要放在桌布上，必须放在盘皿里。自己用过一次的刀叉，不能放入大家吃的食物中，不能拿自己用过的牛油刀到牛油盅里取牛油。用餐完毕后，刀叉应并排横放在盘子上，刀柄朝右，刀口朝内。

3. 匙的用法

西餐桌上的匙分为汤匙、糖匙、咖啡匙等。喝汤时，使用汤匙，用右手拇指和食指持汤匙柄，使匙侧起，顺汤碗靠自己的一侧伸入汤里，从内往外舀，汤匙不可以盛得太满。

汤用匙舀出时，从匙的旁边喝，不要用顶端舀喝。汤非常浓时，可把匙尖放入口中。最后可以一边把汤盘倾斜一边舀汤喝，不能将汤盘或汤碗端起来，喝个底朝天。汤用有手柄的杯子盛时，先用匙尝两口（不是一口），假如温度适中，可以端起杯子喝。匙可用来取杯底的蔬菜块，喝完后再放到盘里或托盘上，不能用匙咂着喝。用匙时不能使它发出声音，不能一勺分几口喝完，应一次喝完。

4. 餐巾的使用

入座后，应先取下餐巾，小餐巾应完全打开，大餐巾只需打开一半，折成对折，折口朝着自己，放在膝盖上。用餐过程中，中途需离开座位时，应将餐巾放在椅子上，表示还要回来；如放在桌子左方，则表示"一去不复返"了。餐毕，自然地将餐巾放在桌子左方，不必折叠得很整齐，那样反而不礼貌，在美国还会被理解为你还想让主人再请你吃一次。使用餐巾时，可以用餐巾的一角轻轻地擦拭嘴边的菜汁、汤汁；吃水果洗手时，可用来擦一下手指头；喝饮料前，怕口红印在杯上，可先用餐巾稍微压一下嘴上的口红；万不得已要用牙签时，或由口中拿出鱼骨，怕别人看到时，可用餐巾掩住不叫人看到。但不能用来揩拭眼镜或抹汗，打喷嚏或咳嗽时也不能使用餐巾，更不能用餐巾擦桌子及餐具。

【拓展知识】

吃牛排几成熟好？

吃牛排，正确的方法是以右手拿刀左手拿叉，压住牛肉切一口吃一口，切肉时由左边切起，而不是全切完了再吃。牛肉刚出炉时鲜热的风味才是最好，切一口吃一口才不至于过快地散失了牛排的热度。叫牛排时，服务生一定会问要几成熟的牛排。

牛排的生熟程度，在西餐中称"几成熟"，大致分为以下几种：

1. 1 至 2 成熟（Bleu）：就是带血牛肉，表面稍有一点焦黄色泽，而当中完全是鲜红的生肉状态；

2. 3 成熟（Rare）：切开牛排见断面仅上下两层呈灰褐色，其间 70%肉为红色并带有大量血水。

3. 5 成熟（Medium）：切开牛排见断面中央 50%肉为红色，带少量血水。

4. 7 成熟至全熟（Welldone）：切开牛排见断面中央只有一条较窄的红线，肉中血水已近干。

熟透的牛排为咖啡色乃至焦黄程度，在法国几乎没人会点这种牛排，据说名厨甚至会把点全熟牛排的客人请出他的餐厅。生的带血牛排，因汁多而留住了真正的牛肉原味，但初食者不免望而生畏。

其实在半生时，用刀切开所见的粉红色肉汁并不是血，而是烤肉时渗入的调味风味，只有半生的牛肉有美妙的牛肉原汁，烤的时间越长，肉汁渐渐蒸发，肉质也变得坚韧，鲜美感消失殆尽。初试者不妨试一试七成熟。

但如果吃含一定肥膘的牛排，如肉眼牛排和西冷牛排建议一定要煎 3 成熟而不要全熟，否则会影响肉质口感，感到所谓的"老"和"嚼不动"。

项目 4　自助餐礼仪

【学习目标】

能力目标：能根据自助餐礼仪正确的享用自助餐。

素质目标：沟通能力，应变能力。

知识目标：掌握自助餐各环节礼仪规范要求。

技能目标：按自助餐礼仪规范进行商务交往、接待和宴请等活动。

【技能点】

能熟悉自助餐各环节礼仪规范要求。

【引导案例】

自助餐上的"注目礼"

周年庆典活动结束后，商家为全体来宾安排了丰盛的自助餐。小妲开心的是，她在餐台上排队取菜时，竟然见到自己平时最爱吃的海鲜，于是，她毫不客气地替自己满满地盛了一大盘。然而令小妲脸红的是，当她端着盛满了海鲜的盘子从餐台边上离开时，周围的人居然个个都用异样的眼神盯着她。小娥最喜欢吃白水煮鸡蛋，餐后用餐巾纸包了 2 个鸡蛋回家。小敏盛了满盘的各种水果给同伴们吃。这一切，都引来了大家的"注目礼"。

【任务分析】

自助餐，正如其名，自助是要各取所需。因此，不必为别人取食，自助餐食品不外带，在自助餐上一定要遵守"多次、少取原则"。显然，她们违背了这些原则。

【相关知识】

自助餐礼仪

自助餐，它是目前国际上所通行的一种非正式的西式宴会，在大型的商务活动中尤为多见。过程中不预备正餐，而由就餐者自主地在用餐时选择食物、饮料，然后或立或坐，自由地与他人在一起或是独自一人地用餐。

自助餐之所以称为自助餐，主要是因其可以在用餐时调动用餐者的主观能动性，而由用餐者自己动手，自己帮助自己，自己在既定的范围之内安排选用菜肴。至于它又被叫作冷餐会，则主要是因其提供的食物以冷食为主。当然，适量地提供一些热菜，或者提供一些半成品由用餐者自己进行加工，也是允许的。

一般而言，自助餐具有如下几条明显的优点：

其一，免排座次。正规的自助餐，往往不固定用餐者的座次，甚至不为其提供座椅。这样一来，既可免除座次排列之劳，而且还便于用餐者自由地进行交际。

其二，节省费用。因为自助餐多以冷食为主，不提供正餐，不上高档的菜肴、酒水，故可大大地节约主办者的开支，并避免了浪费。

其三，各取所需。参加自助餐时，用餐者碰上自己偏爱的菜肴，只管自行取用就是了，完全不必担心他人会为此嘲笑自己。

其四，招待多人。每逢需要为多人提供饮食时，自助餐不失为一种首选。它不仅可以款待数量较多的来宾，而且还可以较好地处理众口难调的问题。

自助餐礼仪，泛指人们安排或享用自助餐时所需要遵守的基本礼仪规范。具体来讲，自助餐礼仪又分为安排自助餐的礼仪与享用自助餐两个主要的部分。

1. 安排自助餐的礼仪

这是指自助餐的主办者在筹办自助餐时规范性作法，一般而言，它又包括备餐时间、就餐地点、食物准备、客人招待 4 个方面。

（1）备餐时间。在商务交往之中，依照惯例，自助餐大都被安排在各种正式的商务活动之后。根据惯例，对自助餐的用餐时间不必进行正式的限定。只要主人宣布用餐开始，大家既可动手就餐。在整个用餐期间，用餐者可以随到随吃。用餐者只要自己觉得吃好了，在与主人打过招呼之后，随时都可以离去。

（2）就餐的地点。按照正常的情况，自助餐在室内、室外进行皆可。通常，它大多选择在主办单位所拥有的大型餐厅、露天花园之内进行。有时，亦可外租、外借与此相类似的场地。在选择、布置自助餐的就餐地点时，有下列三点事项应予注意。

①要为用餐者提供一定的活动空间。除了摆放菜肴的区域之外，在自助餐的就餐地点还应划出一块明显的用餐区域。考虑实际就餐的人数往往具有一定的弹性，实际就餐的人数难以确定，所以用餐区域的面积应尽量划得大一些。

②要提供数量足够使用的餐桌与座椅。尽管真正的自助餐所提倡的，是就餐者自由走动，立而不坐。但是在实际上，有不少的就餐者，尤其是其中的年老体弱者，还是期望在其就餐期间，能有一个暂时的歇脚之处。因此，在就餐地点应当预先摆放好一定数量的桌椅。供就餐者自由使用。

③要使就餐者感觉到就餐地点环境宜人。在选择就餐地点时，不要只注意面积、费用问题，还须兼顾安全、卫生、温湿度等问题。

（3）食物的准备。在自助餐上，为就餐者所提供的食物，既要有共性，又要有个性。它的共性在于，为了便于就餐，以提供冷食为主；为了满足就餐者的不同口味，应当尽可能地丰富食物的品种；为了方便就餐者进行选择，同一类型的食物应被集中在一处摆放。它的个性在于，在不同的时间或是款待不同的客人时，食物可在具体品种上有所侧重，有时以冷菜为主，有时以甜品为主，有时以茶点为主，还有时以酒水为主。除此之外，还可酌情安排一些时令菜肴或特色菜肴。

一般而言，自助餐上所准备的食物在品种上应当多多益善。具体来讲，一般自助餐上所供应的菜肴大致包括冷菜、汤、热菜、点心、甜品、水果以及酒水等几大类型。

（4）客人的招待。招待好客人，是自助餐主办者的责任和义务。要做到这一点，必须特别注意下列环节。

①要照顾好主宾。不论在任何情况下，主宾都是主人照顾的重点。主要表现在陪同他就餐，与他进行适当的交谈，为他引荐其他客人，等等。只是要注意给主宾留下一点供其自由活动的时间，不要始终伴随其左右。

②要充当引荐者。作为一种社交活动的具体形式，自助餐自然要求其参加者主动进行适度的交际。在自助餐进行期间，主人一定要尽可能地为彼此互不相识的客人多创造一些相识的机会，并且积极为其牵线搭桥，充当引荐者，即介绍人。

③要安排服务者。小型的自助餐，主人往往可以一身而二任，同时充当服务者。但是，在大规模的自助餐上，显然是不能缺少专人服务的。在自助餐上，直接与就餐者进行正面接触的主要是侍者。根据常规，自助餐上的侍者须由健康而敏捷的男性担任。他的主要职责是为了不使来宾因频频取食而妨碍了同他人所进行的交谈，而主动向来宾提供一些辅助性的服务。比如，推着装有各类食物的餐车，或是托着装有多种酒水的托盘，在来宾之间巡回走动，而听凭宾客各取所需。此外，他还可以负责补充食物、饮料、餐具等。

2. 享用自助餐的礼仪

所谓享用自助餐的礼仪，在此主要是指在以就餐者的身份参加自助餐时，所需要具体遵循的礼仪规范。通常，它主要涉及以下 8 点。

（1）排队取菜。在取菜之前，先要准备好一只食盘。轮到自己取菜时，应用公用的餐具将食物装入自己的食盘之内，然后迅速离去。切勿在众多的食物面前犹豫再三，让身后之人久等；更不应该在取菜时挑挑拣拣，甚至直接下手或以自己的餐具取菜。

（2）循序取菜。在自助餐上，如果想要吃饱吃好，那么在具体取用菜肴时，就一定要先了解合理的取菜顺序，然后循序渐进。按照常识，参加一般的自助餐时，取菜时标准的先后顺序应当是冷菜、汤、热菜、点心、甜品和水果。

（3）量力而行。在根据本人的口味选取食物时，必须要量力而行。切勿为了吃得过瘾，而将食物狂取一通，结果是自己"眼高手低"，力不从心，从而导致了食物的浪费。严格地说，在享用自助餐时，多吃是允许的，而浪费食物则绝对不允许。这一条，被世人称为自助餐就餐时的"少取"原则。有时，有人亦称之为"每次少取"原则。

（4）多次取菜。在自助餐上遵守"少取"原则的同时，还有"多次"的原则。"多次"原则的具体含义是用餐者在自助餐上选取某一种类的菜肴，允许其再三再四地反复去取。每次应当只取一小点，待品尝之后，觉得适合自己可以再次去取，直至自己感到吃好了为止。"多次"原则，与"少取"原则其实是同一个问题的两个不同侧面。"多次"是为了量力而行，"少取"也是为了避免造成浪费。所以，二者往往也被合称为"多次少取"原则。

会吃自助餐的人都知道，在选取菜肴时，最好每次只为自己选取一种。待吃好后，再去取用其他的品种。要是不谙此道，在取菜时乱装一气，将多种菜肴盛在一起，导致其五味杂陈，相互窜味，则难免会暴殄天物。

（5）避免外带。所有的自助餐，只许在用餐现场里自行享用，而绝对不许在用餐完毕之后携带回家。

（6）送回餐具。在自助餐上，既然用餐者以自助为主，那么用餐者在就餐的整个过程之中，就必须将这一点牢记在心，并且认真地付诸行动。在自助餐上强调自助，不但要求就餐者取用菜肴时以自助为主，而且还要求其善始善终，在用餐结束之后，自觉地将餐具送至指定位置。

在一般情况下，自助餐大都要求就餐者在用餐完毕之后、离开用餐现场之前，自行将餐具整理到一起，然后一并将其送回指定的位置。在庭院、花园里享用自助餐时，尤其应当如此。不允许将餐具随手乱丢，甚至任意毁损餐具。在餐厅里就座用餐，有时可以在离去时将餐具留在餐桌之上，而由侍者负责收拾。虽然如此，亦应在离去前对其稍加整理，不要弄得自己的餐桌上杯盘狼藉、不堪入目。自己取用的食物，以吃完为宜，万一有少许食物剩了下来，也不要乱丢、乱倒、乱藏，而应将其放在适当之处。

（7）照顾他人。商界人士在参加自助餐时，除了对自己用餐时的举止表现要严加约束之外，还须与他人和睦相处，多加照顾。不过，不可以自作主张地为对方直接代取食物。在用餐过程中，对于其他不相识的用餐者，应当以礼相待。在排队、取菜、寻位以及行动期间，对于其他用餐者要主动加以谦让，不要目中无人，蛮横无理。

（8）积极交际。一般来说，参加自助餐时，商务人员必须明确，吃东西往往属于次要之事，而与其他人进行适当的交际活动才是自己最重要的任务。在参加由商界单位所主办的自助餐时，情况更是如此。

在参加自助餐时，一定要主动寻找机会，积极地进行交际活动。首先，应当找机会与主人攀谈一番。其次，应当与老朋友好好叙一叙。最后，还应当争取多结识几位新朋友。

在自助餐上，交际的主要形式是几个人聚在一起进行交谈。为了扩大自己的交际面，在此期间不妨多换几个类似的交际圈。只是在每个交际圈，多少总要待上一会儿时间，不能只待上一两分钟马上就走，好似蜻蜓点水一般。

介入陌生的交际圈，大体上有三种方法：其一，是请求主人或圈内之人引荐；其二，是寻找机会，借机加入；其三，是毛遂自荐，自己介绍自己加入。

【拓展知识】

吃自助餐的科学顺序

天气转凉，人们的食欲回归了，自助餐不失为大快朵颐的选择。自助餐后不免会出现宿食不消、不思饮食等"吃撑"的感觉。其实只要吃得科学合理，就既能吃得多又能吃得好。

按照人体吸收的原理，吃自助餐比较科学的顺序是：小碗汤、蔬菜、米面类、鱼虾类、肉禽类、水果。刚开始喝几口汤先舒润喉和食道，有利食物通畅进入，同时促进肠胃蠕动，启动唾液、胃液等消化液的分泌。蔬菜水分多，维生素丰富，易被消化吸收，加上蔬菜的纤维素能促进肠的蠕动，因此蔬菜应是进食的首样食物。随后，依次进食淀粉类食品、鱼虾类蛋白质食品，以及肉类、油炸类等需要较长消化时间的食品，应缓慢进食。

当然，这只是基于营养学的角度对自助餐进食顺序的一个建议，具体操作还是要根据个人喜好和习惯来进行。

项目 5 酒会礼仪

【学习目标】

能力目标：能按酒会礼仪规范进行商务交往、接待和宴请。

素质目标：沟通能力，应变能力。

知识目标：掌握酒会各环节礼仪规范要求。

技能目标：按酒会礼仪规范进行商务交往、接待和宴请等活动。

【技能点】

能根据不同的酒会主题，熟练掌握不同的礼仪要求。

【引导案例】

在硕果累累的金秋，兆强贸易有限公司隆重开业，举行了盛大的开幕典礼。招待酒会备有丰盛的食物，包括冷餐、热菜、餐后甜点等，也备有各种各样的酒水饮料。来宾们衣冠楚楚，彬彬有礼，手执斟了美酒的高脚杯，优雅从容地穿梭于绅士淑女间，或点头致意，或热烈拥抱，或谈笑风生，那真是朋友交流绝佳的场面。沈静是第一次参加这种盛大的招待酒会，还从来没有见过这么多的美酒佳肴。看到一瓶 X.O.，就拿着一个鸡尾酒杯斟倒了满满一杯。结果引起人们侧目，沈静十分尴尬，茫然不知所措。

【任务分析】

沈静违反了酒会礼仪，X.O.是白兰地，她应该使用白兰地杯，并且每次斟酒只能是五分之一杯，所以沈静被人侧目。

【相关知识】

酒会礼仪

酒会，是日常社交或商务社交中经常出现的聚会活动。酒会的形式不等，可以是简单小型的家庭聚会，也可以是大型正式的商务聚会，其礼仪讲究有所不同。酒会大致可以分为三种类型：鸡尾酒聚会（Cocktail Party）、冷餐酒会（Cocktail Buffet）和招待酒会

（Cocktail Reception）。

1. 鸡尾酒聚会（Cocktail Party）

鸡尾酒会一般不安排席位，也不讲究座次。客人通常是站立或在酒会中自由走动，相互之间无论是认识的或是不认识的，都可以自由地进行交谈。通过这种轻松随意的交流，人们通常会遇到一些很投机的新朋友，扩大自己的社交圈子。

虽然鸡尾酒会中的客人多是站立，但通常主人也会安排一些座位，以便客人想稍微休息的时候就座。

一般鸡尾酒会并不以吃为主，提供的食物通常只是一些简单的点心，以手指食物（finger food）最为常见。所谓手指食物，就是用手直接取食的食物。通常这些点心都是很小块的，食用时不需要用刀叉等餐具。

在酒会饮酒不同于在酒吧，即使喝啤酒也要把酒先倒入酒杯后再饮用，不能像在酒吧那样直接从啤酒瓶中饮用。

酒会的出席和离席时间虽然没有那么严格，但也要注意不能太过迟到或早退。离开前应该要向主人道别。特别注意饮酒要适度，不能过量。喝醉酒是非常失态的，也是非常失礼的行为。

2. 冷餐酒会（Cocktail Buffet）

Cocktail Buffet 其实是自助餐酒会的意思。由于在自助餐酒会上，通常提供冷的点心和菜肴，因此也叫冷餐酒会，简称冷餐会。

有些冷餐会与鸡尾酒聚会的形式差不多，以宾客之间的交流为主，吃东西为辅。在这种形式的酒会中，客人通常也是站立或自由走动的。还有一些冷餐会会提供较多的食物，也都备有足够的桌椅，但一般来说并不论座次。客人需要自己到自助餐台上取食物，然后找一个适当的位子坐下来慢慢享用。取食物的时候，要讲究自助餐的礼仪。首先，要按序排队，注意不要停留在自助餐台附近交谈，以免妨碍其他客人选取食物。其次，自助餐讲究"多次少取"，千万不要一次把盘子装得满满的，那样显得很失礼，而且吃不完也会造成不必要的浪费。

参加冷餐会一般要求穿着正装，商务性质的冷餐会要求商务着装。

3. 招待酒会（Cocktail Reception）

在多种酒会形式中，招待酒会是最正式的一种。比起一般的鸡尾酒会，招待酒会备有的食物要丰盛许多，包括冷餐、热菜、餐后甜点等。酒会上也备有各种各样的酒水饮料，其中香槟酒是必不可少的。招待酒会的主题通常是很鲜明的，比如开幕典礼或庆功酒会。

【拓展知识】

鸡尾酒的分类

鸡尾酒缤纷的色彩、充满层次的口感总让人回味，那鸡尾酒有哪些品种和分类呢？

1. 按饮用时间和场合分类

鸡尾酒按照饮用时间和场合可分为餐前鸡尾酒、餐后鸡尾酒、晚餐鸡尾酒、派对鸡尾酒和夏日鸡尾酒等。

（1）餐前鸡尾酒

餐前鸡尾酒又称为餐前开胃鸡尾酒，主要是在餐前饮用，起生津开胃之妙用，这类鸡尾酒通常含糖分较少，口味酸或干烈，即使是甜型餐前鸡尾酒，口味也不是十分甜腻，常见的餐前鸡尾酒有马提尼、曼哈顿，以及各类酸酒。

（2）餐后鸡尾酒

餐后鸡尾酒是餐后佐助甜品、帮助消化的，因而口味较甜且酒中使用较多的利口酒，尤其是香草类利口酒。这类利口酒中有很多药材，饮用后能化解食物郁结，促进消化。常见的餐后鸡尾酒有史丁格、亚历山大等。

（3）晚餐鸡尾酒

晚餐鸡尾酒是用晚餐时佐餐用的鸡尾酒，一般口味较辣，酒品色泽鲜艳，且非常注重酒品与菜肴口味的搭配，有些可以作为头盆、汤等的替代品，在一些较正规和高雅的用餐场合，通常以葡萄酒佐餐，而较少用鸡尾酒佐餐。

（4）派对鸡尾酒

这是在一些派对场合使用的鸡尾酒品，其特点是非常注重酒品的口味和色彩搭配，酒精含量一般较低。派对鸡尾酒既可以满足人们交际的需要，又可以烘托各种派对的气氛，很受年轻人的喜爱。常见的酒有特基拉日出、自由古巴和马颈等。

（5）夏日鸡尾酒

这类鸡尾酒清凉爽口，具有生津解渴之妙用，尤其是在热带地区或盛夏酷暑时饮用，味美怡神，香醇可口，如冷饮类酒品、柯林类酒品、庄园宾治、长岛冰茶等。

2. 按调制方法分类

按照调制方法，鸡尾酒可分为长饮和短饮两大类：

（1）长饮

长饮（Long Drink）是用烈酒、果汁、汽水等混合调制而成的酒精含量较低的饮料，是一种较为温和的酒品，可放置较长时间不变质，因而消费者可长时间饮用，故称为长饮。

（2）短饮

短饮（Short Drink）是一种酒精含量高、分量较少的鸡尾酒，饮用时通常可以一饮而尽，不必耗费太多的时间，如马提尼、曼哈顿等均属此类。

3. 按酒基分类

按照调制鸡尾酒酒基品种进行分类也是一种常见的分类方法，且此种分类方法比较简单易记，主要有以下几种：

（1）以金酒为酒基的鸡尾酒，如金菲斯、阿拉斯加、新加坡司令等。

（2）以威士忌为酒基的鸡尾酒，如老式鸡尾酒、罗伯罗伊、纽约等。

（3）以白兰地为酒基的鸡尾酒，如亚历山大、阿拉巴马、白兰地酸酒等。

（4）以朗姆为酒基的鸡尾酒，如百家地鸡尾酒、得其利、迈泰等。

（5）以伏特酒为酒基的鸡尾酒，如黑俄罗斯、血玛丽、螺丝钻等。

（6）以中国酒为酒基，如青草、梦幻洋河、干汾马提尼等。

项目 6 舞会礼仪

【学习目标】

能力目标：能根据舞会礼仪要求来修饰仪容、服饰，规范仪态和语言。

素质目标：舞会形象自我设计能力，舞会基本舞种的学习能力。

知识目标：掌握正确的邀舞方式，熟悉舞会各环节礼仪规范要求。

技能目标：按照舞会规范进行修饰仪容、服饰，规范仪态和语言，熟悉各个基本舞种。

【技能点】

1. 能根据不同的舞会主题，做好相应的准备工作。

2. 能熟悉各个基本舞种和各种邀舞方式。

【引导案例】

他的懊悔

几个同事下班后在一起聚餐了，美味佳肴，开怀畅饮，大家非常开心。餐后，有人提议去参加公司举办的周末联谊舞会，大家欣然前往。他是个标致的小伙子，在饮食上特别好吃生大蒜和老陈醋，刚才吃饭时也是大快朵颐。仗着平常良好的人际关系，他认为刚才的饮食应该无伤大雅。来到舞场，只见人们都在翩翩起舞，他兴致很浓，便邀请一位在座位里休息的女士跳舞，那位女士看了他一眼，很礼貌地拒绝了他。接着他又邀请了两位女士跳舞，结果均被拒绝。他真的好懊恼。

【任务分析】

参加舞会时仪表、仪容要整洁大方，尽量不吃葱、蒜、醋等带强烈刺激气味的食品，不喝烈性酒，不大汗淋漓或疲惫不堪地进入舞场。患有感冒者不宜进入舞场。尚不会跳舞者最好不在舞场现学现跳，应当待学会后再进舞池。一般情况下，男士应主动有礼貌地邀请女士。如果是上下级的关系，不论男女，下级都应主动邀请上级跳舞。跳舞时舞姿要端庄，身体保持平、直、正、稳，切忌轻浮鲁莽；男士动作要轻柔文雅，不宜将女士拢得过紧、过近；万一触碰了舞伴的脚部或冲撞了别人，要有礼貌地向对方点头致歉。一曲终了，方可停舞。男舞伴应送女舞伴至席位，并致谢意，女舞伴则应点头还礼。除此之外，还应讲究文明礼貌，维护舞场秩序，不吸烟，不乱扔果皮，不高声谈笑，不随意喧哗，杜绝一切粗野行为。

【相关知识】

舞会礼仪

无论国际或是国内的舞会，都是一个高尚讲究礼仪的社交活动。舞会，无疑是展示

魅力的场所。

1. 如何邀请女方

舞曲奏响以后，男方要大方地走到女方面前邀请，如果女方的家人同在，则应先向女方的亲属点头致意，并征得他们的同意后，走到女方面前立正，微欠身致意说："小姐，可以请您跳舞吗？"有时还要向陪伴女方的男士征求道："先生，我可以请这位小姐共舞吗？"得到允许后，再与女方走进舞池共舞。

2. 同性不宜共舞

根据国际惯例，两位男士共舞等于宣告他们不愿意邀请在场的任何一位女性。两位女士也应尽量不共舞，尤其是在有外宾的情况下以及在国外的舞会上，我们要注意这一点。

3. 当女方主动时

一般情况下，女士是不用主动邀请男士的，但特殊情况下，需要邀请长者或者贵宾时，则可以不失身份地表达"先生，请您赏光"，或"我能有幸请您吗"。

4. 两位男士同时发出邀请时

从国际礼仪的角度考虑不难解决，女士面对两位或者两位以上的邀请者，最能顾全他们面子的做法，是全部委婉的谢绝。要是两位男士一前一后走过来邀请，则可以"先来后到"为顺序，接受先到者的邀请，同时诚恳地对后面的人说："很抱歉，下一次吧。"并要尽量兑现自己的承诺。

5. 不能总和一个人跳

依照正规的讲究，结伴而来的一对男女，只要一同跳第一支舞曲就可以了。从第二支曲子开始，大家应该有意识地交换舞伴，认识更多的朋友。

6. 邀舞的礼仪

（1）男士主动邀请女士。

（2）点头，半鞠躬礼，问"可以请您跳舞吗？"

（3）向女士的男伴或家长点头致意再邀请女士。

（4）女士起身，共同步入舞池。

（5）舞曲结束，送女士回原来座位道谢。

（6）女士可拒绝邀舞，男士不能拒绝。

7. 谢绝邀请的礼仪

（1）委婉拒绝。"对不起，我想休息一下"，或"对不起，这支舞曲我不太会跳"。

（2）拒绝一位，不宜马上接受另一位邀请。

（3）男伴不能代女伴回绝。

8. 不要轻易拒绝邀请

舞会是通过跳舞交友、会友的场合，所以在舞会上女士不能轻易拒绝他人的邀请。女士可以拒绝个别"感觉不佳"的男士的邀请，但要注意分寸和礼貌用语，要委婉地表达。最佳的拒绝方法是"我想暂时休息一下"，或者"这首舞曲我不大会跳"，以便给邀请者一个台阶下。

9. 男士的绅士风度

在舞会上最能体现一个人的绅士风度。例如：跳舞中要保持一定的距离，左手轻扶舞伴的后腰（略高于腰部），右手轻托舞伴的右掌，尤其在旋转的时候，男士一定要舞步稳健，动作协调，同舞伴一起享受华尔兹的优美。如果发现女士晕眩，男士一定要做好"护花使者"，护送回原位。在一支曲子结束后，要礼貌地将女士送回原座位，道谢后再去邀请另一位女士。

10. 何时离开舞会

无论是参加朋友的私人舞会，还是正式的大型舞会，遵守时间是首要的礼仪，要准时到达。至于什么时间离开舞会较为合适，朋友的私人舞会最好要坚持到舞会结束后再离去，也是对朋友的支持。至于其他的舞会，只要不是只跳了一支曲子显得应酬的色彩过浓就可以了。

11. 舞会着装要求

（1）如果是亲朋好友在家里举办的小型生日派对等活动，要选择与舞会的氛围协调一致的服装，女士则最好穿便于舞动的裙装或穿旗袍，搭配色彩协调的高跟皮鞋。

（2）作为男士，一定要头发干净，衣着整洁。一般的舞会可以穿深色西装，如果是夏季，可以穿淡色的衬衣，打领带，最好穿长袖衬衣。

（3）如果应邀参加的是大型正规的舞会，或者有外宾参加的舞会，请柬上会注明：请着礼服。接到这样的请柬一定要提早作准备，女士在正式的场合要穿晚礼服。晚礼服源自法国，法语是"袒胸露背"的意思。有条件经常参加盛大晚会的女士应该准备晚礼服，偶尔用一次的可以向婚纱店租借。近年也有穿旗袍改良的晚礼服，既有中国的民族特色，又端庄典雅适合中国女性的气质。

12. 小手袋是晚礼服的必须配饰

手袋的装饰作用非常重要，缎子或丝绸做的小手袋必不可少。

13. 晚礼服一定要佩戴首饰

露肤的晚礼服一定要佩戴成套的首饰，如项链、耳环、手镯。晚礼服是盛装，因此最好要佩戴贵重的珠宝首饰，在灯光的照耀下，首饰的光闪会为你增添光彩。

14. 男士的礼服

男士的礼服一般是黑色的燕尾服，黑色的漆皮鞋。正式的场合也需戴白色的手套。男士的头发一定要清洁，因为跳舞时两人的距离较近，保持口腔卫生，最好用口腔清新剂。

15. 跳舞过程的礼仪

（1）注意上场、下场的规矩，给舞伴应有的尊重。上场时，男士应主动跟在女士身后，让对方来选择跳舞地点。下场时，不宜在舞曲未完之际先行离去。男士可在原处向女士告别，或是把对方送回原来的地方再离开。

（2）舞姿应当文明优美。跳舞时，身体要端正。通常为男士领舞，领舞与伴舞者之间不宜相距过近，双方胸部应有 30 厘米左右间隔，以维护自己的人格尊严。跳舞时，男女双方都不要目不转睛地凝望对方，也不要表情不自然。男士不可把女士的手捏得太紧，不可把整个手掌全贴在女士的腰上。不要在旋转时把女士拖来扯去，或是腿部过分伸入女方两腿之间。女士不要把双手套在男士的脖子上，也不要把头部主动俯靠在对方的肩上。

16. 塑造良好形象

（1）着装干净、整洁、端庄。男士宜穿西服套装或长袖衬衫配长裤，女士则可穿中长袖的连衣裙。

（2）清除身体的异味。出席舞会之前，一定要洗澡、理发、漱口。不要吃葱、蒜、韭菜、海鲜、腐乳之类气味经久不散的食物，不要饮酒。在舞场上下，都不要吸烟，不要为消除异味而大嚼特嚼口香糖。

（3）抵达要早，告退要晚。

（4）舞兴要有所控制。

（5）要尊重主人为舞会所做的一切安排。不管当面还是背后，都不对舞会安排进行批评。不要随便要求改动舞会的既定程序，不要凭个人兴趣和愿望要求临时改换舞曲或要求延长舞会时间。

（6）同性之间要互谅互让。男士不要与别人争舞伴。对于其他男士邀请自己的女伴，要表现得宽容大度。

（7）异性交往要有分寸。在舞场上，不要对异性过分献殷勤。不要跟刚刚相识的异性长时间地厮守在一起。不要过多与对方讲心里话或过多了解对方详情。

【拓展知识】

舞会的种类

1. 私人舞会

只要有一定的人力和财力，便可以举办私人舞会。舞会可以在家中举行，也可以在旅馆或俱乐部租场地举行。时间和地点确定后，应该联系乐队，确定客人名单，发送请柬。舞会的请柬通常以女主人的名义发出。舞会上应邀请男宾多于女宾，以免女宾无人伴舞。

2. 正餐舞会

正餐舞会通常于傍晚举行。参加正餐舞会的客人最迟应于舞会开始后半小时内到达。客人有固定的座位，基本到齐就座后就可以开始跳舞。每位男宾应首先邀请坐在自己左侧的女宾跳舞，然后再邀其他女宾。如果在家里举行正餐舞会，晚餐可以用自助餐的形式。宾客可以自取食物，随意地围坐在桌旁选择谈话的伴侣。

3. 晚餐舞会

晚餐舞会约在晚上 10 点到 11 点开始，次日凌晨结束。晚餐舞会从午夜 12 点或凌晨 1 点开始供应一些简单的食物。客人们要先吃过晚饭才前去参加舞会。晚餐舞会没有固定的座位，客人也不坐在桌子旁。但舞厅和隔壁房间有足够的椅子，供客人们休息。参加晚餐舞会，可以比规定时间晚到一小时，也不必非留到舞会结束不可。在传统的舞会上，最后一遍华尔兹跳过后就可离去。

4. 募捐舞会

募捐舞会是一种靠组织舞会来赚钱的商业性活动。西方国家许多慈善组织和基金会都靠举行募捐舞会来增加收入。此舞会是他们积累基金的主要途径之一。不少西方人对这类募捐舞会很热心，乐于慷慨解囊。许多外国使馆也愿意为募捐舞会提供场所，给予支持。

项目 7　KTV 礼仪

【学习目标】

　　能力目标：能根据 KTV 礼仪要求来修饰仪容、服饰，规范仪态和语言。

　　素质目标：形象自我设计能力、应变能力。

　　知识目标：掌握 KTV 场合交往的礼仪规范。

　　技能目标：按照 KTV 礼仪规范进行修饰仪容、服饰，规范仪态和语言。

【技能点】

　　能熟悉 KTV 的接待服务工作。

【引导案例】

不欢而散的聚会

　　又是一年一度的同学聚会了。一顿酒足饭饱之后，聚会的发起人薛明余兴未了，说要请大家去 K 歌。难得聚在一起，大家也就没什么意见了。来到 KTV，大家的热情一路高涨。一开始的时候，大家唱歌都是按部就班的，唱着唱着，陶醉于自己歌声的杨洋在唱了一首之后，感觉有些意犹未尽，于是又点了几首，并且把自己点的歌都插到了还没开唱的同学的歌曲前。一开始，大家也没觉得什么。谁知道，他却拿着话筒不放了。坐在一旁的李华实在看不下去了，于是拿起另一个话筒，断断续续地跟着杨洋唱。其余的同学开始觉得很无趣，于是接二连三地散场离去了，最后导致这次聚会不欢而散。

【任务分析】

　　案例中，唱歌本来是一件轻松、释放的方式。而由于杨洋的"麦霸"行为，直接扼杀了大家的愉悦心情。

【相关知识】

KTV 礼仪

1. KTV 活动礼仪

我国乃礼仪之邦，交际自然不能没有礼仪。礼出于俗，俗化为礼。礼仪当然是为了更加方便交际应酬，更是为了体现群体和个人的素养。教养体现于细节，细节体现个人素质，个人素养代表群体形象。

（1）包房的选择。一般 KTV 的小包房容纳 1～5 人，中包房 6～10 人，中大包房 10～15 人，大包房 25～30 人。具体情况按所选 KTV 硬件而定，包房选大了显得很冷清，没有气氛；包房选小了过于拥挤，也达不到预期的效果。

（2）邀约者应该提前到场，在门口、大厅、电梯口或者包房内等候，以引导被邀者一一入场。一来节约大家的时间，二来以示尊重。具体等候地点依邀约双方的亲疏关系而定。

（3）入包房的次序，应遵循由长到幼、由女到男、由上级到部属、由陌生人到熟人的原则。

（4）迟到或后入场者，入场时应该和在座的朋友一一打招呼，然后就座。如果一来到就坐在点歌台前面，先点一首歌将别人的歌切掉，那就太失礼了。

（5）入场坐定后，最好将手机调到震动和静音状态，以示尊重和对本次活动的重视。别人唱着歌，恐怕手机有铃声你也听不见。

2. KTV 活动中应注意的事项

（1）在厅中不可提高嗓音，以能听到为准。

（2）若有朋友歌唱完毕，应礼貌地鼓掌鼓励。

（3）别人点的歌，不去跟着唱，更不去抢着唱。

（4）不纠正别人唱腔。

（5）不规范别人普通话。

（6）不做"麦霸"。

（7）不与身边的人议论和点评别人所唱的歌。

（8）别人邀你唱歌，不要局促慌乱，忸怩作态。

（9）唱歌时，要表现得从容大方，声情并茂。

【拓展知识】

关于 KTV

KTV 发源于日本，是 Karaok TV。Karaok 是个日英文的杂名，Kara 是日文"空"的意思，OK 是英文"无人伴奏乐队"的缩写，到了中国就演变成了"卡拉 OK"。卡拉 OK 经过一连串的演变，场地设计由开放式转而成为包厢式，属高价格、高享受，可以进行商业聚会、商务交往。卡拉 OK 厅不断地变换着经营模式，以 KTV、CLUB、酒店包间、量贩式 KTV 的形式不断地衍变，从单纯的唱歌衍生出餐饮、娱乐、商务、交际等多条龙服务。

项目 8　馈赠礼仪

【学习目标】

能力目标：能按馈赠礼仪规范进行商务交往和接待。

素质目标：沟通能力、应变能力。

知识目标：掌握赠礼与受礼的礼仪规范。

技能目标：熟练掌握赠礼与受礼的礼仪规范。

【技能点】

能根据不同的场合、主题，正确执行赠礼礼仪。

【引导案例】

困惑的她

叶岑是在法国留学的国内交流生，课余时间就在一超市中打工，老板对她很好，随着到法国旅游的中国客人越来越多，超市因为叶岑与游客的无障碍交流，生意很红火，老板在短时间内给她加了几次薪水。

一次，老板因病住院了，叶岑去医院看望，像在国内一样，她习惯地买 5 支红玫瑰和 5 支黄玫瑰搭配着，捧着这束花，叶岑很满意。走进病房，却发现老板怎么就转喜为怒了呢？

【任务分析】

在法国，送花礼仪应该是送单数花，加上黄色花在西方有断交的意思。作为在法国留学的她，理应对法国的忌讳习俗有一个基本的了解，但她却忽略了这一点。

【相关知识】

馈赠礼仪

1. 礼品选择

（1）礼重情义

送礼时，切不可简单地以金钱替代。赠送生日礼品的最佳选择一般是工艺品、生日蛋糕、鲜花、贺卡等，于小中见大。不在于送的礼品有多重，而在于能记住亲友的生日，不忘送上一份温馨的祝福。

（2）投其所好

送礼应送到受礼方的心坎里，你需要注意观察并了解对方喜欢哪样东西而又因种种原因未能如愿，此时你送的这件得体的礼物会在他的心灵上架起情感沟通的桥梁。

（3）因人而异

送礼之前，必须认真了解收受礼品者的个性。性格开朗的人，礼品宜大气、华贵；性格沉静、稳重的人，礼品宜含蓄、精美。

（4）求新求异

送礼也应创意出新，要能在把握对方心理需求的基础上尽量送一些受礼者意想不到的礼物，体现出礼品的个性色彩和文化品位。礼品应有前瞻性和艺术性。

（5）合乎潮流

送礼宜顺时尚潮流而动，忌送一些过时的礼品，别人送给你的礼物也宜自用或选 送合适的对象，切忌盲目转送他人，以免费力不讨好。

（6）包装精美

国外送礼最讲究包装精美，礼品本身的属性也决定了人们对包装的追求。包装与礼品价值应大体相称。

（7）量体裁衣

选购礼品时还必须根据自己的身份及经济承受能力选择相宜的礼品，切忌打肿脸充胖子或盲目攀比去选一些过于贵重的礼品。

（8）注重售后服务

有些礼品如小家电、工艺钟表等，与普通商品一样有售后服务等问题。选购礼品者应主动索取票据、说明书等一并放在礼品中，以免除受礼者的后顾之忧，让对方感到你的一份细心。

2. 馈赠礼节

馈赠是商务活动中不可缺少的交往内容。随着交际活动的日益频繁，馈赠礼品因为能起到联络感情、加深友谊、促进交往的作用，越来越受到人们的重视。所以，馈赠活动对礼节的要求，也就一再得到强调。

（1）确定馈赠目的

①为了交际。礼品的选择要使礼品能反映送礼者的思想感情，并使其与送礼者的形象有机地结合起来。

②为了巩固和维系人际关系，即"人情礼"。"人情礼"强调礼尚往来，以"来而不往非礼也"为基本准则。因此无论从礼品的种类、价值的大小、档次的高低、包装的式样、蕴含的情义等方面都呈现多样性和复杂性。

③为了酬谢。这类馈赠是为答谢他人的帮助而进行的，因此在礼品的选择上十分强调

其物质利益。礼品的贵贱厚薄，取决于他人帮助的性质。

（2）选择礼品

①投其所好。选择礼品时一定要考虑周全，有的放矢，投其所好。可以通过仔细观察或打听了解受礼者的兴趣爱好，然后有针对性地精心挑选合适的礼品。尽量让受礼者感觉到馈赠者在礼品选择上是花了一番心思的，是真诚的。

②考虑具体情况。选择礼物要考虑具体的情况或场合，如厂庆可送花篮，节日可送贺卡等。

（3）把握馈赠时机

馈赠注意时间，把握好机会。

①传统的节日。春节、中秋节、圣诞节等，都可以成为馈赠礼品的黄金时间。

②喜庆之日。晋升、获奖、厂庆等日子，应考虑备送礼品以示庆贺。

③企业开业庆典。在参加某一企业开业庆典活动时，要赠送花篮、牌匾或室内装饰品以示祝贺。

④酬谢他人。当自己接受了别人的帮助，事后可送些礼品以回报感恩。

送礼时机要视实际情况灵活掌握，选择好送礼时机。

（4）掌握馈赠礼节

要使对方愉快接受馈赠并不是件容易的事情。即便是精心挑选的礼品，如果不讲究赠礼的艺术和礼仪，也很难达到馈赠的预期效果。

①注意包装。精美包装不仅使礼品的外观更具艺术性，显示出赠礼人的文化艺术品位，而且还可以避免给人俗气的感觉。

②注意场合。当着众人的面只给一群人中的某一个人赠礼是不合适的，给关系密切的人送礼也不宜在公开场合进行。只有象征着精神方面的礼品，如锦旗、牌匾、花篮等才可在众人面前赠送。

③注意态度和动作。赠送礼品时，只有态度平和友善、动作落落大方并伴有礼节性的语言，才容易让受礼者接收礼品。

④注意时机。一般赠礼应选择在相见、道别或相应的仪式上。

⑤处理好有关凭据。礼品上写有价钱和标签一定要早点清除干净。但如果礼品是有保修期的"大物件"，如家用电器、电脑等，可以在赠送礼品的时候把发票和保修单一起奉上，以便将来受礼人能够享受三包服务或方便其转手处理。

3. 受赠的礼节

馈赠和接受馈赠是联系在一起的。受赠如果不讲礼节，会伤害赠送者的感情，也会影响自身形象。接受馈赠要注意以下几个问题：

（1）慎重受赠

公务活动中收受礼品要遵守有关规定。按照规定，机关工作人员在国内交往中，不得收受可能影响公正执行公务的礼品馈赠，因各种原因未能拒收的礼品，必须登记上交。作为公务人员，要慎重接受馈赠，尤其对待那些可能影响公正执行公务的馈赠，有求于你的馈赠，作为某种交换条件或有明显意图目的的馈赠，要尽量拒绝。对纯粹私人交往而又不影响执行公务的馈赠，可以接受。

（2）收受有礼

对于那些不违反规定的馈赠，要表现得从容大方，不要局促慌乱，忸怩作态。接受礼物时，要双手相接，然后与赠送者握手致谢。要表现感激之情，但不能有过望之喜，更不能"多云转晴"，表情波动幅度大。受礼后，可能的话当面打开欣赏一番，并加以适当称赞。收受后礼物不要随手乱扔，丢在一边。应该接受的礼物，一般不能推来推去，甚至说"你拿回去吧"之类的话。确实不能收受的，要接受后加以表态，并说明处置办法。

（3）拒收有方

公务活动中要学会拒收礼物。对于有可能影响公正执行公务的礼物，要坚决地拒收。拒收礼品要当场进行，尽量不要事后退还。拒收时，要感谢对方的一番好意，同时说明不能接受的理由，态度可坚决，方式要委婉。如果当时无法当面退还，可以设法退还赠礼者，事后退礼，也要说明理由，并致以谢意。

（4）接受了他人的馈赠如有可能应予以回礼。有礼有节的馈赠活动，有利于拉近双方的距离，增加合作的机会。

4. 送花

送花是一门学问，送花也是一门艺术，用花来表达的语言实在太丰富了，收花人能否领会其中的深意？要送花的人，又是否有点困扰？红、白玫瑰组成的花束的意义是什么？探病时送百合要先如何处理？要很好地表达和领悟送花的意义，才能更好地表达这种艺术。

要把握花艺的真谛，首先要了解花语花意，才能使花卉展明月之精华，汇天地之灵逸，有自在自得之美。经过长期演化，人们赋予各种花卉一定的寓意，用以传递感情，抒发胸臆。如考试及第誉为"折桂"，送别或赠别则称为"折柳"，奉献桃子祝老人长寿，赠石榴是愿新婚夫妇多子，至于"松、柏、竹、菊、莲"等，皆依其个性而各有明确固定的含义。千姿百态的花朵述说着千言万语，要了解花的寓意，那就从送花常识开始入门吧。由于民族风俗不同，送花亦有忌讳，不可生搬硬套。每一种花都具有某种含义，蕴藏着无声的语言，因此，送花时应根据对方的情况选择不同的花种。

1. 给老人祝寿，宜送长寿花或万年青，长寿花象征着"健康长寿"，万年青象征着"永葆青春"。

2. 热恋中的男女，一般送玫瑰花、百合花或桂花。这些花美丽、雅洁、芳香，是爱情的信物和象征。男女之间表示爱意的花，最好选用红色的玫瑰、百合、郁金香、香雪兰、扶郎花等。

3. 祝贺结婚除用玫瑰、百合、郁金香、香雪兰、扶郎花外，还可添加菊花（国内作喜花看待）、剑兰、风信子、舞女兰、石斛兰、嘉特兰、大花蕙兰等。新娘子在披纱时所用的捧花，除了有玫瑰、百合、郁金香、香雪兰、扶郎花、菊花、风信子、舞女兰、石斛兰、嘉特兰、大花蕙兰等外，适当加入两枝满天星更显华丽脱俗。

4. 节日期间看望亲朋，宜送吉祥草，象征"幸福吉祥"。

5. 夫妻之间可互赠合欢花。合欢花的叶长，两两相对，晚上合抱在一起，象征着"夫妻永远恩爱"。

6. 朋友远行，宜送芍药，因为芍药不仅花朵鲜艳，且含有难舍难分之意。

7. 对爱情受挫折的人宜送秋海棠，因为秋海棠又名相思红，寓意苦恋，以示安慰。

8. 给病人送花有很多禁忌，探望病人时不要送整盆的花，以免病人误会为久病成根。香味很浓的花对手术病人不利，易引起咳嗽；颜色太浓艳的花，会刺激病人的神经，激发烦躁情绪；山茶花容易落蕾，被认为不吉利。看望病人宜送兰花、水仙、马蹄莲等，或选用病人平时喜欢的品种，有利病人怡情养性，早日康复。

9. 拜访德高望重的老者，宜送兰花，因为兰花品质高洁，又有"花中君子"之美称。

10. 新店开张，公司开业，宜送月季、紫薇等，这类花花期长，花朵繁茂，寓意"兴旺发达，财源茂盛"。

11. 祝贺友人生日时，属喜庆的花都可相赠。但对于长辈就应选用万寿菊、龟背竹、百合花、万年青、报春花等具有延年益寿含意的花草为好。

12. 情人节赠红玫瑰、郁金香。

13. 母亲节赠康乃馨、百合花。

14. 父亲节赠红莲花、石斛兰。

15. 圣诞节赠一品红、南洋杉。

16. 教师节赠剑兰、菊花。

17. 春节可送些新颖别致的小盆花，例如报春花、富贵菊、仙客来、荷包花、紫罗兰、花毛茛、报岁兰等。

18. 婴儿出生、满月，最好送各种鲜艳的时花和香花。

19. 祝贺乔迁则以巴西铁、鹅掌叶、绿萝柱、彩叶芋等观叶植物或盆景为宜。对新店、公司开业则宜送繁花集锦的花篮或花牌，以祝贺生意兴隆、财源广进。

20. 祭祀和扫墓时，应以白花为主并搭配其他时花，可以用白色菊花，也可以在墓前栽种塔柏、南洋杉、雪松等常绿植物。

【拓展知识】

送花的礼仪

1. 在不同的风俗习惯里，同一品种的花，在寓意上有根本不同。送花的时候一定要注意民俗寓意，不能弄巧成拙。比如，中国人喜欢菊花，而在西方，黄菊代表死亡，只能在丧葬活动中使用；中国人赞赏荷花"出淤泥而不染"的性格，但在日本，荷花却表示死亡；在广东、海南、中国香港和澳门地区，金橘、桃花表示"吉""红火"的意思，而梅花、茉莉和牡丹花却表示"霉运""没利""失业"的意思。

2. 不同的习俗，对于花的色彩也有不同的理解。比如国内，大家都喜爱红色的花，特别是结婚时，送红色的鲜花，才算喜庆。而西方给新娘送白色鲜花才是最好的祝福。

3. 数量上也有所不同。在中国，喜庆活动中送花要送双数，意思是"好事成双"，在葬礼上要用单数花。而西方国家里，送花讲究单数。

4. 在世界上大多数国家特别是西方国家，红玫瑰花被视为爱情的象征，因此在一般社交场合就不适宜献上这种花，以免给人太多"惊喜"。

5. 在意大利、法国、比利时等国家以及日本等，菊花被称为"葬礼之花"，也就等同于中国献花圈的作用。如果献上这种花，则有诅咒的意味。现在越来越多的人都忌讳送菊花。

6. 白色的百合花对加拿大人来说，也是追悼会上才能使用的。

7. 在西方，黄色被认为有断交的意思。

8. 巴西人对紫色素有反感，认为紫色是死亡的象征。

9. 墨西哥人认为白色可以避邪，黄色则意味着死亡，红色会给人带来晦气。

【复习思考题】

1. 赴宴应注意哪些礼仪？

2. 中餐上菜的讲究。

3. 自助餐一般取食的顺序是什么？

4. 酒会大致分哪几种？

5. 馈赠的原则有哪些？赠礼与受礼时应注意哪些问题？

模块 8 商务活动位次排列礼仪

项目 1 行进中的位次排列礼仪

【学习目标】

能力目标：能根据礼仪要求来做好行进中的位次排列。

素质目标：具有组织商务活动能力、应变能力。

知识目标：掌握行进中的位次排列规则，了解行进中的位次排列的礼仪规范。

技能目标：熟练安排各项进行中的位次排列。

【技能点】

1. 能根据礼仪要求，正确安排正常情况下行进中的位次排列。

2. 能根据礼仪要求，正确安排引导时的位次排列。

3. 能根据礼仪要求，正确安排上下楼梯时的位次排列。

4. 能根据礼仪要求，正确安排出入电梯的位次排列。

5. 能根据礼仪要求，正确安排出入房门的位次排列。

【引导案例】

顾客张女士与朋友来到长沙井湾子家具城，准备选购一套家具，销售员很热情地迎接了他们。由于销售员急于想敲定这笔订单，对张女士两人极尽热情，在引导客人浏览各种家具的时候，销售员与张女士并肩而行，他一边走一边介绍，而且他的手总是无意触碰到张女士的胳膊，引起张女士的不快。

【任务分析】

在案例中，销售员之所以让张女士感觉不愉快，是因为在引领客人进入展厅的时候，销售员与张女士并肩而行，没有走在左前方二三步处。他一边走一边介绍，引路时没有注意客人，所以引起张女士的不快。

【相关知识】

行进中的位次排列礼仪

所谓行进中的位次排列，指的是人们在步行时的位次排列的次序。在陪同、接待来宾或领导时，行进的位次引人关注。

1. 常规情况

并行时，中央高于两侧，内侧高于外侧，一般让客人走在中央或内侧。单行行进时，前方高于后方，如没有特殊情况的话，应让客人在前面走。

2．特殊情况

（1）引导

自己走在客人左前二三步，侧转130度向着客人的角度走；用左手示意方向；要配合客人的行走速度；保持职业性的微笑和认真倾听的姿态；如来访者带有物品，可以礼貌地为其服务；途中注意引导提醒，拐弯或有楼梯台阶的地方应使用手势，并提醒客人"这边请"或"注意楼梯""有台阶，请走好"等。

（2）上下楼梯

一般而言，上下楼梯要单行行进，没有特殊情况要靠右侧单行行进。

引导客人上楼梯时，客人走前面，陪同者紧跟后面；引导客人下楼梯时，陪同者走前面，并将身体转向客人。楼梯中间的位置是上位，但若有栏杆，就应让客人扶着栏杆走；如果是螺旋梯，则应该让客人走内侧。上下楼梯时，要提醒客人"请小心"。

上楼的引导　　　　　　　　下楼的引导

引导者（限女性）走在后面，　　引导者走在客人的前面，客
客人走在楼梯里侧，引领者　　人走在里侧，而引领者该走
走在中央，配合客人的步伐　　在中间，边注意客人动静边
速度引领　　　　　　　　　　下楼

（3）出入电梯

在客人之前进入电梯，一手按住"开"的按钮，另一只手示意客人进入电梯；进入电梯后，按下客人要去的楼层数，侧身面对客人，可做寒暄；到目的楼层时，按住"开"的按钮，请客人先下。

（4）出入房门

若无特殊原因，位高者先出入房门；若有特殊情况，如室内无灯而暗或者是室内仍需引导，陪同者宜先入；出去也是陪同者先出，为客人拉门引导。

【拓展知识】

电梯的引导方法

1．出入有人控制的电梯

出入有人控制的电梯，陪同者应后进去后出来，让客人先进先出。把选择方向的权利让给地位高的人或客人，这是走路的一个基本规则。

2．出入无人控制的电梯

出入无人控制的电梯时，陪同人员应先进后出并控制好开关钮。

【技能训练】

情景模拟：引导行进。

背景介绍：某公司商贸代表团来我公司进行商务洽谈，营销副总张宏、技术副总李伟和助理林娟带客户前往公司与徐达总经理面谈。

请完成以下任务：根据学生人数进行分组，5 人为一组，要求每组学生自定角色，模拟引导客人行进、上下楼梯、乘坐电梯、出入房间的情景。老师现场指导。

项目 2　乘车的位次排列礼仪

【学习目标】

能力目标：能根据礼仪要求来做好乘车时的位次排列。

素质目标：具有组织乘车排位能力、应变能力。

知识目标：掌握乘车时的位次排列规则，了解乘车时的位次排列的礼仪规范。

技能目标：熟练安排乘车时的位次排列。

【技能点】

1. 能根据礼仪要求，正确安排在有专职司机时乘车的位次排列。
2. 能根据礼仪要求，正确安排在主人开车时乘车的位次排列。
3. 能根据礼仪要求，正确安排在不同类型轿车中乘车的位次排列。
4. 能根据礼仪要求，正确安排在不同安全系数中乘车的位次排列。
5. 能根据礼仪要求，正确安排在自愿或其他方式时乘车的位次排列。
6. 能根据礼仪要求，正确安排上下车时的位次排列顺序。

【引导案例】

张奕是上海某食品公司的总经理，应广州一家食品设备机械厂家的邀请，前来广州谈生意。广州的厂家安排刚上任的销售主任代表公司负责接待工作。在机场见面的时候，两个人做了简单的介绍，张奕对于这个合作伙伴还是很满意的。接下来，他们准备乘车前往广州的厂家进一步商谈。为了表示对这次商谈的重视，广州厂家特意安排了一辆宝马车前来接待张奕，张奕看到了厂家的诚意，对这次商谈更加充满期待。然而，张奕的这种愉快感很快就被泼了一盆冷水，因为销售主任为他拉开了宝马车副驾驶的车门，示意他坐进去。这让张奕很是不高兴。本来已经形成的好印象，在一瞬间土崩瓦解。这是为什么呢？

【任务分析】

商务活动中，用车接送客人时，除了要注意车辆的安排及上下车先后顺序等礼仪规则外，还要注意一个很重要的礼仪问题——乘车时的位次排列。乘车时的位次排列即乘车时的座位安排，这是讲究位次尊卑的。案例中销售主任在安排重要客户入座时并没有遵循这一原则，让客户感受到的是一种很不礼貌的行为。

【相关知识】

乘车的位次排列礼仪

乘车是在商务活动中最普遍的一种交通方式，在这方面所体现出的礼仪也是非常细致的。因此，我们在选择不同的车辆时，要注意选择不同的位次排列，这样才能体现出一个商务人员应有的修养。

1. 按照司机的不同身份来安排位次

当乘坐轿车时，我们可以按照司机的不同身份来分别安排不同的位次顺序。司机的身份主要有两种，即轿车的主人和专职司机。

（1）当轿车的主人驾驶时。一般前排座为上，后排座为下，以右为尊。具体来说，可以分为以下几种情况。

其一，在双排五座的轿车里，座位由尊而卑的顺序应当依次是：副驾驶座，后排右座，后排左座，后排中座。

其二，在双排六座轿车上，座位由尊而卑的顺序应当依次是：前排右座，前排中座，后排右座，后排左座，后排中座。

其三，三排七座轿车上其他六个座位的座次，由尊而卑依次应为：副驾驶座、中排右座、中排中座、中排左座、后排右座、后排中座、后排左座。

当主人亲自驾车时，若一个人乘车，则必须坐在副驾驶座上；若多人乘车，必须推举一个人在副驾驶座上就座，不然就是对主人的失敬。

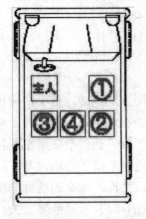

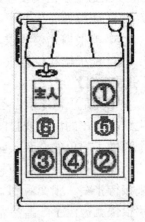

两排五座轿车　　　　　　　两排六座轿车　　　　　　　三排 7 座轿车

（2）由专职司机驾驶轿车时，通常仍讲究右尊左卑，但一般以后排为上，前排为下。具体来说，可以分为以下几种情况。

其一，在双排五座轿车上，座位由尊而卑应当依次为：后排右座，后排左座，后排中座，副驾驶座。

其二，在双排六座轿车上，座位由尊而卑应当依次为：后排右座，后排左座，后排中座，前排右座，前排中座。

其三，三排七座轿车上，其他六个座位的座次，由尊而卑依次应为：后排右座、后排左座、后排中座、中排右座、中排左座、副驾驶座。

其四，三排九座轿车上其他八个座位的座次，由尊而卑依次应为（假定驾驶座居左）：中排右座、中排中座、中排左座、后排右座、后排中座、后排左座、前排右座、前排中座。

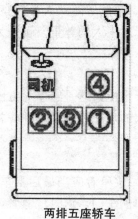  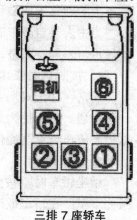

两排五座轿车   两排六座轿车   三排 7 座轿车

2．按照轿车的不同类型来安排位次

除了上述内容中的双排座，对于其他一些特殊类型的轿车，我们还需要掌握其他的礼仪知识。

①吉普车的位次排列

吉普车是一种轻型越野客车，大都是四座车。不管由谁驾驶，吉普车上座次由尊而卑均依次是：副驾驶座，后排右座，后排左座。

②多排座轿车的位次排列

多排座轿车，指的是四排以及四排以上座位的大中型轿车。其不论由何人驾驶，均以前排为上，以后排为下；以右为尊，以左为卑。并且以距离前门的远近，来排定其具体座次的尊卑。

以一辆六排十七座的中型轿车为例，其座位的尊卑依次应为：第二排右座、第二排中座、第二排左座、第三排右座、第三排中座、第三排左座、第四排右座，以此类推。

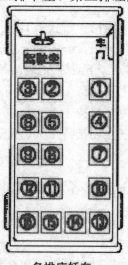

多排座轿车

3．按照安全系数来安排位次

根据常识，轿车的前排，特别是副驾驶座，是车上最不安全的座位。因此，按惯例，在社交场合，该座位不宜请女性或儿童就座。在公务活动中，副驾驶座，特别是双排五座轿车上的副驾驶座被称为"随员座"，循例专供秘书、翻译、警卫、陪同等随从人员就座。

当主人亲自开车时，之所以以副驾驶座为上座，既是为了表示对主人的尊重，也是为了显示与之同舟共济。

4．按照自愿或其他方式来安排位次

通常，在正式场合乘坐轿车时，应请尊长、女士、来宾就座于上座，这是给予对方的一种礼遇。然而更为重要的是，与此同时，不要忘了尊重嘉宾本人的意愿和选择，并应将这一条放在最重要的位置。在与同等地位的人上下车时，要互相谦让。

5．上下车位次

乘坐轿车时，按照惯例，应当请位尊者最先上车，最后下车。位卑者应当最后上车，最先下车。在轿车抵达目的地时，若有专人恭候，并负责拉开轿车的车门，这时位尊者可以率先下车。

【拓展知识】

女士上下车的姿势

女士坐车时注意上下车姿势，上车时将车门轻轻打开，背对车门，双脚并拢，微微下蹲至与车座高度一致时，低头并将身体向车内移动，按通俗的讲法，就是臀部先进车门，然后将双脚并拢抬高转身并移向车内，上车后将车门轻轻关上，并调整好坐姿。下车时同样将车门打开，向车门方向转身，双脚同时抬高移到车外并同时着地，低头并将身体外倾下车。下车后，手握车门把，将车门轻轻关上。尤其注意的是，穿短裙的女士，上下车动作应该更优雅，在车内调整好姿势不要随意变换。若女士裙子太短或太紧不宜先上车，此时男士不必过分谦让。

【技能训练】

情景模拟：乘坐轿车训练。

任务要求：模拟轿车座位（可用椅子带代替）。

任务提示：根据学生人数进行分组，6 人为一组，以组为单位展开，并确定各自的角色（客人、女士、上级或主人、男士、下级等），表演按着正确的座次乘车。老师现场指导。

（1）客方 1 人，我方 3 人（主要接待 1 人、陪同 1 人、司机 1 人），乘一辆车。

（2）客方 2 人，我方 2 人（主要接待 1 人、司机 1 人），乘一辆车。

（3）客方 3 人，我方 3～4 人（主要接待 1 人、人陪同 1 人、司机 1 人），分乘两辆车。

项目 3　会客的位次排列礼仪

【学习目标】

能力目标：能根据礼仪要求来做好会客时的位次排列。

素质目标：具有组织商务会客活动的能力、应变能力。

知识目标：掌握会客时的位次排列规则，了解会客时的位次排列的礼仪规范。

技能目标：熟练安排会客时的位次排列。

【技能点】

1. 能根据礼仪要求，正确安排相对式会客的位次排列。

2. 能根据礼仪要求，正确安排并列式会客的位次排列。

3. 能根据礼仪要求，正确安排自由式会客的位次排列。

【引导案例】

有一天，京都公司来了一位前来洽谈业务的安经理，会客室在二楼，办公室秘书小丽接到通知后在前面引路，将安经理带到会客室，奉上礼貌茶。公司刘总经理前来迎接，请安经理在会客室就座。安经理心情愉悦，双方进行了友好洽谈。安经理心情愉悦的原因是什么？

【任务分析】

案例中，秘书小丽在前面引路，将安经理带到会客室，双方就座后，安经理面对正门，刘经理背对正门。安经理感到受尊重。因为在服务礼仪里讲究"面门为上"，即面对正门之座为上座，应请客人就座；背对正门之座为下座，宜由主人就座。安经理受到了礼遇，礼仪让人如沐春风。

【相关知识】

会客的位次排列礼仪

1. 相对式

客人与主人对面而坐即称为相对式。相对式位次排列的基本要求是面门为上，也就是面对房间正门者为客位，是地位高者；背对房间正门者为主位，是地位较低者。

2. 并列式

并列式是指宾主并排而坐。当宾主并排而坐，倘若双方都面对房间正门，具体的要求是以右为上。以右为上是指宾主之间客人应该坐在主人的右边，而主人应该坐在客人的左边。以右为上是一种国际惯例。

3. 自由式

自由式即自由择座，即客人愿意坐在哪里就坐在哪里。自由式通常用在客人较多，座次无法排列，或者大家都是亲朋好友，没有必要排列座次时。

相对式会客排位

并列式会客排位

【拓展知识】

如何引导客人进入会客室

当门是属于内开式时，打开后，自己先行入内，然后一只手按着门把，轻轻点头示意访客进入，这时引导的人可以站在门后阴影处，或者露出全身都无妨，基本上以露出半身较为合适。

若门是属于外开式时，打开门后同样地单手按住门把，先稍微行个礼再请访客入内，就好像将访客送进去般的姿势，然后自己再进去，进门后背对门将门带上，引导来客入座。

门向内开时，若请访客先进去的话，为了按住门，姿势会变得极不自然。而门向外开时，自己打开门后直接走进去的话，会给对方一种很傲慢的印象，要尽量避免。要记住，门向内开和向外开在应对的方法上是有差异的。

【技能训练】

根据学生人数进行分组，4 人为一组，每组学生列出分别代表主客双方的人员，按会客的几种常见方式模拟会客座次礼仪，老师进行现场指导。

项目 4　　谈判的位次排列礼仪

【学习目标】

能力目标：能根据礼仪要求来做好谈判时的位次排列。

素质目标：具有组织商务谈判活动能力、应变能力。

知识目标：掌握谈判的位次排列规则，了解谈判的位次排列的礼仪规范。

技能目标：熟练安排谈判时的位次排列。

【技能点】

1. 能根据礼仪要求，正确安排横桌式双边谈判的位次排列。
2. 能根据礼仪要求，正确安排竖桌式双边谈判的位次排列。
3. 能根据礼仪要求，正确安排自由式多边谈判的位次排列。
4. 能根据礼仪要求，正确安排主席式多边谈判的位次排列。

【引导案例】

王先生对我公司的产品很满意，今天王先生随单位同行一行 5 人来我公司就价格和售后服务具体问题进一步沟通协商。销售顾问李意请来销售经理刘正，双方就购买的具体细节进行谈判和协商，李意把王先生一行引到洽谈区。销售顾问李意这时应该注意怎样安排座次，才不失礼仪规范呢？

【任务分析】

此案例中，李意和销售经理作为主方，与王先生单位一行 5 人要就购买的具体细节进行谈判和协商。这是一个双边谈判。李意把王先生引到洽谈区。洽谈区里谈判桌在谈判室内横放，王先生面门而坐。他的同事各自先右后左、自高而低地分别在他一侧就座。李意和销售经理刘正背门而坐。双方就价格和售后服务的具体问题进行协商，左后双方达成协议。

【相关知识】

谈判的位次排列礼仪

在商务交往中,不同的企业为了各自的经济利益而在一起商洽的时候,就出现了谈判。为了表示出谈判的严肃性,人们很重视谈判的位次。谈判位次的排列,大体上有下列 2 种情况。

1. 双边谈判

双边谈判座次排列,在谈判时会出现两种情况,即横式和竖式。横式为谈判桌在谈判厅里横向摆放,竖式即谈判桌在谈判厅里竖向摆放。二者有共性,也有操作上的具体差异。举行双边谈判时,应使用长桌或椭圆形桌子,宾主应分坐于桌子两侧。

(1)横桌式谈判座次排列

横桌式座次排列,是指谈判桌在谈判室内横放,客方人员面门而坐,主方人员背门而坐。除双方主谈者居中就座外,各方的其他人士则应依其具体身份的高低,各自按先右后左、自高而低的顺序分别在己方一侧就座。双方主谈者的右侧之位,在国内谈判中可坐副手,而在涉外谈判中则应由译员就座。

(2)竖桌式谈判座次排列

竖桌式座次排列,是指谈判桌在谈判室内竖放。以进门时的方向为准,右侧由客方人士就座,左侧则由主方人士就座。在其他方面,则与横桌式排座相仿。

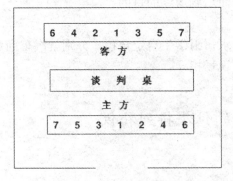

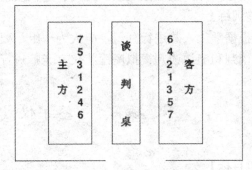

横桌式(标准式)谈判排位　　　　　　　竖桌式(标准式)谈判排位

2. 多边谈判

多边谈判是由三方或三方以上人士所举行的谈判。多边谈判的座次也可分为两种形式。

(1)自由式

自由式座次排列,即各方人士在谈判时自由就座,而无须事先正式安排座次。

(2)主席式

主席式座位排列,是指在谈判室内,面向正门设置一个主席位,由各方代表发言时使用。其他各方人士,则一律背对正门、面对主席之位就座。各方发言后,亦须下台就座。

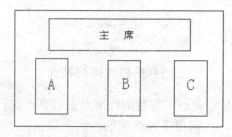

主席式谈判排位

【拓展知识】

谈判的风格差异

民族文化不同，谈判风格差异很大。

法国人喜欢冲突。他们常常通过思考和反驳他人的观点而获得认可，提高声誉。因此，法国人更愿意花费很长时间来达成谈判协议，而且他们并不过分在意对手是否喜欢自己。

中国人也会拖长谈判时间，但其原因是他们相信谈判永无止境。当你以为和中国经营者已经敲定了每一个细节并获得了最终解决办法时，中国的经营者会面带微笑，然后重新开始谈判的全部过程。与日本人一样，中国人的谈判是为了发展相互关系和对共同工作做出承诺，而不是为了把每一个细节讨论清楚。

与美国谈判者相比，日本人会直接沟通并且会调整他们的行为以适应不同的情境。

美国人在全世界以缺乏耐性和希望受人喜欢著称。而来自其他国家的精明谈判者常常利用这些特点，通过拖延谈判时间和建构友谊而达到最终的目的。

【技能训练】

根据学生人数进行分组，6 人为一组，要求每组学生自定角色，分别就汽车商务中的双边谈判和多边谈判模拟座次礼仪，老师进行现场指导。

项目 5   签字仪式的位次排列礼仪

【学习目标】

能力目标：能根据礼仪要求来做好签字仪式的位次排列。

素质目标：具有组织签字仪式活动能力、应变能力。

知识目标：掌握签字仪式的位次排列规则，了解签字仪式的位次排列的礼仪规范。

技能目标：熟练安排签字仪式的位次排列。

【技能点】

1. 能根据礼仪要求，正确安排并列式双边签字仪式的位次排列。

2. 能根据礼仪要求，正确安排相对式双边签字仪式的位次排列。

3. 能根据礼仪要求，正确安排主席式多边签字仪式的位次排列。

【引导案例】

长沙鑫远白天鹅酒店和湖南科技职业学院"校企合作"签约暨授牌仪式，在长沙鑫远白天鹅酒店举行。长沙鑫远白天鹅酒店总经理、部门经理，湖南科技职业学院院长、经贸商务系主任等 20 多位嘉宾出席签字仪式。在"校企合作"签约暨授牌仪式上，应如何进行位次排列呢？

【任务分析】

　　长沙鑫远白天鹅酒店总经理和湖南科技职业学院院长分别代表双方签署合同，他们两人作为双方签字人员入座后，双方的助签人员分别站立于签字人员外侧，协助翻揭文本及指明签字处。其他人员分主方、客方按身份顺序站立于后排，客方人员按身份由高到低从中向右边排，主方人员按身份高低有中向左边排。当一行站不完时，可以按照以上顺序并遵照"前高后低"的惯例，排成两行、三行或四行。

【相关知识】

签字仪式的位次排列礼仪

　　签字仪式，通常是指订立合同、协议的各方在合同、协议正式签署时所正式举行的仪式。举行签字仪式，不仅是对谈判成果的一种公开化、固定化，也是有关各方对自己履行合同、协议所做出的一种正式承诺。签字仪式可分为双边签字仪式和多边签字仪式。从礼仪上来讲，举行签字仪式时，最基本的当属举行签字仪式时座次的排列方式。一般而言，举行签字仪式时，座次排列的具体方式共有 3 种基本形式，可根据不同的具体情况来选用。

　　1. 并列式。并列式排座，是举行双边签字仪式时最常见的形式。基本做法是：签字桌在室内面门横放。双方出席仪式的全体人员在签字桌之后并排排列，双方签字人员居中面门而坐，客方居右，主方居左。

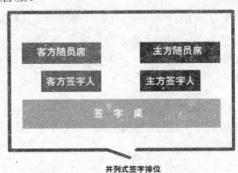

并列式签字排位

2. 相对式。相对式签字仪式的排座，与并列式签字仪式的排座基本相同。二者之间的主要差别在于，相对式排座将双边参加签字仪式的随员席移至签字人的对面。

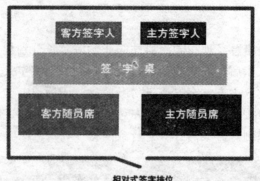

相对式签字排位

3. 主席式。主席式排座，主要适用于多边签字仪式。其操作特点是：签字桌仍须在室内横放，签字席设在桌后，面对正门，但只设一个，并且不固定其就座者。举行仪式时，所有各方人员，包括签字人在内，皆应背对正门、面向签字席就座。签字时，各方签字人应以规定的先后顺序依次走上签字席就座签字，然后退回原位就座。

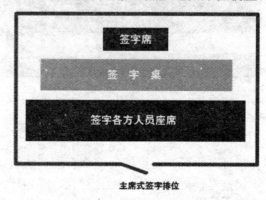

主席式签字排位

【拓展知识】

签字仪式基本程序

1. 宣布开始

此时，有关各方人员应先后步入签字厅，在各自既定的位置上正式就位。

2. 签署文件

通常的做法，是首先签署应由己方所保存的文本，然后再签署应由他方所保存的文本。依照礼仪规范，每一位签字人在己方所保留的文本上签字时，应当名列首位。因此，每一位签字人均须首先签署将由己方所保存的文本，然后再交由他方签字人签署。此种做法，通常称为"轮换制"。

3. 交换文本

各方签字人此时应热烈握手，互致祝贺，并互换方才用过的签字笔，以志纪念。全场人员应热烈鼓掌，以表示祝贺之意。

4. 饮酒庆贺

有关各方人员一般应在交换文本后当场饮上一杯香槟酒，并与其他方面的人士一一干杯。这是国际上所通行的增加签字仪式喜庆色彩的一种常规性做法。

【技能训练】

按学生人数分为两组，分别代表汽车厂商和大客户就达成的合作意向进行双边签字仪式模拟，老师进行现场指导。

项目 6　会议的位次排列礼仪

【学习目标】

能力目标：能根据礼仪要求来做好会议的位次排列。

素质目标：具有组织商务会议活动能力、应变能力。

知识目标：掌握会议的位次排列规则，了解会议的位次排列的礼仪规范。

技能目标：熟练安排会议的位次排列。

【技能点】

1. 能根据礼仪要求，正确安排小型会议的位次排列。

2. 能根据礼仪要求，正确安排大型会议的位次排列。

【引导案例】

某市政府考察队来永通汽车股份有限公司考察情况，来宾有考察队长、副队长、技术主管和考察队员 2 名，公司召开了欢迎大会。如果会议桌是长方形的，应该怎么排座位？

【任务分析】

某市政府考察队来永通汽车股份有限公司考察情况，公司召开了欢迎大会。除了与会者要注意参加会议的一些注意事项外，在会议主席台上，公司排位顺序以职务高低排列，公司总经理作为主持人，坐在主席台中间位置，来宾队长坐在总经理的左手边，副队长坐在总经理右手边，以此类推。

【相关知识】

会议的位次排列礼仪

商务交往中经常会举行一些重要的会议，举行会议时的位次排列就是摆在人们面前不可回避的一个细节。在商务交往中，会议通常可以分为两种，即小型会议与大型会议。

1. 小型会议

一般指参加者较少、规模不大的会议。它的主要特征是，全体与会者均应排座，不设立专用的主席台。位次排列需要注意两点：

（1）讲究面门为上，面对房间正门的位置一般被视为上座。

（2）小型会议通常只考虑主席之位，同时也强调自由择座。例如主席也可以不坐在右侧或者面门而坐，也可以坐在前排中央的位置，强调居中为上。

（3）商务礼仪基本要求以右为上，坐在右侧的人为地位高者。虽然在国际政务交往中采用我国传统做法，即以左为尊，但是商务礼仪遵守的是国际惯例。

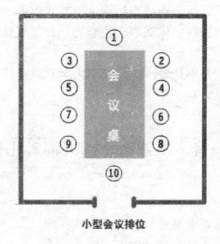

小型会议排位

2．大型会议

大型会议应考虑主席台、主持人和发言人的位次。主席台的位次排列要遵循三点要求：

（1）前排高于后排。

（2）中央高于两侧。

（3）右侧高于左侧（政务会议则为左侧高于右侧）。主持人之位，可在前排正中，也可居于前排最右侧。发言席一般可设于主席台正前方，或者右前方。

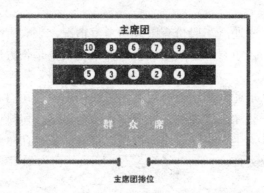

主席团排位

发言席位置之一

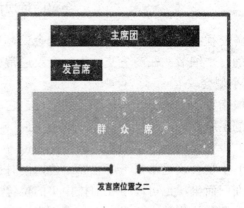

发言席位置之二

【拓展知识】

行进位次礼仪花絮

1. 左侧低于右侧。一般要让客人走在内侧，居右；而陪同人员或者主人则走在左侧。有时尚须明确前方高于后方。

2. 人比较多的时候，最好的行进位置就是站在或坐在左外侧。

3. 出入房门，让客人或者贵宾在通过房门的时候先入先出，因为前面比后面地位高。

4. 出入电梯，乘用平面移动式电梯与上下行的滚动式电梯时，要单行右站；无人驾驶的升降式电梯时，陪同人员的标准化做法是先入后出。

【技能训练】

根据学生人数进行分组，7 人为一组，以组为单位展开，要求每组学生分别进行不同类型不同规模会议位次礼仪的模拟，老师进行现场指导。

项目 7　宴会的位次排列礼仪

【学习目标】

能力目标：能根据礼仪要求来做好宴会的位次排列。

素质目标：具有组织商务宴会活动能力、应变能力。

知识目标：掌握宴会的位次排列规则，了解宴会的位次排列的礼仪规范。

技能目标：熟练安排宴会的位次排列。

【技能点】

1. 能根据礼仪要求，正确安排中餐宴会的位次排列。

2. 能根据礼仪要求，正确安排西餐宴会的位次排列。

【引导案例】

有个大学毕业生小赵，分到某大酒店公关部，经过几年的艰苦奋斗、勤恳工作，被聘为科长。一次，酒店接待一位前来投资的大老板，经理把接待任务交给小赵，小赵认真准备，可是一不小心，把客人主宾位弄错了。由于很忙，大家都未发现，等发现时已经迟了。结果这次投资项目告吹了，小赵也被调离了公关部。

【任务分析】

主宾座次，这是礼仪问题，座位弄错，就是对客人的不尊敬。由此可见，一个很偶然的、很小的疏忽，但一不小心也会因小失大。因此，商务接待中，事无大小，都必须严格按照商务礼仪的规则来处理，讲究接待艺术。

【相关知识】

宴会的位次排列礼仪

在正式的商务宴请中，位次的排列最为讲究。宴请位次的排列主要涉及两个问题：桌次和座位。

1. 桌次的安排

主桌的确定：居中为上，以右为上，以远为上。

按习惯，桌次的高低以离主桌位置远近而定。以主人的桌为基准，右高左低，近高远低。桌子之间的距离要适中，各个座位之间的距离要相等。

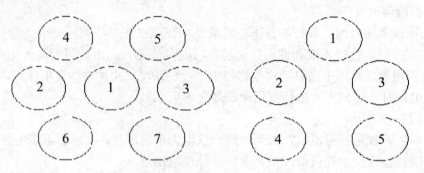

2. 座次的排列

面门居中为主人：座次以主人的座位为中心，如果女主人参加时，则以主人和女主人为基准，近高远低，右高左低，依次排列。

主人右侧是主宾，把主宾安排主人的右手位置，主宾夫人安排在女主人的右手位置。主左宾右分两侧而坐。译员安排在主宾右侧。

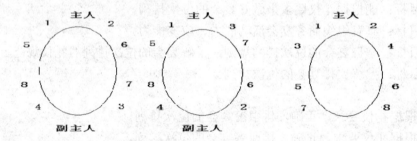

宴会位次示意图

3. 西餐的位次排列

西餐的位置排列与中餐有相当大的区别，中餐多使用圆桌，而西餐一般都使用长桌。如果男女二人同去餐厅，男士应请女士坐在自己的右边，还得注意不可让她坐在人来人往的过道边。若只有一个靠墙的位置，应请女士就座，男士坐在她的对面。如果是两对夫妻就餐，夫人们应坐在靠墙的位置上，先生则坐在各自夫人的对面。如果两位男士陪同一位女士进餐，女士应坐在两位男士的中间。如果两位同性进餐，那么靠墙的位置应让给其中的年长者。西餐还有个规矩，即每个人入座或离座，均应从座椅的左侧进出。举行正式宴会时，座席排列按国际惯例：桌次的高低依距离主桌位置的远近而右高左低，桌次多时应摆上桌次牌。同一桌上席位的高低也是依距离主人座位的远近而定。西方习俗是男女交叉安排，即使是夫妻也是如此。

（1）横向餐桌：

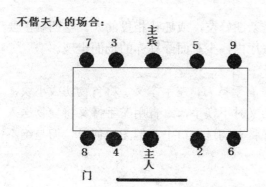

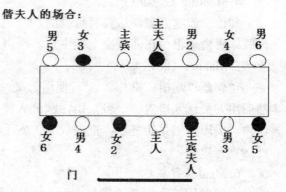

（2）纵向餐桌：

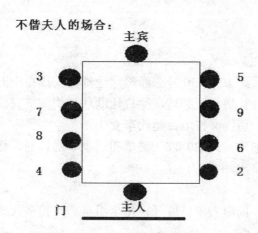

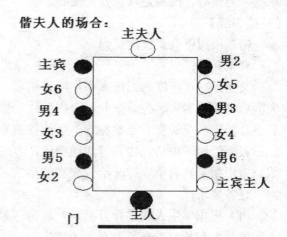

【拓展知识】

吃西餐的六个 M

1. Menu（菜单）

当您走进西餐馆，服务员先领您入座，待您坐稳，首先送上来的便是菜单。菜单被视为餐馆的门面，老板也一向重视，用最好的面料做菜单的封面。看菜单、点菜已成了吃西餐的一个必不可少的程序，是一种生活方式。

2. Music（音乐）

豪华高级的西餐厅，要有乐队，演奏一些柔和的乐曲，一般的小西餐厅也播放一些美妙的乐曲。最讲究的是乐声的"可闻度"，即声音要达到"似听到又听不到的程度"。要集中精力和友人谈话就听不到，要想休息放松一下就听得到，这个度要掌握好。

3. Mood（气氛）

西餐讲究环境雅致，气氛和谐。一定要有音乐相伴，有洁白的桌布，有鲜花摆放，所有餐具一定洁净。如遇晚餐，要灯光暗淡，桌上要有红色蜡烛，营造一种浪漫、迷人、淡雅的气氛。

4. Meeting（会面）

和谁一起吃西餐，这要有选择的，一定要是亲朋好友，或趣味相投的人。吃西餐主要为联络感情，很少在西餐桌上谈生意。所以西餐厅内，少有面红耳赤的场面出现。

5. Manner（礼俗）

也就是"吃相"和"吃态"。使用刀叉，应是右手持刀，左手拿叉，将食物切成小块，然后用刀叉送入口内。一般来讲，欧洲人使用刀叉时不换手，一直用左手持叉将食物送入口内。美国人则是切好后，把刀放下，右手持叉将食物送入口中。但无论何时，刀是绝不能送物入口的。

6. Meal（食品）

一位美国美食家曾这样说："日本人用眼睛吃饭，料理的形式很美；吃我们的西餐，是用鼻子的，所以我们鼻子很大；只有你们伟大的中国人才懂得用舌头吃饭。"我们中餐以"味"为核心，西餐是以营养为核心。

【技能训练】

情景模拟：宴请位次排列。

背景介绍：

又到了一年一度的天地人和年终答谢宴。每年 12 月 30 号总经理徐达都会安排在华天大酒店宴请大客户、关系企业、合作伙伴。恰逢长盛一行到访，徐总让助理林娟负责安排长盛总经理和李长青女士参加本年度的答谢宴，请提前打电话邀约李女士。

根据信函、电话、传真等沟通确认，今晚的来宾约 30 位。菜单和酒水单已订好，林娟只需根据来宾名单安排好给位来宾的桌次、座次。

任务要求：

（1）根据学生人数进行分组，7 人为一组，以组为单位展开，每个组推选出扮演天地人和的林娟和长盛的李长青女士的学生。

（2）安排好宴会位次。排好 30 位客户的桌次，并画出桌次图。排好 30 位客户的位次，并画出位次图。

任务提示：位次排列礼仪为面门为上、以右为上，居中为上、以远为上。

项目 8　旗帜的位次排列礼仪

【学习目标】

能力目标：能根据礼仪要求来做好旗帜的位次排列。

素质目标：具有组织商务活动时正确排放旗帜的能力、应变能力。

知识目标：掌握旗帜的位次排列规则，了解旗帜的位次排列的礼仪规范。

技能目标：熟练安排旗帜的位次排列。

【技能点】

1. 能根据礼仪要求，正确安排国旗与其他旗帜悬挂时的位次排列。

2. 能根据礼仪要求，正确安排中国国旗与其他国家国旗悬挂时的位次排列。

【引导案例】

　　如果你是某中国企业里面的工作人员，需要接待外国客人，布置签字仪式，如果允许悬挂国旗的话，我国国旗应该怎么摆放？外国国旗怎么摆放？再者，外国企业，一般按照国际惯例和我国的要求，是可以悬挂本国国旗的。但是外国企业悬挂本国国旗，必须同时悬挂中国国旗，而且必须把中国国旗挂在上位，因为这是中华人民共和国的国土。那么什么是上位？

【任务分析】

　　案例中是中国企业里面的工作人员，需要接待外国客人，活动以我方为主，即我方扮演主人的角色，以右为上，客人应该受到尊重，因此其他国家的国旗应挂于上位，外国国旗应面对房间正门居右，中国国旗应面对房间正门居左；如果活动以外方为主，即由外方扮演主人的角色，中国国旗应该处于尊贵位置。以右为上位，国旗的左和右是指旗帜面向的左和右。

【相关知识】

旗帜的位次排列礼仪

　　1. 国旗与其他旗帜

　　当国旗与其他旗帜悬挂时，按照《中华人民共和国国旗法》及其使用相关规定，我国国旗代表国家，所以必须居于尊贵位置。所谓尊贵位置是指：第一，居前为上，当国旗跟其他旗帜有前有后时国旗居前；第二，以右为上，当国旗与其他旗帜分左右排列时国旗居右；第三，居中为上，当国旗与其他旗帜有中间与两侧之分时，中央高于两侧；第四，以大为上，当国旗与其他旗帜有大小之分时，国旗不能够小于其他旗帜；第五，以高为上，当国旗升挂位置与其他旗帜升挂位置有高低之分时，国旗居高。

　　2. 中国国旗与其他国家国旗

　　在国际商务交往中，有的时候会出现中国旗帜和其他国家旗帜同时悬挂的情况，这时应分别对待。如果活动以我方为主，即我方扮演主人的角色，以右为上，客人应该受到尊重，因此其他国家的国旗应挂于上位；如果活动以外方为主，即由外方扮演主人的角色，中国国旗应该处于尊贵位置。

【拓展知识】

升挂外国国旗的规定

　　只有在下述情况下，外国国旗才有可能在中华人民共和国境内升挂使用。

　　其一，外国驻我国的使领馆和其他外交代表机构，及其主要负责人的寓邸与乘用的交通工具。

　　其二，外国的国家元首，政府首脑、副首脑、议长、副议长、外交部长、国防部长、总司令或总参谋长，率领政府代表团的正部长，国家元首或政府首脑派遣的特使，以其公职身份正式来华访问之际所举行的重要活动。

　　其三，国际条约和重要协定的签字仪式。

其四，国际会议，文化、体育活动，展览会，博览会等的举行场所。

其五，民间团体所举行的双边和多边交往中的重大庆祝活动。

其六，外国政府经援项目以及大型三资企业的重要仪式、重大庆祝活动。

其七，外商投资企业，外国其他的常驻中国机构。

此外，在一般情况下，只有与我国正式建立外交关系的国家的国旗，才能在我国境内的室外或公共场所按规定升挂。若有特殊原因需要升挂未建交国国旗，须事先经过省、市、自治区人民政府外事办公室批准。

【技能训练】

根据学生人数进行分组，4 人为一组，以组为单位展开，要求每组学生分别模拟商务活动中各种旗帜位次的排列，老师进行现场指导。

【复习思考题】

1. 简述接待人员在楼梯上的引导方法。

2. 简述乘坐轿车的礼仪。

3. 会客时的位次排列有哪几种形式？

4. 简述商务谈判位次排列的几种方法。

5. 怎样把握签字仪式的位次礼仪？

6. 西餐座次排列的一般法则是什么？

7. 旗帜悬挂的位次排列规则。

模块 9　会务接待和商务谈判礼仪

项目 1　会务接待礼仪

【学习目标】

　　能力目标：能根据不同的会议内容，正确安排座次，做好接待服务工作。

　　素质目标：具有组织会务活动的组织能力、策划能力、协调能力、沟通能力。

　　知识目标：掌握公司会议的工作流程，了解会议准备的内容，掌握会议座次安排的原则，掌握会议组织过程中的礼仪规范。

　　技能目标：按照会议礼仪和商务礼仪的要求，具有运用相关礼仪规范的能力。

【技能点】

　　1. 公司会议流程。

　　2. 小型会议座次安排。

　　3. 大型会议座次安排。

　　4. 会议组织者礼仪。

【引导案例】

　　一家上市公司有意寻求地区合作伙伴，与同样有合作意向的长宁公司准备商谈合作了，为了考察长宁公司的真正实力，上市公司特派出几名代表去参观长宁公司。长宁公司对代表们的到来表示热烈欢迎。总经理亲自陪同代表们参观公司总部及各下属企业。这家公司的实力确实十分雄厚，但总经理及其他接待人员的一些做法却让代表们连连摇头。乘车时，总经理总是先上车，然后才请代表们上车；乘有专人服务的电梯时，总经理总是抢先进去，再让代表们进去；对于参观计划，公司也安排得一团糟，浪费了代表们不少宝贵的时间……在代表们回去的当天，长宁公司就收到了这家上市公司发来的传真。传真上写道："不能与贵公司合作，我们深表遗憾。但是，一个连基本的接待礼仪都不懂的公司，我们很难相信它会有发展前途。"

【任务分析】

　　竞争激烈的社会中，很多企业越来越重视职业礼仪。接待工作也随着公司服务意识的增强而更讲究规范。特别是在接待客户时的礼仪，要求主人文明、礼貌和热情地对待客人。如果接待工作在礼仪方面做到严谨、热情、周到和细致，会大大加深客户对公司的了解，从而增强与公司合作的信心，促进双方业务的发展。上面的案例就是因为长宁公司的接待礼仪做得很不到位而直接影响了客户对公司的影响。

【相关知识】

会务接待礼仪

1. 公司会议流程

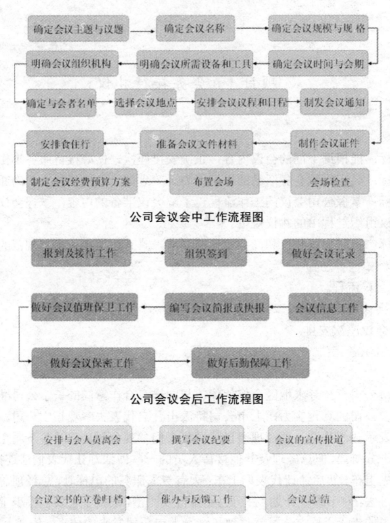

公司会议会前工作流程图

确定会议主题与议题 → 确定会议名称 → 确定会议规模与规格

明确会议组织机构 ← 明确会议所需设备和工具 ← 确定会议时间与会期

确定与会者名单 → 选择会议地点 → 安排会议议程和日程 → 制发会议通知

安排食住行 ← 准备会议文件材料 ← 制作会议证件

制定会议经费预算方案 → 布置会场 → 会场检查

公司会议会中工作流程图

报到及接待工作 → 组织签到 → 做好会议记录

做好会议值班保卫工作 ← 编写会议简报或快报 ← 会议信息工作

做好会议保密工作 → 做好后勤保障工作

公司会议会后工作流程图

安排与会人员离会 → 撰写会议纪要 → 会议的宣传报道

会议文书的立卷归档 ← 催办与反馈工作 ← 会议总结

2. 小型会议座次安排

在小型会议中，可以把会场布置成圆桌型或者方桌型，领导和会议成员可以互相看得见，大家可以无拘无束地自由交谈，这种形式适合于召开 15 人至 20 人左右的小型会议，如工作周例会、月例会、技术会议、董事会。它的主要特征是全体与会者均应排座，不设立专用的主席台。小型会议的排座主要有以下两种具体形式。

（1）面门设座

它一般以面对会议室正门之位为会议主席之座，即尊位。通常会议主席坐在离会议室门口最远的桌子末端。主席两边是参加公司会议的客人和拜访者的座位，或是高级管理人员、助理的座位，以便能帮助主席分发有关材料、接受指示或完成主席在会议中需要做的事情。

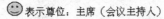

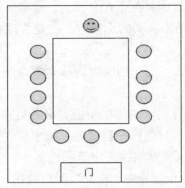

（2）依景设座

所谓依景设座，是指会议主席的具体位置，不必面对会议室正门，而是应当背依会议室之内的主要景致之所在，如字画、讲台等。

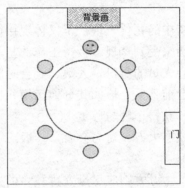

3．大型会议座次安排

大型会议，一般是指与会者众多、规模较大的会议，如企业职工代表大会、报告会、经验交流会、新闻发布会、庆祝会。它的最大特点是会场上应分设主席台与群众席。前者必须认真排座，后者的座次则可排可不排。

（1）主席台排座

大型会场的主席台，一般应面对会场主入口。在主席台上的就座之人，通常应当与在群众席上的就座之人呈面对面之势。每一名成员面前的桌上均应放置双向的桌签。主席台排座，具体又可分作主席团排座、主持人座席、发言者席位等三个不同方面。

①主席团排座

主席团，在此是指在主席台上正式就座的全体人员。按照国际惯例排定主席团位次的基本规则有三：一是前排高于后排，二是中央高于两侧，三是右侧高于左侧。判断左右的基准是顺着主席台上就座者的视线，而不是观众视线。

②主持人座席

会议主持人，又称大会主席。其具体位置有三种方式可供选择：一是居于前排正中央；二是居于前排的两侧；三是按其具体身份排座，但不宜令其就座于后排。

③发言者席位

发言者席位，又叫作发言席。在正式会议上，发言者发言时不宜就座于原处发言。发言席的常规位置有两种：一是主席团的正前方；二是主席台的右前方。

（2）群众席排座

在大型会议上，主席台之下的一切座席均称为群众席。群众席的具体排座有以下两种形式。

①自由式择座，即不进行统一安排，而由大家各自择位而坐。

②按单位就座。它指的是与会者在群众席上按单位、部门或者地位、行业就座。它的具体依据，既可以是与会单位、部门的汉字笔画的多少、汉语拼音字母的顺序，也可以是其平时约定俗成的序列。按单位就座时，若分为前后两排，一般以前排为高，以后排为低；若分为不同楼层，则楼层越高，级别越低。在同一楼层排座时，又有两种普遍通行的方式：一是以面对主席台为基准，自前往后进行横排；二是以面对主席台为基准，自左而右进行竖排。

4. 会议组织者礼仪

（1）会议前的接待礼仪

会议主办方在会议前接待中的礼仪表现，不仅体现接待人的形象，更涉及他所代表组织的形象。因此，接待礼仪历来受到重视。接待工作的基本要求是主动、准时、热情、周到。会议的组织者应根据与会人员的身份、人数、到会时间来确定接待的规格、所需车辆等具体事项。如能在会议的台前幕后，恰如其分地运用礼仪，迎接、款待、照顾好对方，都可以赢得参会人员的好感，获得理解与尊重。

接待人员应穿戴整齐，仪态大方。对与会者，一般应引领他进入会场。对上级、长者等的来访，还可上前迎候。

如果参会来宾数量众多，主办方则应尽量安排较多的接待人员。接待人员在接待与会者时，应关闭通信工具，以免中断正在进行的接待。总之，不能让与会者坐冷板凳，不能冷落了与会者。

如果某位宾客不符参会的条件要求且不是本次会议的邀请对象，或者会议已开始不再接待新入人员时，接待人员应说明理由，婉言相拒，坚守职责。

在大中型会议中，往往在会议室的入口处设置了签字台。对于与会者而言，则应自觉做好签到工作，领取相关的会务用品。会务组的人员对来宾的提问应有礼耐心予以解答。

（2）会议进行中的礼仪

①主持人的礼仪

各种会议的主持人，一般由具有一定职位的人来担任。其行为表现对会议能否圆满成功有着重要的影响。在主持会议期间，主持人应注意以下六点：

第一，主持人应衣着整洁，大方庄重，切忌不修边幅，邋里邋遢。

第二，走上主席台应精神饱满，步伐稳健有力，行走的速度因会议的性质而定。

第三，主持时的言谈举止应根据不同的会议气氛来采取，不同的场合要调动不同的气氛，如庄重、严肃或者轻松、幽默。

第四，姿态大方得体，腰背挺直，主持过程中，切忌出现搔头、揉眼、拦腿等不雅动作。

第五，言谈应口齿清楚，思维敏捷，简明扼要。要切实把握会议的主题，不要使讨论或发言离题太远。同时尊重发言人的发言和提问，不能随意打断别人的发言或者武断地妄下结论。

第六，在会场上不能随意和熟人打招呼，更不宜寒暄闲谈。

②会议发言人的礼仪

会议发言有正式发言和自由发言两种，前者一般是领导报告，后者一般是讨论发言。正式发言者，应衣冠整齐，走上主席台应步态自然，刚劲有力，体现一种成竹在胸、自信自强的风度与气质。发言时应口齿清晰，讲究逻辑，简明扼要。如果是书面发言，要时常抬头扫视一下会场，不能低头读稿，旁若无人。自由发言则较随意，要注意，发言应讲究顺序和秩序，不能争抢发言；发言应简短，观点应明确；与他人有分歧，应以理服人，态度平和，听从主持人的指挥。

如果有在场的与会人员对发言人提问，应礼貌作答。对不能回答的问题，应机智而礼貌地说明理由；对提问人的批评和意见应认真听取，不应争吵大闹失态。

我们要明确的是，工作会议仅是工作过程中的一个环节，所以有必要克服开会过多、过长的形式主义作风。对于发言人而言，发言时要注意尽量紧凑，切忌长篇大论、任意发挥，如果言而无实，则极为惹人反感的。开会发言也必须是针对具体明确的内容而开展的。

发言结束后，可向会议参加人员表示感谢。

③会场服务礼仪

大中型会议一般都设有专门的会场服务人员。其工作内容一般是引领答疑、供应茶水、调试音响、担当保卫等。会议进行中的服务工作要做到主动、稳重、大方、敏捷、及时。

服务人员在负责端茶倒水时，脚步一定要轻。茶杯和水瓶都要稳拿轻放，尽量不要弄出声响来。倒水动作要轻盈、快捷、规范。同时应随时注意到每位与会者的茶杯，以便及时为其添茶水。

会议服务人员还应做好会场内外的信息沟通工作，及时将相关信息传递给与会人员。在这一服务过程中，服务人员应轻轻地走到相关人员面前，轻声传递信息。切忌在会场中和与会者长时间交谈或者频繁出入会场。

（3）会议结束后的礼仪

会议的成功举办，应当是善始善终的。如果虎头蛇尾，也会给与会者留下不好的印象，甚至前功尽弃。在会议结束之后，组织者应该注意以下细节，才能够体现出良好的礼仪素养。

首先，将会议内容形成文字资料，整理好会议记录。对于大型的重大会议，还可以整理成会议纪要印发出去，指导全局。对于本次会议所讨论的一些具体事项，最好落实到相关的负责人，以便有专人负责相关活动的跟进，由此加强单位的执行力，确保会议召开的实效性。

其次，如有需要，向兄弟单位企业赠送公司的纪念品，或者带领宾客参观公司、厂房等。如有必要，合影留念。

最后，根据情况，为与会人员安排交通，送达到车站、机场、码头。如有必要，主办方应为对方买好回程票，单位的主要领导亲自送别。

【拓展知识】

会议礼仪

1. 与会者礼仪

（1）会议前的礼仪准备

对于出席正式大型会议的人员，务必要注意衣着整洁、仪表大方。

男士应当理发剃须，而不应蓬头乱发。女士应选择端正、素雅的发型，并且化淡妆，不可作过于摩登或超前的发型，不可染彩色头发，不可化艳妆，不可使用香气过于浓烈的化妆品。

同时，出席正式庄重的会议场合，参会人员应着传统、简约、高雅、规范的服装。一般而言，参加会议时，男士背心拖鞋，或者袒胸露背；女士穿紧身装、透视装、低胸装、露背装、超短装、运动装，并全身上下戴满各式首饰，从耳垂一直"武装"到脚脖子等类似的打扮，都是极为不妥的。

（2）会议中的礼仪

会议参加者应衣着整洁，仪表大方，准时入场，进出有序，依会议安排落座。对于大型的参与单位众多的会议，与会人员在仪表上应当特别注意，应该表现出敬业、职业、干练的形象。

就一般来说，最基本的是要按时到会，遵守会议纪律。开会时要尊重会议主持人和发言人。会中尽量不要离开会场。如必须离开，则要轻手轻脚，尽量不影响发言者和其他与会者，尽量从后门离开。如果长时间离开或提前退场，应与会议组织者打招呼，说明理由，征得同意后再离开。

在开会过程中，如果有讨论，最好不要保持沉默，这会让人感到你对工作或对单位漠不关心。想要发言时应先在心里有个准备，用手或目光向主持人示意或直接提出要求。发言应简明、清楚、有条理，实事求是。当别人讲话时，应认真倾听，用纸笔记录下与自己工作相关的内容或要求。对于他人发言精彩之处，应鼓掌致意。不要在别人发言时说话、随意走动、打哈欠等，这是失礼的行为。如要反驳他人，不要轻易打断对方，应等待对方讲完再阐述自己的见解。别人反驳自己时要虚心听取，不要急于争辩。

如果手机在会场响起，最好是能及时挂断电话，调成震动避免铃声再次响起，然后安静迅速地离开会场回复电话。一般来说，大部分人会反对在会议中使用移动电话。在会议中和别人洽谈的时候，最好的方式是把手机关掉，或者调到震动状态。这样既显示出对别人的尊重，又不会打断正在发言者的思路。

在参加商务会议时，发言时不可长篇大论、滔滔不绝（原则上以 3 分钟为限），不可从头到尾沉默到底，不可引用不确凿的资料，不要尽谈些毫无根据的预测，不可进行人身攻击，不可打断他人的发言，不可不懂装懂、胡言乱语，不要尽谈抽象论或观念论，不可对发言者吹毛求疵，不宜中途离席。

2. 如何按照规范格式做好会议记录

（1）会议基本情况。包括会议名称、开会时间（要写明年、月、日及会议开始时间）、会议地点、出席人（人数不多的会议要把出席者的姓名都写上，注明其他人员全部到会；人数过多的会议可只写出席范围和人数）、列席人、主持人、记录人。上述内容要在会议主持人宣布开会前写好。

（2）会议内容。包括会议议题、会议发言、会议结论等。会议内容是会议记录的重点，记录时必须聚精会神，边听边记，耳、脑、手并用，不能因注意力分散而出现疏漏。

3. 商务会议中如何运用肢体语言

如果你希望自己的讲话内容被观众接受，那么你的手势、身体姿势和声音就要像你的讲话内容一样让人信服。千万不要摆出双手紧握或双臂交叉胸前的防卫姿势，这些动作只能说明你比较保守。为了能使自己的讲话内容被听众理解，你就要采取开放坦白的姿势。比如，让你的一只手自然地放在一边，或采用手心向上的动作。不要摆出说教式的动作，也就是那些指指点点表示强调、坐在台前交叉握双手、手指撑出一个高塔形状的动作，这些动作是骄傲自大的表现。无论你讲的主题多么严肃，偶尔的微笑，而不是咧嘴大笑，总能帮助你赢得更多的支持。

项目 2　商务谈判礼仪

【学习目标】

　　能力目标：能针对商务谈判做出相应的礼仪准备工作，能根据主、客方进行谈判室的布置与座次安排。

　　素质目标：具有组织会务活动的组织能力、策划能力、协调能力、沟通能力。

　　知识目标：了解商务谈判的一般流程，掌握商务谈判的礼仪要求。

　　技能目标：熟练应用商务谈判的礼貌礼仪，掌握商务谈判的座次安排。

【技能点】

　　1. 谈判代表仪态。

　　2. 谈判座次安排。

【引导案例】

周总理的谈判魅力

在 1972 年以前的 15 年里，中美大使级会谈共进行了 136 次，全都毫无结果。中美之间围绕台湾问题、归还债务问题、收回资金问题、在押人员获释问题、记者互访问题、贸易前景问题等进行了长期的、反复的讨论与争执。对此，基辛格说："中美会谈的重大意义似乎就在于，它是不能取得一项重大成就的时间最长的会谈。"然而，周恩来总理以政治家特有的敏锐思维和高超娴熟的谈判艺术，把握住了历史赋予的转机。在他那风度洒脱的举止和富有魅力的笑声中，有条不紊地安排并成功地导演了举世瞩目的中美建交谈判。在1972 年的第 137 次会谈中，终于打破了长达 15 年的僵局。美国前总统尼克松在其回忆录中对周恩来总理的仪容仪态、礼貌礼节、谈判艺术、风格作风给予了高度的赞赏。

尼克松说，周恩来待人很谦虚，但沉着坚定，他优雅的举止和直率而从容的姿态，都显示出巨大的魅力和泰然自若的风度。他外貌给人的印象是亲切、直率、镇定自若而又十分热情。双方正式会谈时，他显得机智而谨慎。谈判中，他善于运用迂回的策略，避开争议之点，通过似乎不重要的事情来传递重要的信息。他从来不提高讲话的调门，不敲桌子，也不以中止谈判相威胁来迫使对方让步。他总是那样坚定不移而又彬彬有礼，他在手里有"牌"的时候，说话的声音反而更加柔和了。他在全世界面前树立了中国政府领导人的光辉形象，他不愧是一位将国家尊严、个人人格与谈判艺术融洽地结合在一起的伟大人物。

【任务分析】

案例中，周恩来谈判的成功固然应归结于谈判原则、谈判时机、谈判策略、谈判艺术等多种因素，但周恩来无与伦比的品格给人们留下了最深刻而鲜明的印象。他的最佳礼节礼仪无疑也是促成谈判成功的重要因素之一。由此可见在商务谈判中，除了用语言表达自己的看法外，得体的举止也是人际交往过程中用来表达思想感情的表现形式。

【相关知识】

商务谈判礼仪

1. 商务谈判礼仪准备

俗话说："知己知彼，百战不殆。"要想谈判取得成功，就要有备而来，不打无准备之仗，不打无把握之仗。而谈判的礼仪准备主要是指谈判的东道主一方为了确保谈判的顺利进行，而为谈判营造一个良好的气氛所做的一系列接待与迎送准备工作。

（1）成立谈判小组

商务谈判之前首先要确定谈判人员。谈判班子的构成要遵循对等性的原则，即我方与对方谈判代表的身份、职务要相当。一个精干的谈判班子不仅是我方谈判取得成功的重要保证，而且也是对对方的尊重。

其次，谈判的东道主还需有另一个班子小组从事服务接待工作，以做好对客方人事的接待迎送、食宿交通、端茶倒水、安全保障等方面的服务。

（2）拟定谈判活动的日程表

谈判活动的日程表包括迎送日期、谈判内容进度安排、参观访问、宴请、娱乐活动等具体项目的活动时间地点。在拟定日程表时，东道主方应与客方取得良好的协商与沟通，彼此意见要达成一致。

（3）收集相关资料

为了使谈判取得成功，谈判前就必须要做功课。谁的功课做得越多、越深、越充分，谈判的形势就对谁越有利。做的功课主要是指谈判资料的搜集。它包括对此次谈判议题相关内容的整体把握与了解，对方企业的综合实力的掌握，谈判对手的人员构成及特点，我方具备的优势与不足，对方的文化习俗和礼仪习惯等。

（4）安排做好接待迎送、食宿安排、礼品赠送等工作

①接待与迎送

迎来送往是社会交往接待活动中最基本的形式和重要环节，是表达主人情谊、体现礼貌素养的重要方面。尤其是迎接，它是给客人留下良好的第一印象的最重要的工作。迎接时要主动热情、周到细致。接待时，一般采取对等接待，即主方确定与客方谈判代表团的身份和职位对等、人数相等的接待陪同人员参加接待。如果出席此次谈判的对方代表身份地位很高，规格很高，则主方所有接待人员应先于客方提前到指定场所列队欢迎。抵达后握手致意，相互问候，并由主方主要领导陪同乘车前往目的地。

②食宿安排

作为东道主，还应事先为客人做好食宿的安排。一方面我们应了解对方人员的构成情况，另一方面可征求对方对食宿的要求，据此来选择一家档次相当的酒店。食宿安排的基本要求是舒适、安全、卫生、方便，最好能体现当地特色。在客人有了宾至如归之感的基础上，还感到礼遇有加。这也就充分体现了我方的友好与合作的诚意。

③礼品赠送

谈判合作成功之后，可适当地向对方代表赠送礼品。一件价值虽然不高，但是富有象征意义、充满地方特色或者代表本公司形象的礼物总是备受欢迎的。赠送礼物可以增进情感与友谊，巩固交易伙伴关系，为以后的交往铺设一条良好的通道。

（5）谈判场所的布置与座次安排

谈判场所一般有主场、客场、中立地点三种情况。三种谈判地点对双方而言各有利弊，因此选择谈判地点并不是一件容易的事情。另外，座次的安排也是一个十分敏感的问题，应谨慎处理。关于谈判的座次在本书其他章节中有详细的介绍，这里就不再累述。

总之，商务谈判场所的环境布置与座次安排，应体现礼仪的规范和对客方的尊重。

2. 商务谈判过程礼仪

（1）谈判之初的礼仪

①仪表仪容的整理

商界素以注重仪表举止规范著称，出席商务谈判这样的正式场合，更要讲究仪容的整洁、服饰的规范、言谈举止的文明得体。良好的礼仪素养和言谈举止能够有效促进谈判结果的顺利达成。

商务谈判人员 礼仪规范	具 体 内 容
整洁的仪容	头发：男性发型长短适当，干净整齐；女性，应选择端庄大方的发型 面部：男性保持干净清爽；女性应化淡雅的日妆，保持妆容的和谐清爽
规范的服饰	男性：应穿深色两件套西装，白色衬衣、打素色或条纹领带，配深色袜子和黑色皮鞋 女性：以冷色调为主的套裙，配上肉色的长筒丝袜和黑色的高（中）跟鞋
文明得体的言谈举止	要求说话表达准确，口齿清晰，言词有礼，要多用敬语和谦语 出席谈判人员的举止要自然大方，优雅得体

②主方的迎候

谈判的东道主一方在谈判之日，应安排接待人员在大楼或谈判室门口接引客人。接待人员应有礼有节、热情相迎，请客方先行进入谈判室或者宾主双方同时进入谈判室。

③相互介绍

入室后，主方人员应先请客方人员入座。谈判之初的一项首要任务是弄清对方身份、摸清对方的底细，所以开始都会有自我介绍或主持人对双方成员的简要介绍。作自我介绍时要自然大方，不可显露傲慢之意。主持人介绍时，被介绍者应起身并微笑示意。如此时传递名片，要双手接受。介绍完毕，可稍作寒暄，以沟通感情，预先创造良好氛围。

（2）谈判之中的礼仪

商务谈判的实质阶段主要是对一系列问题进行磋商，彼此协商解决矛盾。对于经济问题，由于事关双方利益，所以容易因情急而失礼，因此更要注意保持风度。报价要明确无误，恪守信用。对于有争议性的问题，彼此应顾全大局，求大同存小异。但对原则性问题应当据理力争，当仁不让。对于矛盾，要就事论事，切不可因此就怒气冲冲，甚至进行人身攻击或侮辱对方。当冷场时，主方要灵活处理，可以暂时转移话题，稍作松弛。如果确实已无话可说，则应当机立断，暂时中止谈判，稍作休息后再重新进行。

缺乏经验的谈判者的最大弱点是不能耐心地听对方发言，他们认为自己的任务就是谈自己的情况，说自己想说的话和反驳对方的反对意见。因此，在谈判中，他们总在心里想下面该说的话，不注意听对方发言，许多宝贵信息就这样失去了。他们错误地认为优秀的谈判员是因为说得多才掌握了谈判的主动。其实成功的谈判员在谈判时把50％以上的时间用来听。他们边听、边想、边分析，并不断向对方提出问题，以确保自己完全正确地理解对方。他们仔细听对方说的每一句话，而不仅是他们认为重要的或想听的话，因此而获得大量宝贵信息，增加了谈判成功的筹码。有效地倾听可以使我们了解对方的需求，找到解决问题的新办法。"谈"是任务，而"听"则是一种能力。"会听"是任何一个成功的谈判员都必须具备的能力。在谈判中，我们要尽量鼓励对方多说，并提问题请对方回答，使对方多谈他们的情况，以尽量达到了解对方的目的。

在商务谈判中，除了注意多听对方的发言之外，在交谈时还应注意要尊重对方、理解对方，这样我们才能赢得对方感情上的接近，从而获得对方的尊重和信任。及时肯定对方，因为赞同肯定的语言在交谈中常常会产生异乎寻常的积极作用。态度要和气，语言应得体。谈话时的距离要适中，太远太近均不适合。交谈中陈述意见时语速要尽量做到平稳。在特定的场合下，可以通过改变语速来引起对方的注意，加强表达的效果。

除了语言，谈判中，良好的姿态也有利于创造出友好轻松的气氛。如当你的目光注视对方时，目光应停留于对方双眼至前额的三角区域正方，这样使对方感到被关注，觉得你诚恳严肃。手心朝上比朝下要好一些，手势要自然，手势不要过多或乱打手势。肢体动作不要过大，更不要手舞足蹈，用手指点人。同时切忌双臂在胸前交叉，那样会显得十分傲慢无礼。

在谈判进行中，双方要关闭所有的通信工具（或者把手机调到静音状态），人员不要随便进出。谈判中，主方应提供茶水等饮料。服务人员在添茶续水时要轻声。为了不影响谈判进行，可在休会或者某一方密谈时进行。

（3）谈后签约的礼仪

当双方经过充分的洽谈磋商之后，彼此就谈判项目达成书面协议，为使有关各方重视遵守合同，在签署时，应举行较隆重的签约仪式。

签约仪式是一件意义重大的事情。双方参加谈判的全体人员都要出席，共同进入会场，相互致意握手，一起入座。双方都应设有助签人员，分立在各自一方代表签约人外侧，其余人排列站立在各自一方代表身后。

助签人员要协助签字人员打开文本，用手指明签字位置。签字前，各方主签人应再次确认合同的内容。若无异议，双方代表各在己方的文本上签字，然后由助签人员互相交换，代表再在对方文本上签字。

签字完毕后，双方应同时起立，交换文本，并相互握手，祝贺合作成功。其他随行人员则应该以热烈的掌声表示喜悦和祝贺。这时，服务人员可及时用托盘送上倒好的香槟酒，各方签字人和成员相互举杯庆祝。

然后，请参加活动的双方最高领导人退场，再请客方来宾退场，最后是主方人员退场。

当谈判签约结束之后，主方人员应将客方人员送至电梯口或送上车，握手告别，目送客人汽车离开后方可离开。如果后面还有相关的参观或其他的娱乐活动，则应安排专门的人员予以接待，保证整个活动做到善始善终，给客方留下一个良好的印象，以有利于后期合作。

3. 谈判座次安排

一般会出现两种情况，一种叫横式，一种叫竖式。横式，是指谈判桌在谈判厅里横着摆放；竖式，是指谈判桌在谈判厅里竖着摆放。谈判桌横放，面对正门的一方为上，应属于客方，背对正门的一方为下，应属于主方；谈判桌竖放，应以进门的方向为准右侧为上，应属于客方，左侧为下，应属于主方。

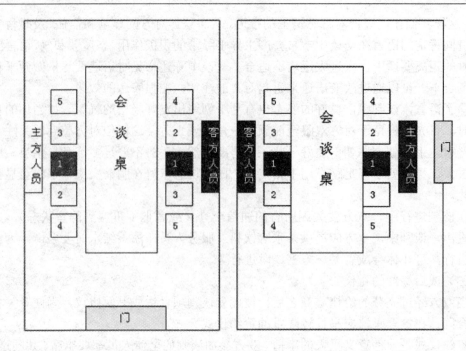

【拓展知识】

商务谈判中的技巧

1. 确定谈判态度。根据谈判对象与谈判结果的重要程度来决定谈判时所要采取的态度。

2. 充分了解谈判对手。正所谓"知己知彼，百战不殆"，在商务谈判中这一点尤为重要，对对手的了解越多，越能把握谈判的主动权。

3. 准备多套谈判方案。谈判双方最初各自拿出的方案都是对自己非常有利的，而双方又都希望通过谈判获得更多的利益。因此，谈判结果肯定不会是双方最初拿出的那套方案，而是经过双方协商、妥协、变通后的结果。

4. 建立融洽的谈判气氛。在谈判之初，最好先找到一些双方观点一致的地方并表述出来，给对方留下一种彼此更像合作伙伴的潜意识。这样接下来的谈判就容易朝着一个达成共识的方向进展。当遇到僵持时也可以拿出双方的共识来增强彼此的信心，化解分歧。

5. 设定好谈判的禁区。谈判是一种很敏感的交流，所以，语言要简练，避免出现不该说的话，但是在艰难的长时间谈判过程中也难免出错，最好的方法就是提前设定好哪些是谈判中的禁语，哪些话题是危险的，哪些行为是不能做的，谈判的心理底线在哪里等。这样就可以最大限度地避免在谈判中落入对方设下的陷阱或误区中。

6. 语言表述简练。在商务谈判中忌讳语言松散或像拉家常一样的语言方式，尽可能让自己的语言变得简练。

7. 做一颗柔软的钉子。如果语言过于直率或强势，很容易引起对方的本能对抗意识或反感。因此，商务谈判时要在双方遇到分歧时面带笑容，语言委婉地与对手针锋相对，这样对方就不会启动头脑中本能的敌意，使接下来的谈判不容易陷入僵局。

8. 曲线进攻。

9. 谈判是用耳朵取胜，而不是嘴巴。在谈判中，在这种竞争性环境中，你说的话越多，对方会越排斥。

10. 控制谈判局势。要主动争取把握谈判节奏、方向，甚至是趋势。

11. 让步式进攻。在谈判中可以适时提出一两个很高的要求，对方必然无法同意，我们在经历一番讨价还价后可以进行让步，把要求降低或改为其他要求。这些高要求我们本来就没打算会达成协议，即使让步也没损失，但是却可以让对方有一种成就感，觉得自己占了便宜。这时我们其他较低的要求就很容易被对方接受，但切忌提出太离谱、过分的要求，否则对方可能觉得我们没有诚意，甚至激怒对方。先抛出高要求也可以有效降低对手对于谈判利益的预期，挫伤对手的锐气。

【技能训练】

任务背景：

某进出口贸易公司与某大型服装生产企业进行有关服装出口的业务洽谈，双方的谈判准备在贸易公司的会议室召开。主客双方主要参与谈判的人员各8人，为此主方贸易公司要为此次谈判进行周密的安排。

任务要求：

1. 出席上述商务谈判场合应该注意哪些礼仪规范？

2. 模拟具体场景做出主客双方的座次安排。

学生操作练习：

全班同学分成以7～10人为单位的小组，针对上述任务背景，结合教师讲授的内容，每一位同学都要作简短演讲，说明出席谈判场合应该注意的礼仪规范。然后小组成员通过情景模拟，进行角色扮演安排座次。

【复习思考题】

案例分析

案例1：

年末，某企业召开总结大会，企业近百名员工全体参加。会上有一项议程是表彰企业10名做出突出贡献的优秀员工，由企业高层领导、董事会的成员亲自为其颁发奖状，以此来鼓励员工。到了颁奖时刻，10名代表上台，奖状却没有人递送到领导手中，一时冷场。待到奖状送上台后，慌乱中发的奖状已全然不能对号入座，10位优秀员工只能重新确认写着自己名字和荣誉的奖状，台下一片哗然。

讨论：请针对以上案例谈谈此次会议接待所出现的问题，并说说正确的做法。

案例2：

国内某饮料企业开发了一种新型的果汁饮料，准备举行一场新品发布会。为了大力宣传新品，该企业邀请了国内著名饮料专家和电视、广播、报纸、杂志等多家新闻媒体参加，并将发布会时间定为周五上午九点开始，考虑到来宾众多，还选定了一个离城较远的环境幽雅的有较大会议厅的宾馆。结果来宾因堵车大多都未能准时到达，来的客人也不多，发布会因此延后一小时，会后的宣传报道也较杂乱，影响较小。

讨论：请找出此次发布会中接待安排工作方面的失误，并说说应该如何安排工作。

模块 10　商务仪典礼仪

项目 1　展览会礼仪

【学习目标】

能力目标：能按礼仪规范进行展览会商务活动。

素质目标：具有组织展览会活动能力、应变能力。

知识目标：掌握展览会的礼仪规范，熟悉展览会的工作流程。

技能目标：按礼仪规范举办展览会，熟练安排展览会活动及仪式。

【技能点】

1. 能根据展览会内容，做好准备工作。

2. 能熟悉会中和会后的接待服务工作。

3. 能根据礼仪要求，正确安排展示的位置。

【引导案例】

上海的一个展览馆正在举行规模宏大的全球汽车展览。这次展览吸引了全国各地的人们，他们蜂拥而来，希望能选购到物美价廉的汽车。一位年长的富商，便衣简从，也来到展览会上，他已经做了一些前期的了解，这次来准备通过实地的体验，在大型车展厂商价格优惠的情况下选购一辆豪华汽车。他停在一辆豪华轿车前，认真仔细地研究起来。他受到了一个年轻的专业服务人员的热情接待。这位服务人员脸上挂满了欢迎的微笑，那微笑就像阳光一样灿烂。富商顿时觉得温暖。而且当他询问一些专业的问题时，得到了相当周到的专业回答。从各种豪华车品牌，到性能和价钱，尤其是自己所询问的品牌，这位服务人员讲解得十分清楚。而且当其他参观者凑过来听时，他也尽量与其他参观者交流。尽管花费了他不少的时间，但他脸上没有一点不耐烦的表情，反而始终洋溢着真诚的微笑。富商被他的微笑所感染，更被他所介绍的豪华车的品质和价格所吸引，毫不犹豫地签了一张100 万元的支票作为定金，买下一辆该品牌的豪华车。

【任务分析】

汽车服务人员的专业表现赢得了富商的信赖，所以，汽车展台前一定要有相关专业人员来接待参观者。

【相关知识】

展览会礼仪

所谓展览会，主要是特指有关方面为了介绍本单位的业绩，展示本单位的成果，推销本单位的产品、技术或专利，以集中陈列实物、模型、文字、图表、影像资料等方式供人参观了解的宣传性聚会。有时，人们也将其简称为展览，或称之为展示、展示会。它不仅具有较强的说服力、感染力，可以现身说法打动观众，为主办单位广交朋友，而且还可以借助于个体传播、群体传播、大众传播等各种传播形式，使有关主办单位的信息广为传播，提高其名气与声誉。

展览会礼仪，通常是指商界单位在组织、参加展览会时，所应当遵循的规范与惯例。在一般情况下，展览会主要涉及展览会的分类、展览会的组织和展览会的参加 3 个方面的问题。

1. 展销会的分类

展览会的分类，严格地讲，展览会是一个覆盖面很广的基本概念。按照商界目前所通行的会务礼仪规范，划分展览会不同类型的主要标准一共有下列 6 条：

（1）展览会的目的。展览会可分为宣传型展览会和销售型展览会两种类型。顾名思义，宣传型展览会显然意在向外界宣传、介绍参展单位的成就、实力、历史与理念，所以它又称为陈列会。而销售型展览会则主要是为了展示参展单位的产品、技术和专利，来招徕顾客、促进其生产与销售。通常，人们又将销售型展览会直截了当地称为展销会或交易会。

（2）展览品的种类。根据展览品具体种类的不同，可以将展览会区分为单一型展览会与综合型展览会。单一型展览会，往往只展示某一门类的产品、技术或专利，只不过其具体的品牌、型号、功能有所不同而已，例如化妆品、汽车等。在一般情况下，单一型展览会的参展单位大都是同一行业的竞争对手，因此这种类型的展览会不仅会使其竞争更为激烈，而且对于所有参展单位而言是一场公平的市场考试。综合型展览会，亦称混合型展览会。它是一种包罗万象的，同时展示多种门类的产品、技术或专利的大型展览会。与前者相比，后者所侧重的主要是参展单位的综合实力。

（3）展览会的规模。根据具体规模的大小，展览会又有大型展览会、小型展览会与微型展览会之分。大型展览会，通常由社会上的专门机构出面承办，其参展的单位多、参展的项目广，因而规模较大。小型展览会，一般都由某一单位自行举办，其规模相对较小。在小型展览会上，主要是代表着主办单位最新成就的各种产品、技术和专利。微型展览会，则是小型展览会的进一步微缩。它提取了小型展览会的精华之处，一般不在社会上进行商业性展示，而只是将其安排陈列于本单位的展览室或荣誉室之内，主要用于教育本单位的员工和供来宾参观。

（4）参展者的区域。根据参展单位所在的地理区域的不同，可将展览会划分为国际性展览会、洲际性展览会、全国性展览会和全省性展览会。

（5）展览会的场地。若以所占场地的不同而论，展览会有着室内展览会与露天展览会之别。前者大都被安排在专门的展览馆或是宾馆和本单位的展览厅、展览室之内，大都设计考究、布置精美、陈列有序、安全防盗、不易受损，并且可以不受时间与天气的制约，显得隆重而有档次。但是，其所需费用往往偏高。后者则安排在室外露天之处。它可以提供较大的场地、花费较小，而且不必为设计、布置花费过多，展示大型展品或需要以自然界为其背景的展品时，此种选择最佳。通常，展示花卉、农产品、工程机械、大型设备时，大都选择露天展览会。不过，它受天气等自然条件影响较大，并且极易使展览品丢失或受损。

（6）展览会的时间。根据展期的不同，可以把展览会分作长期展览会、定期展览会和临时展览会。长期展览会，大都常年举行，其展览场所固定，展品变动不大。定期展览会，展期一般固定为每隔一段时间之后，在某一特定的时间之内举行。

2. 展览会的组织

一般的展览会，既可以由参展单位自行组织，也可以由社会上的专门机构出面张罗。不论组织者由谁来担任，都必须认真做好具体的工作，力求使展览会取得完美的效果。根据惯例，展览会的组织者需要重点进行的具体工作，主要包括参展单位的确定、展览内容的宣传、展示位置的分配、安全保卫的事项、辅助服务的项目等。

（1）参展单位的确定

在具体考虑参展单位的时候，必须注意两相情愿，不得勉强。按照商务礼仪的要求，主办单位事先应以适当的方式，对拟参展的单位发出正式的邀请或召集。

邀请或召集参展单位的主要方式有刊登广告、寄发邀请函、召开新闻发布会，等等。不管是采用其中任何一种方式，均须同时将展览会的宗旨、展出的主要题目、参展单位的范围与条件、举办展览会的时间与地点、报名参展的具体时间与地点、咨询有关问题的联络方法、主办单位拟提供的辅助服务项目、参展单位所应负担的基本费用等，一并如实地告之参展单位，以便对方据此加以定夺。对于报名参展的单位，主办单位应根据展览会的主题与具体条件进行必要的审核，切勿良莠不分、来之不拒。当参展单位的正式名单确定之后，主办单位应及时地以专函进行通知，使被批准的参展单位尽早有所准备。

（2）展览内容的宣传

宣传的重点，应当是展览的内容，即展览会的展示陈列之物。因为只有它，才能真正地吸引各界人士的注意和兴趣。对展览会，尤其是对展览内容所进行的宣传，主要可以采用下述几种方式：

①举办新闻发布会。

②邀请新闻界人士到场进行参观采访。

③发表有关展览会的新闻稿。

④公开刊发广告。

⑤张贴有关展览会的宣传画。

⑥在展览会现场散发宣传性材料和纪念品。

⑦在举办地悬挂彩旗、彩带或横幅。

⑧利用升空的彩色气球和飞艇进行宣传。

（3）展示位置的分配

对展览会的组织者来讲，展览现场的规划与布置，通常是其重要职责之一。在布置展览现场时，其基本的要求是：展示陈列的各种展品要围绕既定的主题，进行互为衬托的合理组合与搭配。要在整体上显得井然有序、浑然一体。

假如参展单位较多，并且对于较为理想的展位竞争激烈的话，则展览会的组织者可依照展览会的惯例，采用下列方法对展位进行合理的分配：

①对展位进行竞拍。由组织者根据展位的不同，制定不同的收费标准，然后组织一场拍卖会，由参展者在会上自由进行角逐，由出价高者拥有自己中意的展位。

②对展位进行投标。由参展单位依照组织者所公告的招标标准和具体条件，自行报价，并据此填具标单，而由组织者按照"就高不就低"的常规，将展位分配给报价高者。

③对展位进行抽签。将展位编号，然后将号码写在纸签之上，由参展单位的代表在公证人员的监督之下每人各取一个，以此来确定其各自的具体展位。

④按"先来后到"分配。所谓按照"先来后到"进行分配，即以参展单位正式报告的先后为序，谁先报名，谁便有权优先选择自己所看中的展位。

（4）安全保卫的事项

在举办展览会前，必须依法履行常规的报批手续。此外，组织者还须主动将展览会的举办详情向当地公安部门进行通报，求得其理解、支持与配合。

举办规模较大的展览会时，最好从合法的保卫公司聘请一定数量的保安人员，将展览会的保安工作全权交予对方负责。为了预防天灾人祸等不测事件的发生，应向声誉良好的保险公司进行数额合理的投保，以便利用社会的力量为自己分忧。在展览会入口处或展览会的门券上，应将参观的具体注意事项正式成文列出，使观众心中有数，以减少纠葛。展览会组织单位的工作人员，均应自觉树立良好的防损、防盗、防火、防水等安全意识，为展览会的平安进行竭尽一己之力。按照常规，有关安全保卫的事项，必要时最好由有关各方正式签订合约或协议，并且经过公证。这样一来，万一出了事情，大家就可以"亲兄弟，明算账"了。

（5）辅助的服务项目

主办单位作为展览会的组织者，有义务为参展单位提供一切必要的辅助性服务项目。由展览会的组织者为参展单位提供的各项辅助性服务项目，最好"有言在先"，并且对有关费用的支付进行详尽的说明。

具体而言，为参展单位所提供的辅助性服务项目，通常包括下述各项：

①展品的运输与安装。

②车、船、机票的订购。

③与海关、商检、防疫部门的协调。

④跨国参展时有关证件、证明的办理。

⑤电话、传真、电脑、复印机等现代化的通信联络设备。

⑥举行洽谈会、发布会等商务会议或休息之时所使用的适当场所。

⑦餐饮以及有关展览时使用的零配件的提供。

⑧供参展单位选用的礼仪、讲解、推销人员等。

3. 展览会的参加

参展单位在正式参加展览会时，必须要求自己的全部派出人员齐心协力、同心同德，为大获全胜而努力奋斗。在整体形象、待人礼貌、解说技巧 3 个主要方面，参展单位尤其要予以特别的重视。

（1）要努力维护整体形象

在参与展览时，参展单位的整体形象直接映入观众的眼里，因而对自己参展的成败影响极大。参展单位的整体形象，主要由展示之物的形象与工作人员的形象两个部分所构成。对于二者要给予同等的重视，不可偏废其一。

展示之物的形象，主要由展品的外观、展品的质量、展品的陈列、展位的布置、发放的资料等构成。进行展览的展品，外观上要力求完美无缺，质量上要优中选秀，陈列上要既整齐美观又讲究主次，布置上要兼顾主题的突出与观众的注意力。在展览会上向观众直接散发的有关资料，则要印刷精美、图文并茂、信息丰富，并且注有参展单位的主要联络方法，如公关部门与销售部门的电话、电报、电传、传真以及电子邮箱的号码，等等。

工作人员的形象，则主要是指在展览会上直接代表参展单位露面的人员的穿着打扮问题。在一般情况下，要求在展位上工作的人员应当统一着装。最佳的选择，是身穿本单位的制服，或者是穿深色的西装、套裙。在大型的展览会上，参展单位若安排专人迎送宾客时，则最好请其身穿色彩鲜艳的单色旗袍，并胸披写有参展单位或其主打展品名称的大红色绶带。为了说明各自的身份，全体工作人员皆应在左胸佩戴标明本人单位、职务、姓名的胸卡，唯有礼仪小姐可以例外。按照惯例，工作人员不应佩戴首饰，但男士应当剃须，女士则最好化淡妆。

2. 要时时注意待人礼貌

在展览会上，不管它是宣传型展览会还是销售型展览会，参展单位的工作人员都必须意识到观众是自己的上帝，为其热情而竭诚地服务则是自己的天职。展览一旦正式开始，全体参展单位的工作人员即应各就各位，站立迎宾。不允许迟到、早退、无故脱岗、东游西逛，更不允许在观众到来之时坐、卧不起，怠慢对方。当观众走近自己的展位时，不管对方是否向自己打招呼，工作人员都要面带微笑，主动地向对方说："你好！欢迎光临！"随后，还应面向对方，稍许欠身，伸出右手，掌心向上，指尖直接展台，并告知对方："请您参观。"当观众在本单位的展位上进行参观时，工作人员可随行于其后，以备对方向自己进行咨询；也可以请其自便，不加干扰。假如观众较多，尤其是在接待组团而来的观众时，工作人员亦可在左前方引导对方进行参观。对于观众所提出的问题，工作人员要认真做出回答。不允许置之不理，或以不礼貌的言行对待对方。当观众离去时，工作人员应当真诚地向对方欠身施礼，并道以"谢谢光临"，或是"再见"。在任何情况下，工作人员均不得对观众恶语相加，或讥讽嘲弄。对于极个别不守展览会规则而乱摸乱动、乱拿展品的观众，仍须以礼相劝，必要时可请保安人员协助，但不许对方擅自动粗，进行打骂、扣留或者非法搜身。

（3）要善于运用解说技巧

解说技巧，是指参展单位的工作人员在向观众介绍或说明展品时，所应当掌握的基本方法和技能。

在宣传性展览会与销售性展览会上，解说技巧的共性在于：要善于因人而异，使解说具有针对性。与此同时，要突出自己展品的特色。在实事求是的前提下，要注意对其扬长避短，强调"人无我有"之处。在必要时，还可邀请观众亲自动手操作，或由工作人员对其进行现场示范。此外，还可安排观众观看与展品相关的影视片，并向其提供说明材料与单位名片。通常，说明材料与单位名片应常备于展台之上，由观众自取。

进而言之，宣传型展览会与销售型展览会的解说技巧，又有一些不同之处。在宣传型展览会上，解说的重点应当放在提升参展单位的形象之上。要善于使解说围绕着参展单位与公众的双向沟通而进行，时时刻刻都应大力宣传本单位的成就和理念，以便使公众对参展单位给予认可。

而在销售型展览会上，解说的重点则必须放在主要展品的介绍与推销之上。按照国外的常规说法，解说时一定要注意 FABE 并重，其中，F 指展品特征，A 指展品优点，B 指客户利益，E 则指可资证据。要求工作人员在销售性展览会上向观众进行解说之时，注意 FABE 并重，就是要求其解说应当以客户利益为重，要在提供有利证据的前提之下，着重强调自己所介绍、推销的展品的主要特征与主要优点，以使客户觉得言之有理、乐于接受。不过，争抢、尾随观众兜售展品，弄虚作假，或是强行向观众推介展品，则不可取。

【拓展知识】

展会沟通小技巧

展会现场，笑容非常重要。海外观众一般路过展位都会向咨询台人员露出善意的笑容并且问好。早上可以说 Morning，下午的时间就可以用通用的 Hello。在问好的时候千万要有眼神交流，表示礼貌。

如果有观众表示比较感兴趣的，应当主动上前询问并解释。最好是友善地邀请他们坐下来谈，通常观众愿意坐下来以后，谈得也比较多、比较深，企业也可以从交谈中了解观众的真实想法和背景。

交谈过程中，最好先耐心地听观众自己对产品的需求以及特别的要求，千万不要在一开始就大谈自己的公司，要针对观众的需要介绍相应的内容。另外，适当地向观众展示产品实物，以及讲解生产工艺等，都会对交谈产生积极推动的作用。

在交谈结束以后，记得和观众握手告别，并跟观众交换名片（在初问好的时候也可以交换名片），千万不要因为交谈没有实质的结果就对观众表示轻视。

【技能训练】

根据汽车展览会商务礼仪的要求，将学生分为 2 组，组织学生模拟一场汽车展览会，要求学生注重汽车展览会的宣传以及展览会相关商务礼仪知识的运用，老师进行现场指导。

项目 2　赞助会礼仪

【学习目标】

能力目标：能按礼仪规范进行赞助会商务活动。

素质目标：具有组织赞助会活动能力、应变能力。

知识目标：掌握赞助会的礼仪规范，熟悉赞助会的工作流程。

技能目标：按礼仪规范进行赞助会活动，熟练安排赞助会活动及仪式。

【技能点】

1. 能根据赞助会内容，做好准备工作。

2. 能熟悉会议中和会议后的接待服务工作。

3. 能根据礼仪要求，正确安排赞助会议程。

【引导案例】

比亚迪某汽车 4S 店为某颁奖活动举行一场赞助会，春天是一个充满生机与活力的季节，比亚迪汽车作为汽车市场最具亲和力的汽车品牌之一，一直与消费者保持着非常亲密的关系。为了把这种服务态度体现得更为突出，在此次活动中扩大品牌影响力，总经理很重视这场仪式，要求公司小李负责安排此次赞助会。小李把会场布置得美轮美奂，过度豪华张扬，在服务的过程中失了礼数，造成适得其反的效果，更严重的是会使企业的形象大打折扣。小李不仅要在思想上重视赞助会，而且更要掌握赞助会的相关礼仪规范。

【任务分析】

通过案例中比亚迪某汽车 4S 店举行的赞助会，我们可以看到：小李不仅要在思想上重视赞助会，而且更要掌握赞助会的相关礼仪规范。一般来讲，赞助会的会场不宜布置得美轮美奂，过度豪华张扬。否则，极有可能会使赞助单位产生不满，由此可能产生受赞助单位不务正业、华而不实的感觉。赞助会的整体风格是庄严而神圣的，因此任何与会者都不能与之唱反调。

【相关知识】

赞助会礼仪

这种以赞助为主题的会议，即为赞助会。在目前情况下，商界通常所积极赞助的项目，大致上可以分为十类：一是公益事业；二是慈善事业；三是教育事业；四是科研活动；五是专著出版；六是医疗卫生；七是文化活动；八是展览画廊；九是体育运动；十是娱乐休闲。

另一分类方式是依据赞助物所划分的赞助类型分类：一是现金；二是实物；三是义卖；四是义工。举行赞助会的会议厅之内，灯光应当亮度适宜。在主席台的正上方，还需悬挂一条大红横幅，以金色或黑色的楷书书写"某某单位赞助某某项目大会"，或者"某某赞助仪式"的字样。前一种写法是突出赞助单位，后一种写法则主要是为了强调接受赞助的具体项目。

一般来讲，赞助会的会场不宜布置得美轮美奂，过度豪华张扬。否则，极有可能会使赞助单位产生不满，由此可能产生受赞助单位不务正业、华而不实的感觉。赞助会的整体风格是庄严而神圣的，因此任何与会者都不能与之唱反调。

依照常规，一次赞助会的全部时间应当不多于一个小时，因此赞助会具体的会议议程必须既周密又紧凑。

赞助会具体的会议议程，大致有如下六项：第一项，宣布赞助会正式开始；第二项，奏国歌；第三项，赞助单位正式实施赞助；第四项，赞助单位代表发言；第五项，受赞助单位代表发言；第六项，来宾代表发言。

在赞助会正式结束后，赞助单位、受赞助单位双方的主要代表以及会议的主要来宾，通常应当合影留念。此后，宾主双方可稍事晤谈，然后来宾应一一告辞。在一般情况下，在赞助会结束后，东道主大都不为来宾安排膳食。如确有必要，则至多略备便餐，而绝不宜设宴待客。

【拓展知识】

赞助要注意的问题

1. 注重社会效益。赞助活动是一种讲求社会效益的活动。通过开展活动，树立形象，扩大影响，培养感情。在赞助项目的选择上，要优先考虑慈善事业、社会福利事业、教育事业的赞助。

2. 选择适当时机。赞助活动要注重利用时机和选择时机，可以利用一些重大活动、重要节庆进行。比如，利用教师节奖励教师，利用重阳节赞助敬老活动，利用环保日赞助环保活动等。

3. 运用恰当方式。赞助的方式有很多，采用哪种方式最恰当，效果最好，需要慎重选择。根据对赞助数额的承受能力，可以选择冠名权等影响较大的方式。其他如署名权、广告权、登载鸣谢等方式，也能收到较好的效果。

4. 遵守赞助礼仪。赞助活动中要遵守一定的规范，按照规范做法举行赞助捐赠仪式。商讨赞助事宜时，要充分协商。对明显不能满足要求的征募者，应当坦诚相待，解释清楚政策或条件的限制。

项目 3　茶话会礼仪

【学习目标】

　　能力目标：能按礼仪规范进行茶话会商务活动。
　　素质目标：具有组织茶话会活动能力、应变能力。
　　知识目标：掌握茶话会的礼仪规范，熟悉茶话会的工作流程。
　　技能目标：按礼仪规范进行茶话会，熟练安排茶话会活动及仪式。

【技能点】

1. 能根据茶话会内容，做好准备工作。
2. 能熟悉会中和会后的接待服务工作。
3. 能根据礼仪要求，正确安排茶话会流程。

【引导案例】

艾米丽的春天

艾米丽美容院一年一度的与客户联谊的茶话会在轻松愉快的气氛中进行，小美容师们今天都化了淡妆，装扮得很漂亮，一会儿悉心问候、端茶递水，一会儿穿插表演自编自导的节目，很是让人舒心。有美容讲师的养生讲座，还有现场活动互动、抽奖，与会者都非常开心、快乐。在这种能够为客户带来轻松、自由氛围的茶话会上，更拉近了艾米丽美容院与客户之间的关系。

【任务分析】

茶话会准备充分，表演形式新颖，内容丰富多彩，可以看得出这是一次成功的茶话会。通过这个案例我们也体会到，现在许多企业通常采用茶话会的形式来与客户联络感情。茶话会虽说不是正式的商务会议，但是茶话会能够为客户带来轻松、自由的氛围，更容易拉近企业与客户之间的距离，才被企业单位广泛采用。所以很多服务人员非常重视茶话会有关的礼仪，并且在茶话会的有关事宜方面表现得贴心得体、恰到好处。

【相关知识】

茶话会礼仪

与洽谈会、发布会、赞助会、展览会等其他类型的商务性会议相比，茶话会恐怕是社交色彩最为浓重，而商务色彩最为淡薄的一种类型。所以，有人将其称为"商界务虚会"。

所谓茶话会，在商界主要是指联络老朋友、结交新朋友的，具有对外联络和进行招待性质的社交性集会。因其以参加者不拘形式地自由发言为主，并且备有茶点，故此称为"茶话会"。有的时候，也有人将其简称为茶会。从表面上来看，茶话会主要是以茶待客、以茶会友，但是实际上，往往是重点不在"茶"，而在于"话"，即意在借此机会与社会各界沟通信息、交流观点、听取批评、增进联络，为本单位实现"内求团结，外求发展"的公关目标，创造良好的外部环境。从这个意义上来讲，茶话会在所有的商务性会议中并不是无足轻重的。

茶话会其具体内容主要涉及会议主题的确定、来宾的邀请、时空的选择、座次的安排、茶点的准备、会议的议程、现场的发言等方面。

1. 主题的确定

茶话会的主题特指茶话会的中心议题，一般来说，茶话会的主题可以分为以下三类：

（1）以联谊为主题的茶话会

以联谊为主题的茶话会是最多的，其目的是为了联络主办单位同应邀与会的社会各界人士的友谊。在这类茶话会上，宾主通过叙旧与答谢，往往可以增进相互之间的进一步了解，密切彼此之间的关系。

（2）以娱乐为主题的茶话会

在以娱乐为主题的茶话会上，为了活跃气氛，而安排一些文娱节目，并以此作为茶话会的主要内容，以现场的自由参加与即兴表演为主，不必刻意追求表演水平，强调重在参与，尽兴而已。

（3）专题茶话会

专题茶话会是指在某个特定的时刻，或为某些专门问题而召开的茶话会，以听取某些专业人士的见解，或是和某些与本单位有特定关系的人士进行对话。召开此类茶话会时，尽管主题既定，仍须倡导与会者畅所欲言。

2. 来宾的邀请

主办单位在筹办茶话会时，必须围绕主题邀请来宾，尤其是确定好主要的与会者。来宾可以是本单位的顾问、社会知名人士、合作伙伴等各方面人士。茶话会的来宾名单一经确定，应立即以请柬的形式向对方提出正式邀请。按惯例，茶话会的请柬应在半个月之前被送达或寄达被邀请者，被邀请者可以不必答复。

3. 时空的选择

时间和空间的选择是茶话会取得成功的重要条件。辞旧迎新、周年庆典、重大决策前后、遭遇危难挫折的时候，都是召开茶话会的良机。

根据惯例，举行茶话会的最佳时间是下午四点钟左右。有些时候，也可以安排在上午十点钟左右。在具体进行操作时，也不用墨守成规，应该以与会者特别是主要与会者的方便与否以及当地人的生活习惯为准。茶话会往往是可长可短的，关键是要看现场有多少人发言，发言是否踊跃。如果把时间限制在一到两个小时之内，它的效果往往会更好一些。

适合举行茶话会的场地主要有主办单位的会议厅、宾馆的多功能厅、主办单位负责人的私家客厅、主办单位负责人的私家庭院或露天花园，以及包场高档的营业性茶楼或茶室。餐厅、歌厅、酒吧等地方，不合适举办茶话会。

4. 座次的安排

从总体上来讲，在安排与会者的具体座次时，必须和茶话会的主题相符合。安排茶话会与会者具体座次的时候，可以采取下面的办法：

（1）环绕式。不设立主席台，把座椅、沙发、茶几摆放在会场的四周，不明确座次的具体尊卑，而听任与会者在入场后自由就座。这一安排座次的方式，与茶话会的主题最相符，也最流行。

（2）散座式。散座式排位常见于在室外举行的茶话会，它的座椅、沙发、茶几自由地组合，甚至可由与会者根据个人要求而随意安置。这样就容易创造出一种宽松、惬意的社交环境。

（3）圆桌式。圆桌式排位是指在会场上摆放圆桌，请与会者在周围自由就座。圆桌式排位又分为以下两种形式：一是适合人数较少的，仅在会场中央安放一张大型的椭圆形会议桌，而请全体与会者在周围就座；二是在会场上安放数张圆桌，请与会者自由组合。

（4）主席式。在茶话会上，主持人、主人和主宾被有意识地安排在一起就座，并且按照常规就座。

5. 茶点的准备

茶话会不上主食，不安排品酒，只提供茶点。茶话会是重"说"不重"吃"的，没必要在吃的方面过多下功夫。在茶话会上，为与会者所提供的茶点，应当被定位为配角。我们在进行准备时要注意以下 4 点：

（1）对于用以待客的茶叶与茶具，务必要精心进行准备。选择茶叶时，在力所能及的情况之下，应尽力挑选上等品，切勿滥竽充数。与此同时，要注意照顾与会者的不同口味。对中国人来说，绿茶老少咸宜。而对欧美人而言，红茶则更受欢迎。

（2）在选择茶具时，最好选用陶瓷器皿，并且讲究茶杯、茶碗、茶壶成套，千万不要采用玻璃杯、塑料杯、搪瓷杯、不锈钢杯或纸杯，也不要用热水瓶来代替茶壶。所有的茶具一定要清洗干净，并且完整无损，没有污垢。

（3）除主要供应茶水之外，在茶话会上还可以为与会者略备一些点心、水果或是地方风味小吃。需要注意的是，在茶话会上向与会者所供应的点心、水果或地方风味小吃，品种要对路，数量要充足，并且要便于取食。最好同时将擦手巾一并上桌。

（4）按惯例，在茶话会举行之后，主办单位通常不再为与会者备餐。

6. 茶话会的基本议程

相对而言，茶话会的会议议程，在各类正式的商务性会议之中，是最为简单的了。在正常的情况之下，商界所举办的茶话会的主要会议议程，大体只有以下四项：

第一项，主持人宣布茶话会正式开始。在宣布会议正式开始之前，主持人应当提请与会者各就各位，并且保持安静。而在会议正式宣布开始之后，主持人则还可对主要的与会者略加介绍。

第二项，主办单位的主要负责人讲话。他的讲话应以阐明此次茶话会的主题为中心内容。除此之外，还可以代表主办单位，对全体与会者的到来表示欢迎与感谢，并且恳请大家今后一如既往地给予本单位更多的理解和更大的支持。

第三项，与会者发言。根据惯例，与会者的发言在任何情况下都是茶话会的重心之所在。为了确保与会者在发言之中直言不讳、畅所欲言，主办单位事先均不对发言者进行指定与排序，也不限制发言的具体时间，而是提倡与会者自由地进行即兴式的发言。有时，与会者在同一次茶话会上，还可以数次进行发言，以不断补充、完善自己的见解、主张。

第四项，主持人略作总结。随后，即可宣布茶话会至此结束。

7. 茶话会的发言

现场发言在茶话会上举足轻重。茶话会假如没有人踊跃发言，或者是与会者的发言严重脱题，都会导致茶话会的最终失败。

茶话会上，主持人更重要的作用是在现场上审时度势，因势利导地引导与会者的发言，并且控制会议的全局。大家争相发言时，主持人决定先后顺序。没有人发言时，主持人引出新的话题，或者恳请某位人士发言。会场发生争执时，主持人要出面劝阻。在每位与会者发言前，主持人可以对发言者略作介绍。发言的前后，主持人要带头鼓掌致意。

与会者在茶话会上的发言和表现必须得体。在要求发言时，可以举手示意，但也要注意谦让，不要争抢。不管自己有什么高见，都不要打断别人的发言。肯定成绩时，要力戒阿谀奉承；提出批评时，不能讽刺挖苦。切忌当场表示不满，甚至私下里进行人身攻击。

【拓展知识】

奉茶礼仪

1. 俗话说，茶浅酒满。茶不要太满，以八分满为宜。

2. 水温不宜太烫，有些茶的冲泡以 80℃、90℃为宜。同时，也为了避免客人不小心被烫伤。

3. 有两位以上的访客时，用茶盘端出的茶色要均匀。要左手捧着茶盘底部，右手扶着茶盘的边缘。

4. 如有茶点心，应放在客人的右前方，茶杯应摆在点心右边。

5. 上茶时应以右手端茶，从客人的右方奉上，并面带微笑，眼睛注视对方。

6. 以咖啡或红茶待客时，杯耳和茶匙的握柄要朝着客人的右边，此外要替每位客人准备一包砂糖和奶精，将其放在杯子旁或小碟上，方便客人自行取用。

7. 喝茶的环境应该静谧、幽雅、洁净、舒适。

8. 选茶也要因人而异，如北方人喜欢饮香味茶，江浙人喜欢饮清芬的绿茶，闽粤人则喜欢浓郁的乌龙茶、普洱茶等发酵茶、半发酵茶。

9. 茶具可以用精美独特的，也可以用简单质朴的。

10. 喝茶的客人也要以礼还礼，双手接过，点头致谢。

11. 品茶时，讲究小口品饮，一苦二甘三回味，其妙趣在于意会而不可言传。

12. 可适当称赞主人茶好。

13. 壶中茶叶可反复浸泡 3～4 次，客人杯中茶饮尽，主人方可为其续茶。客人散去后，方可收茶。

【技能训练】

根据学生人数进行分组，每组学生人数在 15 人左右，要求每组学生自拟主题来组织一次茶话会，但是茶话会的主办方都是汽车相关企业，包括汽车 4S 店、汽车销售有限公司、汽车维修站等。要求学生在举办茶话会时，要体现所讲到的有关事项及商务礼仪。老师现场指导。

项目 4　签约仪式礼仪

【学习目标】

能力目标：能按礼仪规范进行签约仪式商务活动。

素质目标：具有组织签约仪式活动能力、应变能力。

知识目标：掌握签约仪式的礼仪规范，熟悉签约仪式的工作流程。

技能目标：按礼仪规范进行签约仪式，熟练安排签约活动及仪式。

【技能点】

1. 能根据签约仪式内容，做好准备工作。

2. 能熟悉会中和会后的接待服务工作。

3. 能根据礼仪要求，正确安排签约仪式流程和座次。

【引导案例】

金达集团与丹尼公司技术合作签约仪式，在喜来登大酒店三楼会议厅举行，集团副总经理级以上领导、行业领导、丹尼公司代表、核心代理商及直供商代表、商家、供应商代表及相关业务负责人、媒体记者等约 50 人参加。仪式流程为：欢迎各级领导、签约双方入席；主持人宣布仪式开始，介绍嘉宾；双方致辞；请贵宾登台见证签约；双方交换文本，互赠礼品互敬香槟庆贺；与会贵宾集体合影；仪式结束。

【任务分析】

金达集团与丹尼公司技术合作签约仪式是一个成功的案例，现场准备工作一定要做得非常到位。签字厅的布置要庄重、整洁、清静，签字时各方代表的座次，是由主方代为先期排定的。在签署双边性合同时，应请客方签字人在签字桌右侧就座，主方签字人则应同时就座于签字桌左侧。双方各自的助签人，应分别站立于各自一方签字人的外侧，以便随时对签字人提供帮助。签字阶段，要遵守签字仪式的正式程序，各方正式签署合同文本，互相道贺。

【相关知识】

签约仪式礼仪

在公务交往活动中，双方经过洽谈、讨论，就某项重大问题意见、重要交易或合作项目达成一致，就需要把谈判成果和共识，用准确、规范、符合法律要求的格式和文字记载下来，经双方签字盖章形成具有法律约束力的文件。围绕这一过程，一般都要举行签约仪式。签约仪式中的礼仪应注意：

1. 签约仪式的准备

签约仪式是由双方正式代表在有关协议或合同上签字并产生法律效力，体现双方诚意和共祝合作成功的庄严而隆重的仪式。因此，主办方要做好充分的准备工作。

（1）确定参加仪式的人员

根据签约文件的性质和内容，安排参加签约仪式的人员。参加签约仪式的人员原则上是强调对等。人员数量上也应大体相当。一般来说，双方参加洽谈的人员均应在场。客方应提前与主办方协商自己出席签约仪式的人员，以便主办方进行相应的安排。具体签字人在地位和级别上应要求对等。

（2）做好协议文本的准备

签约之"约"事关重大，一旦签订即具有法律效力。所以，待签的文本应由双方与相关部门指定专人，分工合作完成好文本的定稿、翻译、校对、印刷、装订等工作。除了核对谈判内容与文本的一致性以外，还要核对各种批件、附件、证明等是否完整准确、真实有效，以及译本副本是否与样本正本相符。如有争议或处理不当，应在签约仪式前，通过再次谈判以达到双方谅解和满意方可确定。作为主办方，应为文本的准备过程提供周到的服务和方便的条件。

（3）落实签约仪式的场所

落实举行仪式的场所，应视参加签约仪式人员的身份和级别、参加仪式人员的多少和所签文件的重要程度等诸多因素来确定。著名宾馆、饭店、政府会议室、会客厅都可以选作签约的地点。既可以大张旗鼓地宣传，邀请媒体参加，也可以选择僻静场所进行。无论怎样选择，都应是双方协商的结果。任何一方自行决定后再通知另一方，都属失礼的行为。

（4）签约仪式现场的布置

现场布置的总原则是庄重、整洁、清静。我国常见的布置为在签约现场的厅（室）内，设一张加长型条桌，桌面上覆盖着深冷色台布（应考虑双方的颜色禁忌），桌后只放两张椅子，供双方签约人签字时用。礼仪规范为客方席位在右，主方席位在左。桌上放好双方待签的文本，上端分别置有签字用具（签字笔、吸墨器等）。如果是涉外签约，在签字桌的中间摆一国旗架，分别挂上双方国旗，注意不要放错方向。如果是国内地区、单位之间的签约，也可在签字桌的两端摆上写有地区、单位名称的席位牌。签字桌后应有一定空间供参加仪式的双方人员站立，背墙上方可挂上"××（项目）签字仪式"字样的条幅。签字桌的前方应开阔、敞亮，如请媒体记者应留有空间，配好灯光。

2. 签约仪式的程序

签约仪式有一套严格的程序，大体由以下步骤构成：

（1）参加签约仪式的双方代表及特约嘉宾按时步入签字仪式现场。

（2）签约者在签约台前入座，其他人员分主、客各站一边，按其身份自里向外依次由高到低，列队于各自签约者的座位之后。

（3）双方助签人员分别站立在自己签约者的外侧。

（4）签约仪式开始后，助签人员翻开文本，指明具体的签字处，由签字人签上自己的姓名，并由助签人员将己方签了字的文本递交给对方助签人员，交换对方的文本再签字。

（5）双方保存的协议文本都签好字以后，由双方的签字人自己郑重地相互交换文本，同时握手致意、祝贺，双方站立人员同时鼓掌。

（6）协议文本交换后，服务人员用托盘端上香槟酒，双方签约人员举杯同庆，以增添合作愉快气氛。

（7）签约仪式结束后，双方可共同接受媒体采访。退场时，可安排客方人员先走，主方送客后自己再离开。

3. 签约仪式的礼仪

谈判不成当然无须签约，签约是洽谈结出的硕果。签约仪式上，双方气氛显得轻松和谐，也没有了洽谈时的警觉和自律，但签约仪式礼仪仍不可大意。

（1）注意服饰整洁、挺括。参加签约仪式，应穿正式服装，庄重大方，切不可随意着装。签字人、助签人以及随员，在出席签字仪式时，应当穿着具有礼服性质的深色西装套装、西装套裙，并配以白色衬衫与深色皮鞋。这反映了签约一方对签约的整体态度和对对方的尊重。

（2）签约者的身份和职位双方应对等，过高或过低都会造成不必要的误会。其他人员在站立的位置和排序上也应有讲究，不可自以为是。在整个签约完成之前，参加仪式的双方人员都应平和地微笑着直立站好，不宜互相走动谈话。

（3）签字应遵守"轮换制"的国际惯例。也就是，签字者应先在自己一方保存的文本左边首位处签字，然后再交换文本，在对方保存的文本上签字。这样可使双方都有一次机会首位签字。在对方文本上签字后，应自己与对方签字者互换文本，而不是由助签者代办。

（4）最后，双方举杯共饮香槟酒时，也不能大声喧哗叫喊。碰杯要轻，而后高举示意，浅抿一口即可，举止要文雅有风度。

【拓展知识】

签字仪式的场景布置要求

1. 签字厅

一般安排在较有影响的、适于签字的、宽敞明亮的大厅内，亦可安排在谈判室内。

2. 签字桌的选择

签字桌可选择设在签字厅内的大方桌，桌上覆盖深颜色的台布，究竟选择什么颜色，要视双方喜好并且不犯任何一方的忌讳。

3. 摆设

在选定的长方形谈判桌的后面摆放两把椅子，作为双方主签人员的座位，主左客右。谈判桌上摆放着各方保存的文本和签字用的文具。文具的前端中央摆一旗驾，悬挂签字双方的旗帜。所有这些摆设的摆放都遵循主左客右的原则。

【技能训练】

根据学生人数进行分组，要求每组学生分别设计一份签字仪式程序，重点包括筹备、布置、程序安排等内容，并分组进行签字仪式礼仪的模拟，老师进行现场指导。

项目 5　开业庆典礼仪

【学习目标】

能力目标：能按礼仪规范进行开业庆典商务活动。

素质目标：具有组织开业庆典活动能力、应变能力。

知识目标：掌握开业庆典的礼仪规范，熟悉开业庆典的工作流程。

技能目标：按礼仪规范进行开业庆典活动，熟练安排开业庆典活动及仪式。

【技能点】

1. 能根据开业庆典内容，做好准备工作。

2. 能熟悉会中和会后的接待服务工作。

3. 能根据礼仪要求，正确安排开业庆典活动流程。

【引导案例】

万顺汽车销售服务有限公司在沙城隆重开业，它是进口大众汽车的特约经销商，来自进口大众汽车厂家、万顺集团、行业协会等的 500 多位嘉宾共同见证了这一难忘的历史时刻。据了解，开业当天，万顺豪掷共计 800 万元的购车代金卡，每位到场嘉宾均获赠价值一万元的购车代金卡。凡在年底前，在展厅成交价的基础上使用该卡，都能获得 1 万元的现金优惠或者等价值的装潢。

【任务分析】

万顺汽车销售服务有限公司的开业，体现了开业仪式的规范要求。在正常的开业仪式礼仪程序中，公司邀请了来自进口大众汽车厂家、万顺集团、行业协会等的 500 多位嘉宾，见证了热烈欢快的现场气氛。同时，每位到场嘉宾均获赠价值一万元的购车代金卡，扩大了公众宣传效果。

【相关知识】

开业庆典礼仪

开业庆典仪式，是指在单位创建、开业，项目完工、落成，某一建筑物正式启用，或是某项工程正式开始之际，为了表示庆贺或纪念，而按照一定的程序所隆重举行的专门仪式。

1. 开业庆典仪式的作用

第一，它有助于塑造出本单位的良好形象，提高自己的知名度与美誉度。

第二，它有助于扩大本单位的社会影响，吸引社会各界的重视与关心。

第三，它有助于将本单位的建立或成就"广而告之"，借以为自己招徕顾客。

第四，它有助于让支持过自己的社会各界人士同自己分享成功的喜悦，进而为日后的进一步合作奠定良好的基础。

第五，它有助于增强本单位全体员工的自豪感与责任心，从而为自己创造出一个良好的开端，或是开创一个新的起点。

2. 开业庆典仪式包括两项基本内容

（1）开业仪式的筹备

开业仪式尽管进行的时间极其短暂，但要营造出现场的热烈气氛，取得彻底的成功，绝非一桩易事。由于它牵涉面甚广，影响巨大，不能不对其进行认真的筹备。筹备工作认真、充分与否，往往决定着开业仪式能否真正取得成功。

筹备开业仪式，首先在指导思想上要遵循"热烈""节俭""缜密"三原则。所谓"热烈"，是指要想方设法在开业仪式的进行过程中营造出一种欢快、喜庆、隆重而令人激动的氛围，而不应令其过于沉闷、乏味。所谓"节俭"，是要求主办单位勤俭持家，在举办开业仪式以及为其进行筹备工作的整个过程中，在经费的支出方面量力而行，节制、俭省。反对铺张浪费，暴殄天物。所谓"缜密"，则是指主办单位在筹备开业仪式之时，既要遵行礼仪惯例，又要具体情况具体分析，认真策划，注重细节，分工负责，一丝不苟。力求周密、细致，严防百密一疏，临场出错。

具体而言，筹备开业仪式时，对于舆论宣传、来宾约请、场地布置、接待服务、礼品馈赠、程序拟定 6 个方面的工作，尤其需要事先作好认真安排。

3. 开业庆典仪式的类型及程序

（1）开幕仪式

在名目众多的各种开业仪式之中，商界人士平日接触最多的，大约要首推开幕仪式了。恐怕正是出于这种原因，在不少人的认识里，开业仪式与开幕仪式往往是被画上等号的。严格地讲，开幕仪式仅仅是开业仪式的具体形式之一。通常它是指公司、企业、宾馆、商店、银行正式启用之前，或是各类商品的展示会、博览会、订货会正式开始之前，所正式举行的相关仪式。每当开幕仪式举行之后，公司、企业、宾馆、商店、银行将正式营业，有关商品的展示会、博览会、订货会将正式接待顾客与观众。

依照常规，举行开幕式需要较为宽敞的活动空间，所以门前广场、展厅门前、室内大厅等处，均可用作开幕仪式的举行地点。

开幕仪式的主要程序共有六项：

第一项，仪式宣布开始，全体肃立，介绍来宾。

第二项，邀请专人揭幕或剪彩。揭幕的具体做法是：揭幕人行至彩幕前恭位，礼仪小姐双手将开启彩幕的彩索递交对方。揭幕人随之目视彩幕，双手拉启彩索，展开彩幕。全场目视彩幕，鼓掌并奏乐。

第三项，在主人的亲自引导下，全体到场者依次进入幕门。

第四项，主人致辞答谢。

第五项，来宾代表发言祝贺。

第六项，主人陪同来宾进行参观。开始正式接待顾客或观众，对外营业或对外展览宣告开始。

（2）开工仪式

开工仪式，即工厂准备正式开始生产产品、矿山准备正式开采矿石时，所专门举行的庆祝性、纪念性活动。

为了使出席开工仪式的全体人员均能耳濡目染、身临其境，开工仪式大都讲究在生产现场举行，即以工厂的主要生产车间、矿山的主要矿井等处，作为举行开工仪式的场所。除司仪人员按惯例应着礼仪性服装之外，东道主一方的全体职工均应穿着干净而整洁的工作服出席仪式。

开工仪式的常规程序主要有五项：

第一项，仪式宣布开始。全体起立，介绍各位来宾，奏乐。

第二项，在司仪的引导下，本单位的主要负责人陪同来宾行至开工现场肃立。例如，机器开关或电闸附近。

第三项，正式开工。届时应请本单位职工代表或来宾代表来到机器开关或电闸旁，首先对其躬身施礼，然后再动手启动机器或合上电闸。全体人员此刻应鼓掌志贺，并奏乐。

第四项，全体职工各就各位，上岗进行操作。

第五项，在主人的带领下，全体来宾参观生产现场。

（3）奠基仪式

奠基仪式，通常是一些重要的建筑物，如大厦、场馆、亭台、楼阁、园林、纪念碑等，在动工修建之初，所正式举行的庆贺性活动。

对于奠基仪式现场的选择与布置，有一些独特的规矩。奠基仪式举行的地点，一般应选择在动工修筑建筑物的施工现场。而奠基的具体地点，则按常规均应选择在建筑物正门的右侧。在一般情况下，用以奠基的奠基石应为一块完整无损、外观精美的长方形石料。在奠基石上，通常文字应当竖写，在其右上方，应刻有建筑物的正式名称；在其正中央，应刻有"奠基"两个大字；在其左下方，则应刻有奠基单位的全称以及举行奠基仪式的具体年月日。奠基石上的字体，大都讲究以楷体字刻写，并且最好是白底金字或黑字。在奠基石的下方或一侧，还应安放一只密闭完好的铁盒，内装该建筑物的各项资料以及奠基人的姓名。届时，它将同奠基石一道被奠基人掩埋于地下，以志纪念。通常，在奠基仪式的举行现场应设立彩棚，安放该建筑物的模型或设计图、效果图，并使各种建筑机械就位待命。

奠基仪式的程序大体上共分五项：

第一项，仪式正式开始。介绍来宾，全体起立。

第二项，奏国歌。

第三项，主人对该建筑物的功能以及规划设计进行介绍。

第四项，来宾致辞道喜。

第五项，正式进行奠基。此时，应锣鼓喧天，或演奏喜庆乐曲。首先由奠基人双手持握系有红绸的新锹为奠基石培土。随后，再由主人与其他嘉宾依次为之培土，直至将其埋没为止。

（4）破土仪式

破土仪式，亦称破土动工。它是指在道路、河道、水库、桥梁、电站、厂房、机场、码头、车站等正式开工之际，所专门为此而举行的动工仪式。破土仪式举行的地点，大多应当选择在工地的中央或其某一侧。举行仪式的现场，务必要事先进行认真的清扫、平整、装饰。至少也要防止出现道路坎坷泥泞、飞沙走石，或是蚊蝇扑面的状况。

倘若来宾较多，尤其是当高龄来宾较多时，最好在现场附近临时搭建某些以供休息的帐篷或活动房屋，使来宾得以免受风吹、日晒、雨淋，并稍事休息。

破土仪式的具体程序共有五项：

第一项，仪式宣布开始。介绍来宾，全体肃立。

第二项，奏国歌。

第三项，主人致辞。以介绍和感谢为其发言的重点。

第四项，来宾致辞祝贺。

第五项，正式破土动工。其常规的做法是：首先，由众人在破土之处的周围肃立，并且目视破土者，以示尊重。其次，破土者须双手执系有红绸的新锹垦土三次，以示良好的开端。最后，全体在场者一道鼓掌，并演奏喜庆音乐，或燃放鞭炮。

一般而言，奠基仪式与破土仪式在具体程序方面大同小异，而其适用范围亦大体相近。故此，这两种仪式不宜同时举行于一处。

（5）竣工仪式

竣工仪式，有时又称落成仪式或建成仪式。它是指本单位所属的某一建筑物或某项设施建设、安装工作完成之后，或者是某一纪念性、标志性建筑物——诸如纪念碑、纪念塔、纪念堂、纪念像、纪念雕塑等，建成之后，以及某种意义特别重大的产品生产成功之后，所专门举行的庆贺性活动。举行竣工仪式的地点，一般应以现场为第一选择。例如，新建成的厂区之内、新落成的建筑物之外，以及刚刚建成的纪念碑、纪念塔、纪念堂、纪念像、纪念雕塑的旁边。

应予重视的是，在竣工仪式举行时，全体出席者的情绪应与仪式的具体内容相适应。比方说，在庆贺工厂、大厦落成或重要产品生产成功时，应当表现得欢快而喜悦。在庆祝纪念碑、纪念塔、纪念堂、纪念像、纪念雕塑建成时，则须表现得庄严而肃穆。

竣工仪式的基本程序通常有七项：

第一项，仪式宣布开始，介绍来宾，全体起立。

第二项，奏国歌，并演奏本单位标志性歌曲。

第三项，本单位负责人发言，以介绍、回顾、感谢为主要内容。

第四项，进行揭幕或剪彩。

第五项，全体人员向竣工仪式的"主角"，即刚刚竣工或落成的建筑物，郑重其事地行注目礼。

第六项，来宾致辞。

第七项，进行参观。

【拓展知识】

开业庆典促销活动

伴随开业庆典，一般都会举行新店开业促销活动，这是一种必不可少的宣传渠道和手段，目的是为了打开知名度，广而告之，吸引潜在消费者。

开业庆典促销的策划，要新颖大胆、创新突破，一定要做到吸引人们的眼球和好奇心，便于快速传播，从而在最短时间内吸引最多人流客源来参与活动、参观开业庆典，从而快速提升本店在当地的名气和地位，让大家知道并记住有这么一家店铺开业了。

开业庆典促销活动，还要在第一时间带给消费者第一印象，能明白你是做什么产品或服务的，你的主打业务和核心服务是什么，最好是能够直接传导出文化理念。

【技能训练】

根据学生人数进行分组，要求每组学生设计一份某汽车企业开业仪式礼仪的程序，重点包括筹备、布置、程序安排等内容，分别进行开业仪式礼仪的模拟，老师进行现场指导。

项目 6 剪彩仪式礼仪

【学习目标】

能力目标：能按礼仪规范进行剪彩仪式商务活动。

素质目标：具有组织剪彩仪式活动能力、应变能力。

知识目标：掌握剪彩仪式的礼仪规范，熟悉剪彩仪式的工作流程。

技能目标：按礼仪规范进行剪彩仪式，熟练安排剪彩活动及仪式。

【技能点】

1. 能根据剪彩仪式内容，做好准备工作。

2. 能熟悉会中和会后的接待服务工作。

3. 能根据礼仪要求，正确安排剪彩仪式的流程及人员位置。

【引导案例】

　　万顺汽车销售服务有限公司在沙城隆重开业，它是进口大众汽车的特约经销商，来自进口大众汽车厂家、万顺集团、行业协会等的 500 多位嘉宾共同见证了这一难忘的历史时刻，并进行了剪彩。在剪彩仪式上，剪彩人员在礼仪小姐的引导下，到达既定位置进行了剪彩，并依次与主人握手道喜。

【任务分析】

　　通常，剪彩仪式上，剪彩者多由上级领导、合作伙伴、社会名流、员工代表或客户代表所担任。案例中的剪彩仪式附属于开业仪式。

【相关知识】

剪彩仪式礼仪

　　剪彩仪式，是指商界的有关单位，为了庆贺公司的设立、企业的开工、宾馆的落成、商店的开张、银行的开业、大型建筑物的启用、道路或航线的开通、展销会或展览会的开幕等，而隆重举行的一项礼仪性程序。因其主要活动内容，是约请专人使用剪刀剪断被称之为"彩"的红色锻带上，故此被人们称为剪彩。

　　在一般情况下，在各式各样的开业仪式上，剪彩都是一项极其重要的、不可或缺的程序。尽管它往往也可以被单独地分离出来，独立成项，但是在更多的时候，它是附属于开业仪式的。这是剪彩仪式的重要特征之一。

　　从操作的角度来进行探讨，目前所通行的剪彩礼仪主要包括剪彩的准备、剪彩的人员、剪彩的程序、剪彩的做法 4 个方面的内容。

　　1. 剪彩准备

　　剪彩的准备必须一丝不苟，涉及场地的布置、环境的卫生、灯光与音响的准备、媒体的邀请、人员的培训，等等。在准备这些方面时，必须认真细致，精益求精。除此之外，对剪彩仪式上所需使用的特殊用具，诸如红色缎带、新剪刀、白色薄纱手套、托盘以及红色地毯，要仔细地进行选择与准备。

　　2. 剪彩人员

　　剪彩的人员必须审慎选定。在剪彩仪式上，最为活跃的当然是人而不是物。因此，对剪彩人员必须认真进行选择，并于事先进行必要的培训。除主持人之外，剪彩的人员主要是由剪彩者与助剪者两部分人员构成的。以下，分别介绍一下对于剪彩人员的礼仪性要求。

在剪彩仪式上担任剪彩者，是一种很高的荣誉。剪彩仪式档次的高低，往往也同剪彩者的身份密切相关。因此，在选定剪彩人员时，最重要的是要把剪彩者选好。

剪彩者，即在剪彩仪式上持剪刀剪彩之人。根据惯例，剪彩者可以是一个人，也可以是几个人，但是一般不应多于五人。通常，剪彩者多由上级领导、合作伙伴、社会名流、员工代表或客户代表所担任。

确定剪彩者名单，必须是在剪彩仪式正式举行之前。名单一经确定，即应尽早告知对方，使其有所准备。在一般情况下，确定剪彩者时，必须尊重对方个人意见，切勿勉强对方。需要由数人同时担任剪彩者时，应分别告知每位剪彩者他将与何人同担此任。这样是对剪彩者的一种尊重。

若剪彩者仅为一人，则其剪彩时居中而立即可。若剪彩者不止一人时，则其同时上场剪彩时位次的尊卑就必须予以重视。一般的规矩是：中间高于两侧，右侧高于左侧，距离中间站立者愈远位次愈低，即主剪者应居于中央的位置。需要说明的是，之所以规定剪彩者的位次"右侧高于左侧"，主要因为这是一项国际惯例，剪彩仪式理当遵守。其实，若剪彩仪式并无外宾参加时，执行我国"左侧高于右侧"的传统做法，亦无不可。

助剪者，是指剪彩者剪彩的一系列过程中从旁为其提供帮助的人员。一般而言，助剪者多由东道主一方的女职员担任。现在，人们对她们的常规称呼是礼仪小姐。

具体而言，在剪彩仪式上服务的礼仪小姐，又可以分为迎宾者、引导者、服务者、拉彩者、捧花者、托盘者。迎宾者的任务，是在活动现场负责迎来送往。引导者的任务，是在进行剪彩时负责带领剪彩者登台或退场。服务者的任务，是为来宾尤其是剪彩者提供饮料，安排休息之处。拉彩者的任务，是在剪彩时展开、拉直红色缎带。捧花者的任务则在剪彩时手托花团。托盘者的任务，则是为剪彩者提供剪刀、手套等剪彩用品。

在一般情况下，迎宾者与服务者应不止一人。引导者既可以是一个人，也可以为每位剪彩者各配一名。拉彩者通常应为两人。捧花者的人数则需要视花团的具体数目而定，一般应为一花一人。托盘者可以为一人，亦可以为每位剪彩者各配一人。有时，礼仪小姐亦可身兼数职。

礼仪小姐的基本条件是相貌姣好、身材颀长、年轻健康、气质高雅、音色甜美、反应敏捷、机智灵活、善于交际。礼仪小姐的最佳装束应为：化淡妆、盘起头发、穿款式、面料、色彩统一的单色旗袍，配肉色连裤丝袜、黑色高跟皮鞋。除戒指、耳环或耳钉外，不佩戴其他任何首饰。有时，礼仪小姐身穿深色或单色的套裙亦可。但是，她们的穿着打扮必须尽可能地整齐划一。

3. 剪彩程序

剪彩的程序必须有条不紊。在正常情况下，剪彩仪式应在行将启用的建筑、工程或者展销会、博览会的现场举行。正门外的广场、正门内的大厅，都是可予优先考虑的。在活动现场，可略作装饰。在剪彩之处悬挂写有剪彩仪式的具体名称的大型横幅，更是必不可少的。一般来说，剪彩仪式宜紧凑、忌拖沓，在所耗时间上愈短愈好。短则一刻钟即可，长则至多不宜超过一个小时。

　　按照惯例，剪彩既可以是开业仪式中的一项具体程序，也可以独立出来，由其自身的一系列程序所组成。独立而行的剪彩仪式，通常应包含以下六项基本的程序：

　　（1）请来宾就位。在剪彩仪式上，通常只为剪彩者、来宾和本单位的负责人安排座席。在剪彩仪式开始时，即应敬请大家在已排好顺序的座位上就座。在一般情况下，剪彩者应就座于前排。若其不止一人时，则应使之按照剪彩时的具体顺序就座。

　　（2）宣布仪式正式开始。在主持人宣布仪式开始后，乐队应演奏音乐，现场可燃放鞭炮，全体到场者应热烈鼓掌。此后，主持人应向全体到场者介绍到场的重要来宾。

　　（3）奏国歌。此刻须全场起立。必要时，亦可随之演奏本单位标志性歌曲。

　　（4）发言。发言者依次应为东道主单位的代表、上级主管部门的代表、地方政府的代表、合作单位的代表等。其内容应言简意赅，每人不超过 3 分钟，重点分别应为介绍、道谢与致贺。

　　（5）剪彩。此刻，全体应热烈鼓掌，必要时还可奏乐或燃放鞭炮。在剪彩前，须向全体到场者介绍剪彩者。

　　（6）参观。剪彩之后，主人应陪同来宾参观被剪彩之物。仪式至此宣告结束。随后东道主单位可向来宾赠送纪念性礼品，并以自助餐款待全体来宾。

　　4. 剪彩的做法

　　进行正式剪彩时，剪彩者与助剪者的具体做法必须合乎规范，否则就会使其效果大受影响。当主持人宣告进行剪彩之后，礼仪小姐即应率先登场。在上场时，礼仪小姐应排成一行行进。从两侧同时登台，或是从右侧登台均可。登台之后，拉彩者与捧花者应当站成一行，拉彩者处于两端拉直红色缎带，捧花者各自双手手捧一朵花团。托盘者须站立在拉彩者与捧花者身后一米左右，并且自成一行。

　　在剪彩者登台时，引导者应在其左前方进行引导，使之各就各位。剪彩者登台时，宜从右侧出场。当剪彩者均已到达既定位置之后，托盘者应前行一步，到达前者的右后侧，以便为其递上剪刀、手套。

　　剪彩者若不止一人，则其登台时亦应列成一行，并且使主剪者行进在前。在主持人向全体到场者介绍剪彩者时，后者应面含微笑向大家欠身或点头致意。剪彩者行至既定位置之后，应向拉彩者、捧花者含笑致意。当托盘者递上剪刀、手套，亦应微笑着向对方道谢。在正式剪彩前，剪彩者应首先向拉彩者、捧花者示意，待其有所准备后，集中精力，右手手持剪刀，表情庄重地将红色缎带一刀剪断。若多名剪彩者同时剪彩时，其他剪彩者应注意主剪者动作，与其主动协调一致，力争大家同时将红色缎带剪断。

　　按照惯例，剪彩以后，红色花团应准确无误地落入托盘者手中的托盘里，而切勿使之坠地。为此，需要捧花者与托盘者的合作。剪彩者在剪彩成功后，可以右手举起剪刀，面向全体到场者致意。然后放下剪刀、手套于托盘之内，举手鼓掌。接下来，可依次与主人握手道喜，并列队在引导者的引导下退场。退场时，一般宜从右侧下台。待剪彩者退场后，其他礼仪小姐方可列队由右侧退场。

　　不管是剪彩者还是助剪者在上下场时，都要注意井然有序、步履稳健、神态自然。在剪彩过程中，更是要表现得不卑不亢、落落大方。

【拓展知识】

剪彩仪式的由来

剪彩的由来有两种说法：

1. 剪彩起源于西欧

在古代，西欧造船业比较发达，新船下水往往吸引成千上万的观众。为了防止人群拥向新船而发生意外事故，主持人在新船下水前，在离船体较远的地方，用绳索设置一道"防线"。等新船下水典礼就绪后，主持人就剪断绳索让观众参观。后来绳索改为彩带。人们就给它起了"剪彩"的名称。

2. 剪彩起源于美国

1912年，在美国的一个乡间小镇上，有家商店的商主慧眼独具，从一次偶然发生的事故中得到启迪，以它为模式开一代风气之先，为商家创立了一种崭新的庆贺仪式——剪彩仪式。当时，这家商店即将开业，店主为了阻止闻讯之后蜂拥而至的顾客在正式营业前耐不住性子，争先恐后地闯入店内，将用以优惠顾客的便宜货争购一空，而使守时而来的人们得不到公平的待遇，便随便找来一条布带子拴在门框上。谁曾料到这项临时性的措施竟然更加激发起了挤在店门之外的人们的好奇心，促使他们更想早一点进入店内，对即将出售的商品先睹为快。事也凑巧，正当店门之外的人们的好奇心上升到极点，显得有些迫不及待的时候，店主的小女儿牵着一条小狗突然从店里跑了出来，那条"不谙世事"的可爱小狗若无其事地将拴在店门上的布带子碰落在地。店外不明真相的人们误以为这是该店为了开张所搞的"新把戏"，于是立即一拥而入，大肆抢购。让店主转怒为喜的是，他的这家小店在开业之日的生意居然红火得令人难以想象。向来有些迷信的他便追根溯源地对此进行了一番"反思"，最后他认定，自己的好运气全是由那条被小女儿的小狗碰落在地的布带子所带来的。因此，此后在他旗下的几家"连锁店"陆续开业时，他便将错就错地如法炮制。久而久之，他的小女儿和小狗无意之中的"发明创造"，经过他和后人不断地"提炼升华"，逐渐形成一整套的仪式。它先是在全美，后是在全世界广为流传开来。在流传的过程中，它自己也被人们赋予了一个极其响亮的名称——剪彩。沿袭下来，就成了今天盛行的"剪彩"仪式。

【技能训练】

根据学生人数进行分组，7人为一组，以组为单位展开活动，要求每组学生设计一个剪彩仪式程序，重点包括筹备、布置、程序安排等内容，分别进行剪彩仪式礼仪的模拟，老师进行现场指导。

项目7　新闻发布会礼仪

【学习目标】

能力目标：能按礼仪规范进行新闻发布会商务活动。

素质目标：具有组织新闻发布会活动能力、应变能力。

知识目标：掌握新闻发布会的礼仪规范，熟悉新闻发布会的工作流程。

技能目标：按礼仪规范进行新闻发布会，熟练安排新闻发布会活动及仪式。

【技能点】

1. 能根据新闻发布会内容，做好准备工作。

2. 能熟悉会中和会后的接待服务工作。

3. 能根据礼仪要求，正确安排新闻发布会流程及座位。

【引导案例】

万顺汽车销售服务有限公司在沙城隆重开业，它是进口大众汽车的特约经销商，来自进口大众汽车厂家、万顺集团、行业协会等的 500 多位嘉宾共同见证了这一难忘的历史时刻，并进行了剪彩。同时这也是一次由新闻界人士为主要参加者的新产品说明会，不少与会的新闻界人士不仅争先恐后地在自己所属的媒体上发布了这条消息，而且还纷纷自愿地为其大说好话。

【任务分析】

汽车企业当中，为了引起广大消费者的兴趣，取得消费者的关注往往采用新闻发布会这种形式。在举办新闻发布会的前期筹备、媒体的邀请、现场的控制以及善后的事宜等方面都要拿出专业的水准来，保证企业新闻发布会成功举行。

【相关知识】

新闻发布会礼仪

新闻发布会，简称发布会，也称记者招待会。这是一种主动传播各类有关的信息，谋求新闻界对某一社会组织或某一活动、事件进行客观而公正的报道的有效沟通方式。对商界而言，举办新闻发布会，是自己联络、协调与新闻媒介之间的相互关系的一种最重要的手段。新闻发布会的常规形式是：由某一商界单位或几个有关的商界单位出面，将有关的新闻界人士邀请到一起，在特定的时间和特定的地点举行一次会议、宣布某一消息、说明某一活动，或者解释某一事件，争取新闻界对此进行客观而公正的报道，并且尽可能地争取扩大信息的传播范围。

按照惯例，当主办单位在新闻发布会上进行主题发言之后，允许与会的新闻界人士在既定的时间里围绕发布会的主题进行提问，主办单位必须安排专人回答这类提问。简言之，新闻发布会就是以发布新闻为主要内容的会议。

1. 新闻发布会礼仪，一般指的就是有关举行新闻发布会的礼仪规范。对商界而言，发布会礼仪至少应当包括会议的筹备、媒体的邀请、现场的应酬、善后的事宜 4 个主要方面的内容。

（1）新闻发布会的筹备

筹备新闻发布会，要做的准备工作甚多。其中最重要的是要做好主题的确定、时空的选择、人员的安排、材料的准备等具体工作。

（2）媒体的邀请

在新闻发布会上，主办单位的交往对象自然以新闻界人士为主。在事先考虑邀请新闻界人士时，必须有所选择、有所侧重。不然的话，就难以确保新闻发布会取得成功。

（3）现场的应酬

在新闻发布会正式举行的过程之中，往往会出现种种问题。有时，甚至还会有难以预料到的情况或变故出现。要应付这些难题，确保新闻发布会的顺利进行，除了要求主办单位的全体人员齐心协力、密切合作之外，最重要的是要求代表主办单位出面应付来宾的主持人、发言人，要善于沉着应变、把握全局。

（4）善后的事宜

新闻发布会举行完毕之后，主办单位需在一定的时间之内，对其进行一次认真的评估善后工作。一般新闻发布会的步骤如下：第一步，主持人宣布开会；第二步，介绍应邀参加会议的政府官员和主要发言人；第三步，说明记者提问时间、提问规则等；第四步，宣布提问开始，并指定提问记者；第五步，宣布提问时间到，提问结束；第六步，组织参观或宴请。

2. 在新闻发布会举行过程中，往往会出现种种问题。要确保新闻发布会的顺利进行，主持人、发言人需要牢记下述要点。

（1）要注意外表的修饰

在新闻发布会上，代表主办单位出场的主持人、发言人将被媒体视为主办单位的化身和代言人。

按照惯例，主持人、发言人要进行必要的化妆，并且以化淡妆为主。发型应当庄重而大方，男士着深色西装套装、白色衬衫、黑袜黑鞋，并且打领带，女士则宜穿单色套裙、肉色丝袜、高跟皮鞋。服装必须干净、挺括，一般不宜佩戴首饰。在面对媒体时，主持人、发言人要举止自然而大方，要面含微笑、目光炯炯、表情松弛、坐姿端正。

（2）要注意相互的配合

不论是主持人还是发言人，在新闻发布会上都是一家人，因此主持人与发言人必须保持一致的口径，不允许公开顶牛、相互拆台。当媒体提出的某些问题过于尖锐或难于回答时，主持人要想方设法转移话题，不使发言人难堪。而当主持人邀请某位新闻记者提问之后，发言人一般要给予对方适当的回答。

主持人要做到的，主要是主持会议、引导提问；发言人要做到的，则主要是主旨发言、答复提问。有时，在重要的新闻发布会上，为慎重起见，主办单位往往会安排数名发言人同时出场。若发言人不止一人，事先必须进行好内部分工，各管一段。当数名发言人到场时，只需一人进行主旨发言即可。

（3）要注意语言艺术

新闻发布会上主持人、发言人的言行，都代表着主办单位。所以，必须注意自己讲话的分寸。

首先，要简明扼要。不管是发言还是答问，都要条理清楚、重点集中，让人既一听就懂，又难以忘怀，不要卖弄口才、口若悬河。

其次，要提供新闻。新闻发布会，自然就要有新闻发布。媒体就是特意为此而来的，所以在不违法、不泄密的前提下，要善于满足对方在这一方面的要求，要在讲话中善于表达自己的独到见解。

再次，要生动灵活。适当地采用一些幽默风趣的语言、巧妙的典故，也是必不可少的。

最后，要温文尔雅。新闻记者大都见多识广，加之又是有备而来，所以他们在新闻发布会上经常会提出一些尖锐而棘手的问题。遇到这种情况时，发言人能答则答，不能答则应当巧妙地避实就虚。无论如何，都不要恶语相加，甚至粗鲁地打断对方的提问。

【拓展知识】

选择最佳时候发布新闻

新闻发布的时间通常也是决定新闻何时播出或刊出的时间。

因为多数平面媒体刊出新闻的时间是在获得信息的第二天，因此要把发布会的时间尽可能安排在周一、周二、周三的下午，会议时间为 1 小时左右，这样可以保证发布会的现场效果和会后见报效果。

发布会应该尽量不选择在上午较早时间或晚上。有一些以晚宴酒会形式举行的重大事件发布，也会邀请记者出席。但应把新闻发布的内容安排在最初的阶段，至少保证记者的采访工作可以比较早的结束，确保媒体次日发稿。

在时间选择上还要避开重要的政治事件和社会事件，媒体对这些事件的大篇幅报道会冲淡企业新闻发布会的传播效果。

【技能训练】

情景模拟：新闻发布会。

背景介绍：关注 315 晚会曝光情况。分配学生担任新闻发布会的主持人、发言人、会场服务人员和媒体记者，演练一下召开新闻发布会的场景。

任务安排：将学生分为 3 组，以组为单位展开。安排第一组的学生在媒体上收集有关报道，为出演主持人、发言人、媒体记者的学生编写台词。安排第二组学生担任新闻发布会主持人、发言人、媒体记者，掌握有关问题。安排第三组学生担任会场服务人员，负责发布会会场的有关准备工作。老师现场指导。

【复习思考题】

1. 参展商参加展览会应遵循哪些礼仪规范？
2. 赞助会的类型有哪些？
3. 列举适合举行茶话会的场地。
4. 简述签约仪式的礼仪。
5. 简述开业庆典的礼仪规范。
6. 简述剪彩仪式的礼仪规范。

模块 11　涉外商务礼仪

项目 1　涉外商务交往礼仪遵循的原则

【学习目标】

　　能力目标：能根据不同的涉外礼仪和运用所学的涉外礼仪的原则来开展各项对外交往活动。

　　素质目标：能根据不同的涉外礼仪的知识，采用合理的涉外礼仪方法和技巧来维护自身形象与国家尊严的能力。

　　知识目标：了解涉外礼仪的基本概念和作用，熟悉涉外礼仪的基础知识及文化背景。

　　技能目标：根据涉外商务交往礼仪的原则，熟练开展各种涉外商务活动。

【技能点】

　　做到涉外行为举止得体，以及采取正确的见面礼仪。

【引导案例】

　　中国甲公司张先生与美国 ABC 公司史密斯先生约定某日上午 9：00 进行商务会谈，结果张先生由于堵车，迟到 5 分钟。因张先生认为只是迟到 5 分钟，在中国很正常，无妨，因此他匆匆忙忙与史密斯先生问候后就宣布会议开始，毫无道歉的意思。此举使史密斯先生心里感到很生气，认为该公司对该项目缺乏诚意。

【任务分析】

　　案例中的张先生未能准时赶赴重要的商务会议，已违反信守约定的基本礼仪原则，虽然在中国不算大问题，但西方国家非常讲究守时，就算迟到两分钟也算不礼貌的行为。此外就算迟到已无可挽回，至少还需向外宾致歉，以示尊重，而张先生想当然地忽略此事，以至进一步影响该公司及国人形象。可见在国际交往中，信守约定、注意文化差异、讲究礼节是多么重要。

【相关知识】

涉外商务交往礼仪遵循的原则

　　对于从未接触过外宾的职场人士，初次接触外宾会想当然地以中国最高礼仪相待或感到些许紧张。其实涉外礼仪并非想象中那么简单，但也并不复杂。外宾也不是天外来客，只要了解、掌握以下 8 条原则，就可在涉外活动中表现得举止得体、游刃有余了。

1. 维护形象

在国际商务交往中，商务伙伴通过互相接触，会自然地通过某个交往商务对象个人形象来判断或推测一个国家的整体形象，因此每一个人的个人形象，在国际交往中还往往代表着其所属国家、所属民族的形象。每一个人的个人形象，包括他的教养和品位、精神风貌与生活态度都将被当作整个国家和民族形象的缩影。

在国际礼仪活动和社会、社交场合，应讲究必要的礼节，规范自己的行为，注意着装，举止得体。举止轻浮、不修边幅、不守时守信都是不可取的。此外，每一个人在参与国际交往时，都必须意识到自己在外国人的眼里是代表着自己的国家，代表着自己的民族，代表着自己的所在单位。因此，其言行应当从容得体，

在外国人面前既不应该表现得畏惧自卑、低三下四，也不应该表现得自大狂傲、放肆嚣张。应表现得既谨慎又不拘谨，既主动又不盲动，既注意慎独自律又不是手足无措、无所事事。

2. 信守约定

信守约定是涉外礼仪的重要原则之一，指在一切正式的国际交往之中，都必须认真而严格地遵守自己的所有承诺。说话务必要算数，许诺一定要兑现，约会必须要如约而至。在一切有关时间方面的正式约定之中，尤其需要恪守不怠。在涉外交往中，要真正做到"信守约定"，对一般人而言，尤其要在下列三个方面身体力行，严格要求自己。 第一，在人际交往中，许诺必须谨慎。第二，对于自己已经做出的约定，务必要认真地加以遵守，不得随意更改。第三，万一由于难以抗拒的因素，致使自己单方面失约，或是有约难行，需要尽早向有关各方进行通报，如实地解释，并且还要郑重其事向对方致以歉意，造成严重后果的应主动按照规定和惯例承担自己给对方所造成的物质损失。案例中张先生忽略了以上的原则。

3. 尊重隐私

当前，国际礼仪强调以人为本，反对损害个人尊严。要求尊重个人隐私，维护人格尊严，并将尊重个人隐私与否视为一个人在待人接物方面有没有教养、能不能尊重和体谅交往对象的重要标志之一。因此，自觉地、有意识地回避对方个人隐私至关重要。

在国际交往中，下列几个方面的问题，如收入支出、年龄大小、婚姻家庭、身体健康、家庭住址、个人经历、信仰政见、所忙何事等，均被海外人士视为涉及个人隐私问题，不愿被人问及。当然，为营造良好交流气氛，愉快顺利地与外宾交往，若对方主动提及，就该另当别论了，不必太过刻板、教条主义了。

4. 热情有度

热情有度是要求人们在参与国际交往，直接同外国人打交道时，不仅待人要热情友好，更要把握好待人热情友好的具体分寸，即一切都必须以不妨碍对方，不给对方增添麻烦，不令对方感到不安、不快为原则。否则就会事与愿违，过犹不及。

中国人在涉外交往中要遵守"热情有度"这一基本原则，关键是要掌握好以下 4 方面的具体的"度"。

（1）关心有度。

（2）批评有度。

（3）距离有度。

（4）举止有度。要在涉外交往中真正做到"举止有度"，要注意以下两个方面。一是不要随便采用某些意在显示热情的动作。二是不要采用不文明、不礼貌的动作。

5. 求同存异

虽然都是人，但习性爱好各有不同，应当承认中外礼仪与习俗的差异性。在涉外交往中，对于类似的差异性，尤其是我国与交往对象所在国之间的礼仪与习俗的差异性，重要的是要先有所了解，而不要妄自评判是非优劣，不要自以为是。

在国际交往中，究竟遵守哪一种礼仪为好呢？一般而论，目前大体有三种可行方法：

（1）以我为主。所谓"以我为主"，即在涉外交往中依旧基本上采用本国礼仪。

（2）兼及他方。所谓"兼及他方"，即在涉外交往中基本上采用本国礼仪的同时，适当地采用一些交往对象所在国现行的礼仪，尊重、考虑交往对象的习俗。

（3）求同存异。所谓"求同存异"是指在涉外交往中为了减少麻烦，避免误会，最为可行的做法，是对交往对象所在国的与宗教、文化习俗相关的饮食或生活习惯等事先有所了解并予以尊重，更要对于国际上所通行的礼仪惯例认真地加以遵守。

6. 不必过谦

在一般情况下，中国人讲究含蓄和委婉。在对自己的所作所为进行评价时，中国人大都以自谦、自贬为美德，但是国际交往中，中国人的这种美德并不为外国人所理解，而且也不为其所认可。在许多情况下，非但不会得到好评，而且还被认为不够自信。"不必过谦"，即在国际交往尤其是涉及自我评价时，虽不应自吹自擂、自我标榜，但是也绝对没有必要妄自菲薄、自我贬低，对外国友人过度地谦虚、客套。在实事求是的前提下，要敢于并且善于对自己进行正面的评价或肯定。这不仅可避免不必要的误解，树立起互相坦诚的印象，更是贯彻国际交往行为惯例的实际行动。

7. 不宜先为

所谓"不宜先为"原则，也被有些人称作"不为先"的原则。它的基本要求是，在涉外交往中，面对自己一时难以应付、举棋不定，或者不知道到底怎样做才好的情况时，最明智的做法，是尽量不要急于采取行动，尤其是不宜急于抢先，冒昧行事。面对这种情况，不妨先按兵不动，然后再静观一下周围之人的所作所为，并与之采取一致的行动。

"不宜先为"原则具有双重的含意。一方面，它要求人们在难以确定如何行动才好时，应当从容淡定，不冒昧行事，免得出丑露怯。另一方面，它又要求人们在不知道到底怎么做才好，而又必须采取行动时，最好先是观察其他人的正确作法，然后加以模仿，或是同当时的绝大多数在场者在行动上保持一致。

8. 入乡随俗

"入乡随俗"是涉外礼仪的基本原则之一，它的含义是在涉外交往中，要真正做到尊重交往对象，首先就必须尊重对方所独有的风俗习惯。

世界上的各个国家、各个地区、各个民族，在其历史发展的具体进程中，形成各自的宗教、语言、文化、风俗和习惯，并且存在着不同程度的差异。这种"十里不同风，百里不同俗"的局面，是不以人的主观意志为转移的，也是世间任何人都难以强求统一的。

此外，在涉外交往中注意尊重外国友人所特有的习俗，容易增进中外双方之间的理解和沟通，有助于更好地、恰如其分地向外国友人表达我方的亲善友好之意。

【拓展知识】

涉外礼仪常识

1. 女士优先

"女士优先"是国际社会公认的一个礼仪常识，它主要适用于成年异性进行的社交活动。在涉外社交应酬中，"女士优先"这一礼仪常识不仅是世人皆知，而且在社会舆论的监督下，已成为衡量男子是否具有文明教养与礼仪风度的重要评价标准。

2. 以右为尊

在正式的国际交往中，依照国际惯例，将多人进行并排排列时，最基本的规则是右高左低，即以右为上，以左为下；以右为尊，以左为卑。

大到政治磋商、商务往来、文化交流，小到私人接触、社交应酬，但凡有必要确定并排排列的具体位置时，"以右为尊"都是普遍适用的。

3. 爱护环境

在涉外交往中，"爱护环境"是人们应具备的基本社会公德，也是国际上备受关注的焦点问题之一。我们要好自为之，严于自律。具体而言：

（1）不毁损自然环境。

（2）不随地吐痰和乱扔、乱丢废弃物品。

（3）不损坏公物。

（4）不乱堆、乱挂私人物品。

（5）不在公共场合吸烟。

（6）不制造噪声。

4. 保护动物

很多西方国家非常注重保护动物，包括家养小动物和野生动物。他们常常把家养小动物当成家庭成员对待。对于其他动物，他们也非常注意保护。

项目 2　中国主要贸易国家或地区的商务礼仪习俗

【学习目标】

能力目标：能根据了解和掌握最新的现代国际商务礼仪，具备成功地与交际对象建立良好关系的能力。

素质目标：能熟悉各国礼俗、禁忌，掌握如何应对各种商务礼俗与禁忌的方法和技巧。

知识目标：了解世界各国国际商务礼俗与禁忌。

技能目标：具备与各国商务友人有效沟通的能力。

【技能点】

能根据礼俗和禁忌，采取正确的接待方式顺利开展各项涉外商务活动。

【引导案例】

曾经有一家美国生产高尔夫球的大工厂，为了将产品打入日本市场，把该厂出口到日本的高尔夫球做了特别包装，每盒4个，而且装潢设计美观大方，但到了日本却销不动。

【任务分析】

厂家感到非常意外，立即派人前往日本进行市场调查。通过一番深入细致的调查，才知道问题出在装盒的数字上。后来每盒改装6个，结果销路很快就打开了。由此可见，研究各国的礼俗禁忌对于发展我国对外贸易具有十分重要的意义。

【相关知识】

中国主要贸易国家或地区的商务礼仪习俗

随着国际商务交往的日益频繁，与世界各国商人打交道的机会越来越多，人们通过商务活动逐步融合，很多商人也越来越国际化。本书在概述某些民族、国家共同具有的特点外，再列举部分个别国家所特有的礼俗与禁忌。

1. 亚洲部分国家的商务礼俗与主要禁忌

总的来说，亚洲人相对欧美人，表达方式含蓄委婉，观念要相对保守，极爱面子。但目前很多亚洲人也逐步西化，在国际商务活动中不太讲究本国传统礼俗而趋于流行的西方礼仪。但在涉外活动中，对某些国家的重要礼俗和禁忌应有所了解，做到在商务交往中表现得体，不致失礼。

（1）韩国

①礼俗

韩国妇女一般情况下不与男子握手。女士之间习惯鞠躬问候，社交时则握手。韩国人与外国人交往时，可能会问及一些私人的问题，对此不必介意。韩国人有敬老的习惯，任何场合都应先向长者问候。

在一般情况下，韩国人称呼他人爱用尊称和敬语，但很少会直接叫出对方的名字。要是交往对象拥有能够反映其社会地位的头衔，那么韩国人在称呼时一定会经常用上。

②主要禁忌

韩国人大都喜爱白色，对熊和虎十分崇拜。

在韩国，人们以木槿花为国花、以松树为国树、以喜鹊为国鸟、以老虎为国兽，对此不要妄加评论。

由于发音与"死"相同的缘故，韩国人对数目"4"十分反感。受西方习俗的影响，不少韩国人也不喜欢"13"。韩国人忌讳将"李"姓解释为"十八子李"。在对其国家和人民进行称呼时，不要将其称为"朝鲜人"，而宜称"韩国""韩国人"。

韩国人的民族自尊心很强，反对崇洋媚外，提倡使用国货。在韩国穿一身外国名牌的人，往往会被人看不起。

在韩国，忌谈的话题有政治腐败、经济危机、意识形态、南北分裂、韩美关系、韩日关系及日本之长等。

（2）日本

①礼俗

日本人见面时，要互相问候致意，鞠躬礼是日本最普遍的施礼致意方式，一般初次见面时的鞠躬礼是 30 度,告别时是 45 度,而遇到长辈和重要交际对象时是 90 度,以示尊敬。在较正式的场合，递物和接物都用双手，在国际交往时一般行握手礼。日本人在谈话时，常使用自谦语，贬己抬人。

日本人见面时除了行问候礼之外，还要问好致意，见面时多用"您早""您好""请多关照"，分手时则以"再见""请休息""晚安""对不起"等话语。

②主要禁忌

日本人忌紫色和绿色，认为是悲伤和不祥之色。他们忌讳"4"和"9"，因为它们分别与"死"和"苦"发音相似。

他们对狐狸和獾的图案很反感，认为这两种动物是晦气、狡猾、贪婪的象征。日本人不喜欢在礼品包装上系蝴蝶结，认为用红色的彩带包扎礼品象征身体健康。不要给日本人送有动物形象的礼品。

日本人喜欢仙鹤和乌龟，认为它们是长寿的象征。在日本，使用筷子有许多禁忌，如忌将筷子直插饭中，不能用一双筷子依次给每个人夹、拨菜肴。

（3）泰国

①礼俗

泰国人的常用礼节是"合十礼"。朋友相见，双手合十，稍稍低头，互相问好。在泰国，若有位尊者或长者在座，其他人无论坐或蹲跪，头部都不得超过尊、长者头部，否则是极大的失礼。

②主要禁忌

忌讳黑色、褐色，认为它们是不祥的颜色。忌讳用红笔签名，因为在泰国的习俗中，凡人死后要用红笔将死者的姓名写在棺材上。

忌讳面无表情、愁眉不展或高声喧哗、大喊大叫进行交谈。忌讳用手拍打对方或用手指点对方，这种行为被视为挑衅。忌讳信口开河非议佛教和军人，因为佛教是泰国的国教，军人地位很高，深受泰国人尊重。忌讳评说泰王和王室的其他成员。

忌讳以狗作为国案，认为狗是不洁不祥之物。忌讳向僧人赠送现金，这种行为被视为一种侮辱。忌讳茉莉花，认为它是一种不祥之花。

忌讳别人触摸其头部，尤其是孩子的头部。忌讳别人拿东西从头顶上经过。忌讳"头朝西、肢朝东"睡觉，因为泰国只有停放尸体才那样做。忌讳就座时跷"二郎腿"，把鞋底对着别人，被认为是要把别人踩在脚下，是一种侮辱性的举止。在别人面前席地而坐时，忌盘足或双腿叉开。这也是泰国人"重头轻脚"的礼仪习俗。

忌讳用左手取食物，在泰国，人们认为"左手不洁"，而如今有些泰国人用餐时爱用叉、勺，左手持叉，右手拿勺，两者并用。忌讳鹤和龟及印有其形象的物品，认为鹤是"色情鸟"，龟是不雅之物。

（4）马来西亚的禁忌

①礼俗

马来人用餐时习惯用手取食，因而在用餐前要把手洗干净。用餐时一般不坐在椅子上，而是把食物放在席子上，围坐而食。男人盘腿而坐，女人则跪坐，身体稍向右偏。上了年纪的妇女可以像男人一样盘腿而坐。招待客人一般不用酒，饮料多为热茶、白开水或椰汁。马来人还有咀嚼槟榔的习惯。有客人到访，主人除了热情招呼外，最先向宾客表示殷勤和诚意的礼节就是捧上槟榔盘，请客人共嚼槟榔。

②禁忌

马来西亚人的习俗与中国习俗相异处甚多，所以必须加以留意，以免无意中犯了禁忌，造成失礼，或引起误会和无谓的纷争。马来人视左手为不洁，因此见面握手时，一定要用右手。平时接递东西时，也必须用右手而不能随便用左手，用左手便是失礼。在不得不用左手时，一定要说声："对不起。"对女士不可先伸出手要求握手。头被认为是神圣的部位，在亲近儿童时，不可触摸他的头部，否则会引起不快。对年长者不能直接称呼"你"，而应称呼"先生""夫人"或"女士"。

马来西亚人忌讳的数字有"0""4""13"；忌讳黑色，因为黑色被认为是消极的颜色。

（5）沙特阿拉伯

①礼俗

沙特阿拉伯人大都在见面时习惯相互问候，或伸出左手放在对方右肩并吻双颊。

沙特阿拉伯的妇女极少在外面抛头露面，在遇到沙特阿拉伯的妇女时，如果是一位男士的话，注意不要主动上前问候和行礼。与沙特阿拉伯男子打交道时，也不要问候其妻子或恋人，更不要向她们赠送礼物。

作为客人，在沙特阿拉伯人家里，当主人劝你喝咖啡时，是不可不喝的，而且喝咖啡最好一饮而尽，才是礼貌之举。如不想再喝，可将小盅左右一摇，主人便知。

②主要禁忌

沙特阿拉伯人认为，娱乐会令人堕落，所以不要与其谈论休闲、娱乐，或是邀请其参加舞会、去夜总会玩乐。

沙特阿拉伯人忌用左手递送东西，厌恶别人用眼睛盯着自己。沙特阿拉伯人是不下国际象棋的，因为他们认为那种玩法对国王不尊重。沙特阿拉伯人崇拜蓝色和绿色，因为认为它们分别代表生命和希望，是吉祥之色。

在公共场合，沙特阿拉伯人主张"男女授受不亲"。不论坐车、乘电梯，还是在银行，男女往往是分开的。

2. 欧洲及大洋洲部分国家的风俗与主要禁忌

欧洲人相对于美洲人来说，总体上比较保守内敛，没有美洲人热情豪放。在公众场合，讲究风度，绝不随随便便，但观念相对比亚洲人开放、浪漫。在社会交往中，和美洲人一样，欧洲人奉行"女士优先"的原则，忌讳"13"和"星期五"；时间观念很强，会见必须事先联系并准时赴约；其主要宗教是基督教，很多欧洲人都有周日做礼拜的习惯；极其厌恶公共场合大声喧哗。

（1）英国

①礼俗

英国人办事认真，对新鲜事物持谨慎态度，具有独特的、冷静的幽默。他们注重实际，不喜空谈，日常生活绝对按事先安排的日程进行，时间观念极强。

②主要禁忌

英国人忌 4 人交叉握手，忌用一次火点 3 支烟。他们不喜欢大象及其图案，讨厌墨绿色，忌黑猫和百合花，忌碰撒食盐和打碎玻璃。他们认为星期三是黄道吉日，喜欢养狗，认为白马象征好运，马蹄铁会带来好运。

在英国人看来，夸夸其谈、自吹自擂、说话时指手画脚都是缺乏教养的表现，所以与英国人刚刚认识就与他们滔滔不绝地交谈会被认为很失态。和英国人交谈要小心选择话题，不要以政治或宗教倾向作为话题，另外不要去打听英国人不愿讲的事情，千万不要说某个英国人缺乏幽默感，这很伤他的自尊心，他会感到受侮辱。因为英国人历来以谈吐幽默、高雅脱俗为荣。

（2）法国

①礼俗

法国人天性浪漫好动，喜欢交际。在商务交往中，常用的见面礼是握手；而在社交场合，亲吻礼和吻手礼则比较流行。

法国大部分人为早睡早起型，工作强度很大，工作态度也极为认真。法国人有极强的民族自尊心和民族自豪感，在他们看来，世间的一切都是法国的最棒。

法国人注重服饰的华丽和式样的更新，妇女视化妆和美容为生活之必需。

②主要禁忌

他们大都喜爱蓝色、白色与红色，不喜欢黄色和灰绿色。在法国，孔雀被看作祸鸟，大象象征着笨汉，它们都是法国人反感的动物。菊花、康乃馨、牡丹花、杜鹃花与核桃等被视为不祥之物。

向法国人赠送礼品时，宜挑选具有艺术品位和纪念意义的物品，不宜将刀、剑、剪、餐具，或是带有明显的广告标志的物品作为礼品。男士向关系一般的女士赠送香水，在法国人看来也是不合适的。

（3）德国

①礼俗

德国人勤勉矜持，讲究效率，崇尚理性思维，时间观念强。在商务活动中，德国商人讲究穿着打扮。一般男士穿深色的三件套西装，打领带，并穿深色的鞋袜。女士穿长过膝盖的套裙或连衣裙，并配以高筒袜，化淡妆。

德国人在交谈中很讲究礼貌。他们比较看重身份，特别是看重法官、律师、医生、博士、教授一类有社会地位的头衔。对于一般的德国人，应多以"先生""小姐""夫人"等称呼相称。但德国人没有称呼"阁下"的习惯。

他们爱饮啤酒，但在吃饭、穿衣、待客方面都崇尚节俭。给德国人赠送礼品，一定要审慎，应尽量选择有民族特色、带文化味道的东西，以此来表示慰问、致贺或感谢之情。

②主要禁忌

德国人对黑色、灰色比较喜欢，对于红色以及渗有红色或红黑相间之色，则不感兴趣。他们对于四个人交叉握手，或是在交际场合进行交叉谈话，也比较反感，因为他们认为这是不礼貌的。在公共场合窃窃私语或是大声讲话，在德国人看来是十分无礼的。

（4）俄罗斯

①礼俗

俄罗斯多信仰东正教。俄罗斯人对熟识的人见面时要问好，接吻、鞠躬、握手等礼节最为普遍。一般下级或晚辈不宜先伸手，男子遇到女子时，要等女子先伸手才能与之握手。对初次见面的妇女，只行鞠躬礼。在比较隆重的场合，男子要弯腰吻女子的右手背。女子之间好友相遇时，一般是拥抱，有时也互吻。男子之间，则只互相拥抱。俄罗斯人最隆重的传统礼节是用面包和盐迎接客人，象征着友谊和善意。来客须用刀子切下一块面包沾少许盐吃下后方可进屋。这种礼节从前只用于迎接贵宾和新娘，现在也用于一般社交场合。

②禁忌

俄罗斯人忌讳"星期五"和"13"，忌讳送黄色礼品，认为黄色象征着不忠诚；喜欢蓝色礼品，认为蓝色代表着友谊。俄罗斯人还忌讳专门给人送手套，认为这意味着挑衅。交谈时，不能用手指他人。忌讳谈论政治矛盾、经济难题、宗教矛盾、民族纠纷等话题。忌讳在背后议论第三者。忌讳打碎镜子和打翻盐罐，认为是极不吉利的预兆。俄罗斯忌讳吃海参、海蜇、乌贼和木耳，还有很多人忌讳吃鸡蛋和虾。

（5）澳大利亚

①礼俗

澳大利亚人人情味很浓，乐于同他人进行交往，并且表现得质朴、开朗、热情。人们相见时喜欢热情握手，彼此以名相称。他们喜欢交朋友，爱同陌生人打招呼、聊天，喜欢请别人到自己家里做客。

澳大利亚男子多穿西服，打领带。妇女一年中大部分时间都穿裙子，在社交场合则穿上西装上衣。无论男女都喜欢穿牛仔裤，他们认为穿牛仔裤方便、自如。

②主要禁忌

澳大利亚人对兔子特别忌讳，认为兔子是一种不吉利的动物，人们看到它都会感到倒霉。与他们交谈时，多谈旅行、体育运动及在澳大利亚的见闻，而议论种族、宗教、工会和个人私生活以及等级地位问题会令澳大利亚人不满。

3. 美洲部分国家的礼俗与主要禁忌

美洲分北美和南美，北美人很多都是欧洲移民，有的人还保留欧洲人的传统观念和习俗，因此有些习俗相同，比如女士优先、忌讳"13"和"星期五"、看重个人空间等。所以与美国人相处要保持适当的距离，碰了别人要及时道歉，坐在他人身边应征得对方认可，谈话时不要距离对方太近。美洲人整体为人诚挚，乐观大方，热情浪漫，性格开朗。平时不大讲究穿戴，以休闲服为主，但在正式场合就比较讲究服装了。

（1）美国

①礼俗

美国人较少握手，即使是初次见面，也不一定非握手不可，时常是点头微笑致意，礼貌地打招呼就行了。正式场合用先生、太太、小姐、女士之类的称呼，而认为关系较熟悉的人直呼其名是一种亲切友好的表示，不以行政职务去称呼别人。对于能反映对方成就与地位的学衔、职称，如"博士""教授""律师""法官""医生"等却常用于称呼。经常说"请原谅"等礼貌用语。

②主要禁忌

崇尚白头鹰，将其敬为国鸟。在动物中，美国人最爱狗，认为狗是人类的忠实朋友。对于那些自称爱吃狗肉的人，美国人是非常厌恶的。在美国人眼里，驴代表坚强，象代表稳重，它们分别是共和党和民主党的标志。

美国人忌讳品评两个人或其物品的优劣好坏。美国人大都喜欢用体态语表达情感，但忌讳盯视别人、冲别人伸舌头、用食指指点交往对象、对人竖中指等体态语。

（2）加拿大

①礼俗

在日常生活里，加拿大人的着装以欧式为主。在参加社交应酬时，加拿大人循例都要认真进行自我修饰，甚至为此专门上一次美容店。不这样做会被视为对交往对象不尊重。

②主要禁忌

在加拿大，白色的百合花主要用来悼念死者，因其与死亡有关，所以绝对不可以作为礼物送给加拿大人。白雪在加拿大人心目中有着崇高的地位，并被视为吉祥的象征与辟邪之物。在不少地方人们甚至忌讳铲除积雪。加拿大人很喜欢红色与白色，因为那是加拿大国旗的颜色。

加拿大人不喜欢外来人过分地把他们的国家和美国进行比较。加拿大人喜欢外来人谈论有关他们国家和人民的长处。

（3）巴西

①礼俗

巴西人的风俗也颇为有趣。例如，男人喜欢在自己的胸前画一只虎以表示英勇，或者在胸前画一支箭以表示自己是最好的射手。他们还把一种稀有的"金桦果"视为幸福的象征。

巴西人敢于表露感情，人们在大街上相见也热烈拥抱，无论男女，见面和分别时都握手。妇女们相见时脸贴脸，用嘴发出接吻的声音，但嘴不接触脸。

巴西的印第安人有一种习俗颇为有趣。洗澡和吃饭是他们生活中最重要的内容。若有人到他们家中做客，便邀请客人一起跳进河里去洗澡，有的时候一天要洗上十几次。据说，这是他们对宾客最尊敬的礼节，而且洗澡次数越多，表示对宾客越客气、越尊重。

②主要禁忌

在巴西，紫色表示悲伤，黄色表示绝望。他们认为人死好比黄叶落下，所以忌讳棕黄色。另外，还认为深咖啡色会招来不幸，所以非常讨厌这种颜色。应避开涉及当地民族的玩笑，对当地政治问题最好闭口不谈。

4. 非洲国家的礼俗与禁忌

（1）埃及

①礼俗

埃及人正直、爽朗、宽容、好客。无论是拜访公司或朋友，都要提前订好时间。埃及人对专访的客人甚表重视，即使是不速之客，他们也会给予热情招待。但在同商人洽谈生意时，往往却需要耐心等待一段时间，他们主要是想多了解一些对方的情况。在埃及从事活动，持有阿拉伯文或英文名片均可，但有两种文字对照的名片更方便。

②主要禁忌

埃及人爱绿色、红色、橙色，忌蓝色和黄色，认为蓝色是恶魔，黄色是不幸的象征。埃及人喜欢金字塔形和莲花图案，忌讳穿有星星图案的衣服。除了衣服，有星星图案的包装纸也不受欢迎。3、5、7、9 是人们喜爱的数字，忌讳 13，认为它是消极的。

埃及人在用餐时，通常不喜欢互相交谈，否则会被认为是对神的一种冒犯行为。晚餐在日落以后和家人一起共享，所以在这段时间内，有约会是失礼的。

埃及人习惯用右手就餐，认为左手不洁净，不但不能用左手与他人接触，更不能用左手给别人递送食品或其他物品。

男士不要主动和妇女攀谈，不要夸人身材苗条。不要称赞埃及人家里的东西，否则会认为你在向他索要。通常在埃及人面前尽量不要打哈欠或打喷嚏，埃及人讨厌打哈欠，认为哈欠是魔鬼在作祟，而打喷嚏不一定是坏事。

（2）南非

①礼俗

南非人用咖啡待客是比较常见的礼节。南非人用不同的手势来表达喜怒哀乐：右手竖起大拇指，双目注视，表示尊敬；两手手掌朝上，表示疑问；一只手掌拍另一只手掌表示惊异和奇怪。南非的商务礼俗中，人们随时穿着式样保守的西装，拜访须先订约。南非商人十分保守，交易方式力求正式。许多生意在私人俱乐部或对方家中做成。在此地做生意使用过于细腻的手段或说话绕圈子常不被人理解，想以这种方式达到目的多半行不通，想说的话就大胆直率地说出来。按南非交易的订约、交货、付款三件大事来说，是偏重于英国式的，不论是荷兰系或英国系企业都如此。

②禁忌

南非人忌讳"13"和"星期五"。忌讳妇女接近神圣宝地，如火堆、牲口棚等，因为在许多黑人部族里，妇女的地位较低。与南非人交谈，忌讳为白人评功摆好，不要评论不同黑人部落或派别之间的关系及矛盾，不要非议黑人的古老习俗，不要为对方生了男孩而表示祝贺。用食指朝着某人、五指握拳不停地挥动或伸出手并张开五指，以及用手指刮别人的鼻子都是不友好的行为。

【拓展知识】

涉外礼仪花絮

1. 西方人忌讳"13"这个数字与西方流传的关于耶稣十二门徒之一犹大的传说有密切关系。犹大为了贪图 30 枚银币，出卖了耶稣，并亲自带路捕捉了耶稣，使耶稣被钉死在十字架上。意大利著名画家达·芬奇曾以此为题，创作了名画《最后的晚餐》，描绘耶稣被出卖前夕和门徒们共进晚餐，其中第十三人就是犹大。由此，"13"是凶险的数字。

2. 俄罗斯人忌讳打碎镜子，因为打碎镜子意味着灵魂毁灭，个人生活将出现不幸。

3. 巴西人认为 OK 手势不 OK，是一种极不文明的表示。

4. 新西兰人忌讳当众咀嚼口香糖、剔牙、抓头屑，也忌讳像英国人那样用 V 手势表示胜利，这些行为被视为不文明的举止。

【复习思考题】

    1. 简述接待英国人的礼俗和禁忌。

    2. 简述俄罗斯的礼俗和禁忌。

    3. 简述美国的礼俗和禁忌。

    4. 简述埃及的礼俗和禁忌。

参考文献

1．金正昆．职场礼仪[M]．北京：中国人民大学出版社，2008．
2．孙虹乔．现代礼仪教程[M]．长沙：中南大学出版社，2008．
3．金正昆．接待礼仪[M]．北京：中国人民大学出版社，2009．
4．李博洋，徐锦祉．旅游服务礼仪[M]．成都：西南财经大学出版社，2011．
5．金正昆．商务礼仪[M]．北京：北京联合出版公司，2013．
6．耿燕，陶玉侠，高炯．商务礼仪[M]．北京：人民邮电出版社，2014．
7．刘民英．商务礼仪[M]．上海：复旦大学出版社，2014．
8．吕留伟．实用礼仪大全[M]．北京：中国纺织出版社，2015．
9．韩强．实用礼仪大全[M]．广州：广东旅游出版社，2015．
10．潘海颖，现代商务礼仪教程[M]．北京：北京大学出版社，2016．